"十二五"国家重点出版物出版规划项目
中国产业发展论丛
主编 段文斌

技术创新与产业升级

万 军 著

南开大学出版社
天 津

图书在版编目(CIP)数据

技术创新与产业升级 / 万军著. —天津:南开大学出版社,2015.12
(中国产业发展论丛)
ISBN 978-7-310-05034-5

Ⅰ.①技… Ⅱ.①万… Ⅲ.①技术革新－关系－产业结构升级－研究－中国 Ⅳ.①F121.3

中国版本图书馆 CIP 数据核字(2015)第 304438 号

版权所有　侵权必究

南开大学出版社出版发行
出版人:孙克强
地址:天津市南开区卫津路 94 号　邮政编码:300071
营销部电话:(022)23508339　23500755
营销部传真:(022)23508542　邮购部电话:(022)23502200

*

天津市蓟县宏图印务有限公司印刷
全国各地新华书店经销

*

2015 年 12 月第 1 版　2015 年 12 月第 1 次印刷
230×155 毫米　16 开本　19.75 印张　4 插页　280 千字
定价:48.00 元

如遇图书印装质量问题,请与本社营销部联系调换,电话:(022)23507125

中国产业发展论丛编委会

主编　段文斌

编委

安虎森　杜传忠　段文斌
葛顺奇　龚　刚　李长英
李坤望　李晓华　刘骏民
吕　铁　盛　斌　万　军

总　序

全球经济格局演化与中国发展转型：
1970～2020 年[①]

2008 年的国际金融危机和随后伴生的欧美债务危机，将成为经济史中的一个大事件。这场危机是在经济全球化深入发展、国与国相互依存日益紧密的大背景下发生的，是全球经济失衡、经济虚拟化和国际金融体系重大缺陷共同作用的结果，充分暴露了世界经济发展方式不可持续的突出问题。揭示危机的前因后果和来龙去脉，需要前溯布雷顿森林体系崩溃后发达国家以经济虚拟化为特征的新发展模式、中国在 20 世纪 80 年代再次融入国际分工体系后的新发展阶段，以及"中心—外围"格局下的国际产业转移。

这场危机又与中国发展方式转变、经济结构调整的关键时期不期而遇，新的挑战与既有矛盾相互交织。不仅如此，它将对国际产业分工和国际金融体系产生深远影响，中国发展的重要战略机遇期的内涵和条件随之发生很大变化。中国面临的机遇，不再是简单纳入全球分工体系、扩大出口、加快投资的传统机遇，而是倒逼中国扩大内需、提高创新能力、促进经济发展方式转变的新机遇。

一、经济虚拟化与国际产业转移

国际金融危机是对全球经济失衡的强制平衡，而美国经济全面转型

[①] 2009 年末，南开大学产业经济课题组承担了教育部重大课题攻关项目——全球金融危机对我国产业升级和产业转移的影响及对策研究（批准号 09JZD0018）。在研究过程中我们发现，若不对全球经济格局演化做出清晰的描述，则难以使研究工作取得实质性进展。因此，我们把这部分研究成果放在前面，作为丛书的总序。

2　技术创新与产业升级

是导致全球失衡的首要前提。20世纪70年代初,美元与黄金脱钩,美国经济开始发生转型。至80年代初,美国经济出现了两个根本性变化,由此走上了新式发展道路,并形成了新的发展模式。

其一,美国的产业结构发生了根本性变化(参见图1),"去工业化"和经济虚拟化成为其发展模式的鲜明特征。1980~2008年,美国实体经济部门增加值占GDP的比重由40%降为28%(其中的制造业由20%降为11%),传统服务业增加值的比重稳定在24%~26%之间,虚拟经济部门增加值的比重则由22%升至33%[①]。

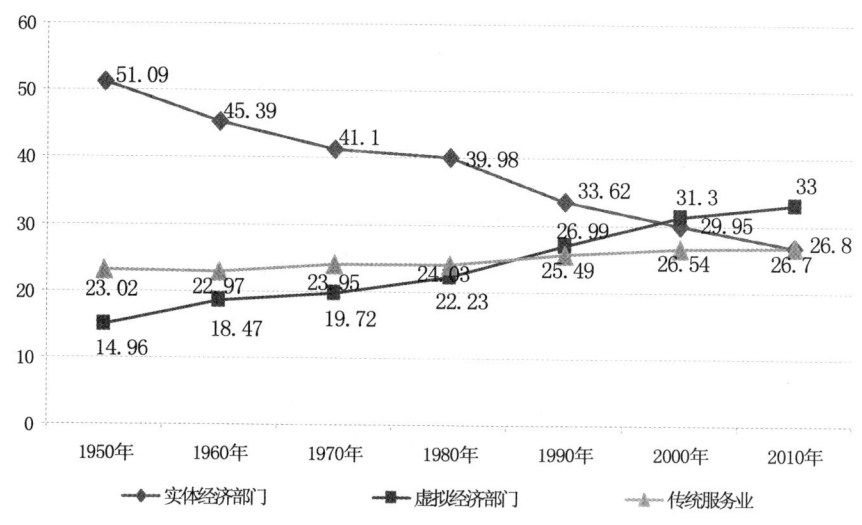

图1　美国各产业的GDP占比(%)

资料来源:美国商务部,http://www.bea.gov/index.htm。

其二,美国的国际收支发生了根本性变化(参见表1)。与1960~1982年相比,1983年以来经常项目由顺差转为逆差,这意味着美国由"世界工厂"变为全球"净消费者"。同时,资本项目由逆差转为顺差,境外美元资产膨胀。"去工业化"、经济虚拟化与贸易失衡、境外美元资产膨胀,是美国经济转型的统一过程。

---

① 实体经济部门包括农业、采矿、公用、建筑、制造、运输仓储、信息等产业,虚拟经济部门包括金融、房地产、职业服务等产业,传统服务业包括教育、医疗、救助、娱乐、休闲、餐饮、批发、零售等产业。

表 1　1960～2010 年美国国际收支（百万美元）

年份	经常项目	资本项目	年份	经常项目	资本项目
			1983	-38692	21026
			1984	-94345	75672
			1985	-118155	99479
			1986	-147176	116607
			1987	-160655	167804
1960	2824	-1805	1988	-121153	138260
1961	3822	-2833	1989	-99486	47187
1962	3387	-2263	1990	-78969	50903
1963	4414	-4053	1991	2898	38703
1964	6823	-5917	1992	-51614	95388
1965	5431	-4974	1993	-84806	78492
1966	3031	-3660	1994	-121612	123126
1967	2583	-2378	1995	-113567	82616
1968	611	-1049	1996	-124764	134469
1969	399	1117	1997	-140726	218721
1970	2330	-2111	1998	-215062	66957
1971	-1432	11212	1999	-300778	233972
1972	-5795	7674	2000	-416371	477700
1973	7140	-4486	2001	-397158	413452
1974	1961	482	2002	-458074	500374
1975	18116	-22833	2003	-520668	531058
1976	4295	-13430	2004	-630488	535380
1977	-14335	17985	2005	-747591	713832
1978	-15142	5145	2006	-802636	807362
1979	-285	-25361	2007	-718094	638542
1980	2317	-24930	2008	-668854	583862
1981	5030	-28463	2009	-378432	215935
1982	-5536	-32826	2010	-470242	233843

资料来源：美国商务部，http://www.bea.gov/index.htm。

与美国"去工业化"和经济虚拟化相伴随的是"就业创造"与"GDP 创造"的背离。2009 年，虚拟经济部门、实体经济部门和传统服务业的 GDP 创造均值依次为 19.29 万美元/人、13.74 万美元/人和 6.11 万美元/人。可见，虚拟经济部门的 GDP 创造能力明显高于实体经济部门和传统服务业。进一步，对比 2009 年不同产业部门的 GDP 贡献率与就业贡献率可以发现：（1）虚拟经济部门的 GDP 贡献率最高，而就业贡献率最低，分别为 33.58%和 17.94%；（2）传统服务业的 GDP

贡献率最低，而就业贡献率最高，分别为25.94%和43.72%；(3)实体经济部门的GDP贡献率与就业贡献率依然大体相当，分别为26.87%和20.15%，但是已远低于1950年51.09%和47.78%的水平（参见图2）。

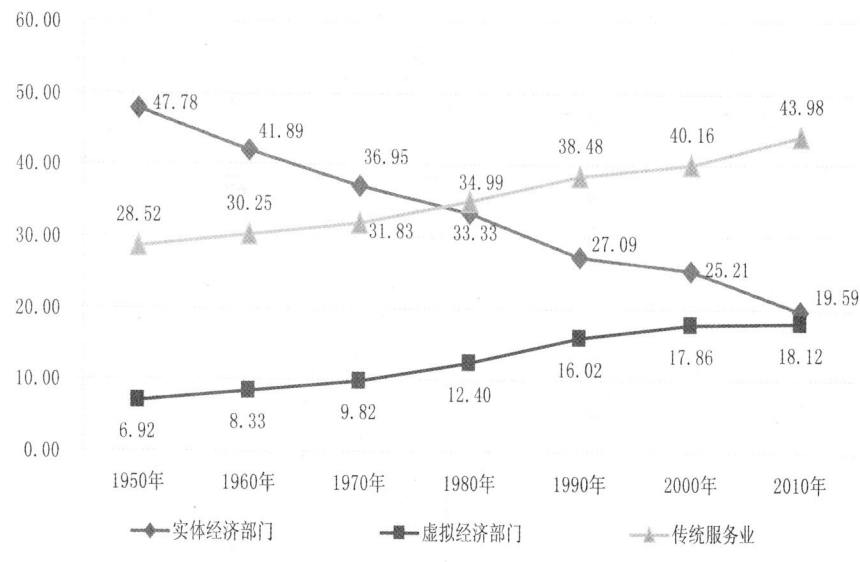

图2　美国不同产业的就业贡献度（%）

注：就业人数是指该行业全职工作人员（Full-time equivalent employees）与兼职工作人员（Part-time equivalent employees）的总和。

资料来源：根据美国商务部相关数据整理。

可见，实体经济虽然在拉动经济增长的同时带动了就业增加，然而一方面"去工业化"已大大削弱了美国实体经济的GDP创造能力（即在国民经济中的比重），进而其就业创造能力随之大幅降低；另一方面实体经济本身的"智能化"、"数字化"使其就业创造能力下降。2009年以来，美国经济逐渐走出衰退并实现复苏，然而失业率依然居高不下（参见图3）。其症结在于"就业创造"与"GDP创造"的背离。若要增加就业，则须扩大对传统服务业的投资，然而与虚拟经济部门相比它并不具有吸引力。对于虚拟经济主导下的美国经济，"奥肯定律"已然失效，凯恩斯主义适用于20世纪30年代工业化时期的大危机，但难以解释当代的"无就业复苏"。

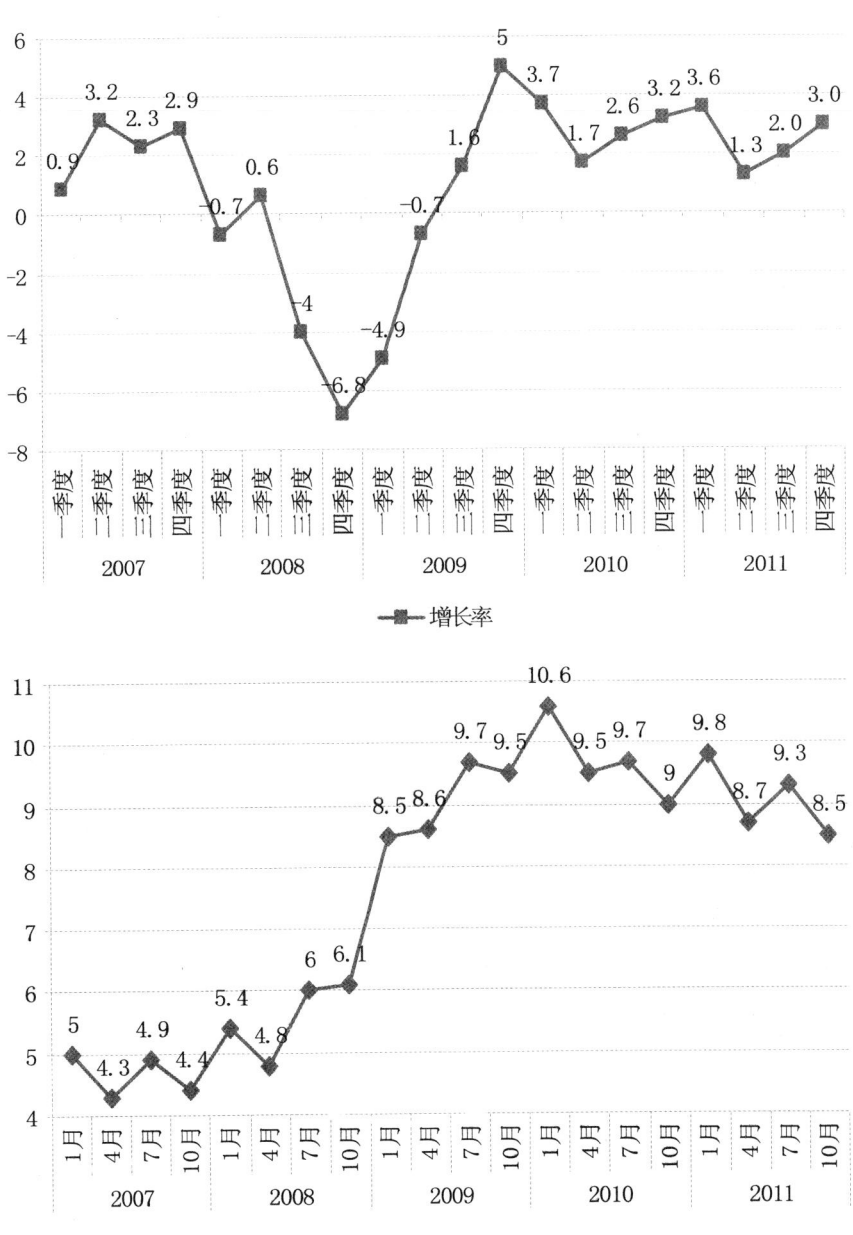

图3 美国经济增长率和失业率(%)

资料来源：国际劳工组织(http://laborsta.ilo.org)和美国商务部(http://www.bea.gov)。

发达国家的经济虚拟化与其产业的国际转移，如同一枚硬币的两面，是相辅相成的。20世纪80年代，对外开放政策使中国经济加入国际大循环，开始再次融入国际分工体系。在这一轮全球化中，以美国为代表的发达国家，居于国际分工体系的"中心"，以中国为代表的发展中国家居于"外围"（参见图4）。

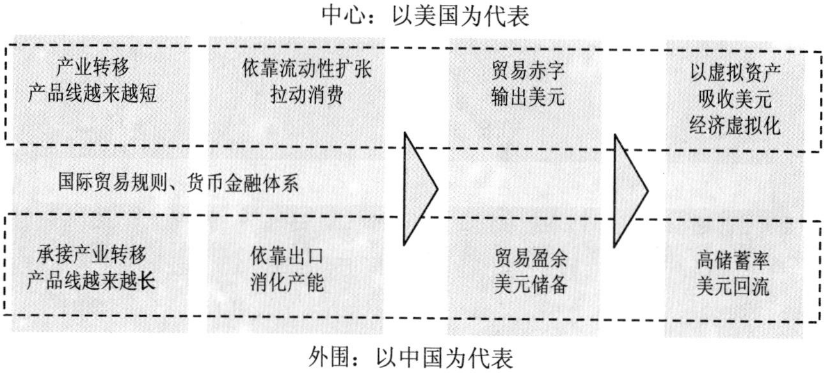

中心：以美国为代表

| 产业转移
产品线越来越短 | 依靠流动性扩张
拉动消费 | 贸易赤字
输出美元 | 以虚拟资产
吸收美元
经济虚拟化 |

国际贸易规则、货币金融体系

| 承接产业转移
产品线越来越长 | 依靠出口
消化产能 | 贸易盈余
美元储备 | 高储蓄率
美元回流 |

外围：以中国为代表

图4 "中心—外围"的国际分工格局

1. 发达国家通过直接投资和产业链整合，将产业链中的低端部分转移到"外围国家"[①]；中国凭借自身的组合优势，包括低成本的生产要素、相对完善的产业配套能力、规模大且快速成长的市场，承接了国际产业转移。不仅如此，随着"外围国家"学习能力的增强，发达国家的产业转移也逐步升级，即由低端走向中高端。因此，发达国家向发展中国家转移的产业越来越多，从发展中国家进口的产品线越来越长，而发展中国家从发达国家进口的高端产品线越来越短。

2. 美国依靠流动性扩张刺激消费，以中国为代表的新兴经济体依靠出口消化产能。美国通过贸易赤字获得商品，同时输出美元；以中国为代表的新兴经济体贸易盈余，成为美元的吸纳地。该循环的实质是发达国家用高端产品同发展中国家交换低端产品，同时通过有利的国际贸

---

① 从国际投资头寸来看，美国仍是世界上最大的对外直接投资（FDI）净头寸持有方。2007年底，美国通过FDI吸收资金2.4万亿美元，而同时对外直接投资3.3万亿美元，FDI净头寸达9100亿美元。

易规则和货币金融体系,最大限度地从这种交换中获取福利。

3.高储蓄率的贸易顺差国(特别是中国),需要将外汇储备转换为美元资产,从而美元回流;美国依靠虚拟资产吸收境外美元,从而经济虚拟化,并进一步支撑了其流动性扩张。

可见,中心国家与外围国家相互间形成了"路径依赖"。美国通过经常项目的持续逆差向外输出美元,而且规模越来越大。美国贸易赤字的根源在于不断扩大的国内储蓄与投资间的缺口,是其私人与政府低储蓄和透支未来的结果。包括中国等新兴经济体在内的其他国家的资本流入美国,实质上是为美国的贸易赤字融资,美国则是通过在国际金融市场上大量融资来维持投资和消费水平。

"主导"与"挤压"是理解当代"中心—外围"的关键。一方面,以美国为代表的"中心国家"主导着经济全球化、国际分工格局和全球增长模式,"外围国家"生产什么、产品卖到哪里去这些带有根本性的经济问题,在很大程度上是由"中心国家"主导的。另一方面,"外围国家"对"中心国家"形成挤压,在发展中国家承接发达国家失去竞争优势的产业或产业环节的过程中,发达国家的产业链须向高端拉伸或培育出新兴产业,然而即使信息技术革命都难以让美国用高端产品交换所需的低端产品。因此,必然依靠虚拟资产吸收境外美元,从而导致经济虚拟化和经济失衡。

二、中国的奇迹:1978~2008年的经济增长

1978~2008年的30年间,中国创造了经济持续高增长的奇迹(参见图5)。30年的高增长是通过发挥要素组合优势和承接国际产业转移实现的。

低成本的生产要素、相对完善的产业配套能力、规模大且快速成长的市场,共同构成了要素组合优势。(1)中国的劳动力不仅成本低而且性价比高,具有分阶段的动态成本优势,其竞争力体现为从农民工到承接服务外包和研发国际化的延续;(2)高储蓄率和低利率政策使资本成本长期维持在低水平(个别年份甚至是负的实际利率),银行呆坏账的冲销和"债转股"还使得企业可以不必偿还本金;(3)只反映开发成本

的能源和资源价格长期偏低,加之低污染成本,这些共同构成了生产要素的低成本竞争优势;(4)在计划经济中建立的相对完整的工业体系和体制转轨中对基础产业与基础设施的大规模投资,使中国具备了相对完善的产业配套能力;(5)作为发展中大国,不仅人口多、市场规模大,而且随着居民收入的增长,市场快速成长。

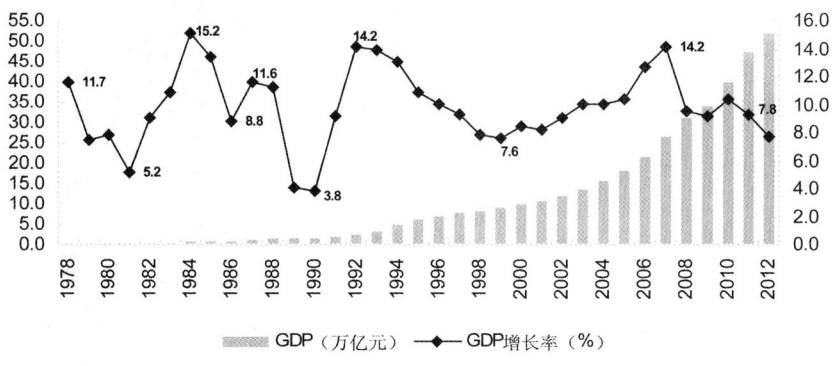

图5 1978~2012年中国GDP及增长速度

说明:GDP按现价计算,增长速度按不变价计算。
数据来源:国家统计局,http://www.customs.gov.cn。

20世纪80年代第二轮国际产业转移兴起,发达国家发展以信息和生物技术、新材料、新能源为主的高新技术产业,加快传统产业改造,而把失去比较优势的传统产业和部分低附加值的技术密集型产业转移出去。在对外开放中,中国的要素组合优势与80年代的产业跨国转移相契合,引进了资本、技术和营销网络等,历史性地承接了国际产业转移。

改革开放对经济增长的推动作用,就在于把要素组合起来并形成比较优势,而这种组合比较优势正是中国经济持续高增长的原因所在。中国30年经济增长的以下特征就是要素组合优势的反映。

1. 充分利用"人口红利"的二元增长。体制转轨使中国的人口由不流动转为流动,进而在二元增长格局中形成"人口红利"——延缓了资本报酬递减的过程,为经济增长提供了额外的源泉。人口抚养比是人口结构的生产性指标,1982~2000年中国的人口抚养比持续下降,对人均GDP增长的贡献率超过1/4。投资和出口对中国经济增长的持续拉动,实质上就是以劳动力的充分供给和低廉的劳动力成本为前提的。劳动力的充分供给使得工资水平缺乏弹性，从而一方面保证了资本积累率，另一方面造就了出口产品的竞争优势。

2. 主导产业驱动的增长。在体制转轨中，消费需求成为产业成长的出发点和归宿，国内消费结构的梯度升级成为产业结构升级的动力。30年间中国的消费结构依次经历了：80年代由衣（纺织品）食（食品）到手表、自行车、缝纫机（所谓"老三样"），90年代再到彩电、冰箱、洗衣机（所谓"新三样"）和空调、电脑，2000年以来进一步到汽车、住宅、旅游、教育的升级过程。相应地，主导产业也经历了由轻纺工业到新一代家电产品、基础产业和基础设施，再到汽车、住宅、通讯、城市基础设施等先导性产业，钢铁、建材、化工、机械等中间投入品行业，以及能源、运输等基础行业的升级过程，并且主导产业成为经济增长的主要驱动力。

3. 主要依靠要素投入、低成本竞争和市场外延扩张的粗放型增长。中国的改革是在较低的发展水平上起步的增量改革。一方面，面对着"人往哪里去"和"钱从哪里来"的难题，发展非公有制经济就成为破解难题的理性选择。另一方面，广阔的增长空间引发了"先进入优势"，从而使非公有制经济的发展不仅必要而且成为可能。因此，中国经济增长就表现为：高成长产业中先进入的企业取得优势，获得高回报→进入者不断增加，竞争加剧→企业间展开以低成本为基础的价格竞争→市场外延扩张。经济增长主要依赖要素投入和成熟技术的引进和扩散[①]。技术引进的渠道主要是通过创办外资企业和设备引进来"以市场换技术"。因此，大多数产业中以中低技术为主，以引进模仿为主，企业的核心能力并不在技术研发而在市场外延扩张上。

4. 出口拉动的增长。在对外开放中，中国通过FDI发挥比较优势，融入全球生产网络，成为全球重要的劳动密集制造基地和低成本制成品出口大国，被认为是"经济全球化最大的发展中赢家"。实质上，超过一半的FDI是将中国作为出口基地的出口导向型项目，中国产业体系在国际分工中处于"二传手"的位置，即从发达国家和东亚新兴经济体进

---

① 中国单位能源使用产生的GDP只有发达国家的1/5~1/6；1美元GNP消耗的煤电资源是美国的4.3倍，德国和法国的7.7倍，日本的11.5倍；用水量是全球平均水平的4倍，接近美国的10倍，日本的24倍。

口上游关键零部件,在国内完成劳动密集环节的组装加工,向全球(主要是美、欧、日等发达国家)出口[①]。中国的外贸依存度已经由20世纪90年代的30%上升到60%,贸易格局依然是"两头在外,大进大出"(参见图6)。这反映了国内要素组合在国际分工中的比较优势和竞争优势,劳动密集型产品出口的竞争优势实质是劳动力优势的输出。

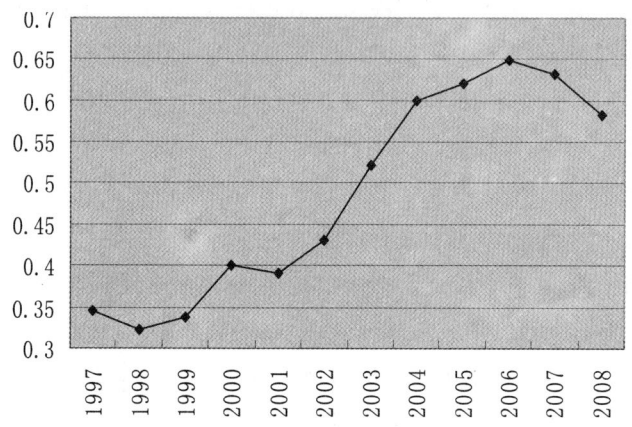

(a) 1997～2008年对外贸易依存度(%)

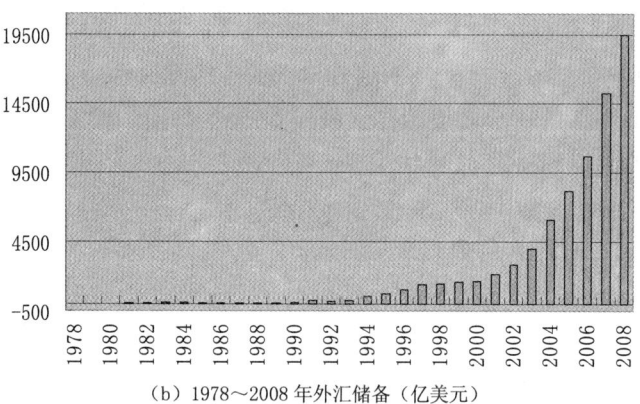

(b) 1978～2008年外汇储备(亿美元)

图6 中国外贸依存度和外汇储备

说明:对外贸易依存度=(年末人民币汇率×进出口总额)/国民生产总值。
数据来源:根据相关年份《中华人民共和国国民经济和社会发展统计公报》整理。

[①] 中国机电产品出口比重近60%,其中IT等高新技术产品出口比重近30%,超过OECD国家的平均水平。同时还应看到,加工贸易占出口总额的50%以上,占进口总额的近40%。

三、中国经济增长中累积的问题

中国30年的高增长总体上是主要依靠要素投入、低成本竞争和市场外延扩张的粗放型增长,并依靠出口的增长来支撑投资的增长和产业成长。这种高增长是在周期性经济波动中实现的。2008年中国经济运行出现下滑态势,是这种周期性经济波动的又一次反映。在高增长的同时,不仅累积了一系列问题,而且面临着一系列新变化。支撑经济增长的诸多因素在逐渐消失,而制约因素在不断生成和强化。

1. 能源、资源和环境压力。2006年中国用世界消费总量15%的标准煤、30%的钢、54%的水泥,创造的GDP不足全球的6%。中国的能源缺口已经从1992年的1914万吨标准煤上升到2007年的4.63亿吨标准煤,对能源进口的依赖度相应地从1.75%上升到17.47%。其中,对石油和铁矿石的进口依赖度已经分别达到50%和60%。粗放型增长不仅造成能源和资源压力,而且带来严重的环境问题。目前,中国二氧化硫排放量为世界第一,二氧化碳排放量为世界第二。据世界银行估计,中国的环境成本相当于国民生产总值的3%~15%。在人均自然资源占有率偏低和粗放型增长的交互作用下,能源、资源和环境压力日益显现。应当指出,能源、资源和环境压力来源于增长方式而不是增长速度,因为判断增长速度是否过快应依照潜在增长率与实际增长率的对比。在就业压力依然较大的情况下难以得出增长速度过快的结论,10%以上的主要依靠技术进步的集约型增长可能就不会被认为过快了。

2. 生产供应能力强与价值创造能力弱并存,处于全球产业价值链的低端。作为"世界工厂",中国目前有170多种产品产量居世界第一,774种产品出口居世界第一。然而,低技术含量和低创新能力必然导致低附加价值。中国的R&D投入占GDP的比重为1.35%,而创新型国家在2%以上。在全球R&D投入中美国、欧盟和日本占86%。中国的科技进步贡献率为39%,而创新型国家在70%以上。中国对引进技术的依存度为54%,其中70%的数控机床、80%的集成电路芯片制造装备依赖进口,而创新型国家在30%以下。创新型国家拥有的发明专利总数占世界的99%。仅占全球人口15%的富国几乎拥有世界上所有的技术创新成果，获得全球技术转让和许可收入的98%。中国在国际分工中所承担的主要是劳动密集型产品生产和资本技术密集型产品生产中的劳动密集环节，产品的技术含量低、附加值低并缺乏自主品牌。目前，中国机电产品出口比重近60%，其中具有自主品牌的机电产品不足10%。即便如此，中国在低端制造领域仍然受到来自其他发展中国家的竞争。

3. 不利于劳动力的收入分配结构。比较1978～2008年中国实际GDP和居民收入增长率(参见表2)，可以发现1979～1998年实际GDP平均增长9.9%，实际工资平均增长4.4%，两者相差5.5个百分点。直至1999年的工资改革之后，这一趋势才得以扭转。[①]即便如此，1979～2008年实际工资平均增长率仍低于GDP平均增长率2.65个百分点，城镇居民可支配收入和农村居民纯收入的平均增长率分别低于GDP平均增长率2.82和5.15个百分点。居民收入大部分来自劳动收入，反映劳动收入的职工工资总额在GDP中的比重处于下降态势，从1980年的17%下降到2008年的11.2%(参见图7)。

表2　中国实际GDP和居民收入增长率(%)

年份	实际GDP增长率(1)	实际工资增长率(2)	(1)-(2)	城镇居民可支配收入增长率	农村居民纯收入增长率
1979-1998	9.9	4.4	5.5	5.8	4.2
1999	7.6	13.1	-5.5	9.3	3.8
2000	8.4	11.4	-3.0	6.4	2.1
2001	8.3	15.2	-6.9	8.5	4.2
2002	9.1	15.5	-6.4	13.4	4.8
2003	10.0	12.0	-2.0	9.0	4.3
2004	10.1	10.5	-0.4	7.7	6.8
2005	10.4	12.8	-2.4	9.6	6.2
2006	11.6	12.7	-1.1	10.4	7.4
2007	13.0	13.6	-0.6	12.2	9.5
2008	9.0	11.0	-2.0	8.4	8.0
1999-2008	9.75	12.78	-3.03	9.49	5.71
1979-2008	9.85	7.2	2.65	7.03	4.7

数据来源：《2008年中国统计年鉴》、《2008年中国劳动统计年鉴》和国家统计局，http://www.customs.gov.cn。

---

① 统计意义上的劳动力收入水平的提高，主要是通过提高就业人数实现，而单位劳动力的收入却长时间在低水平徘徊。

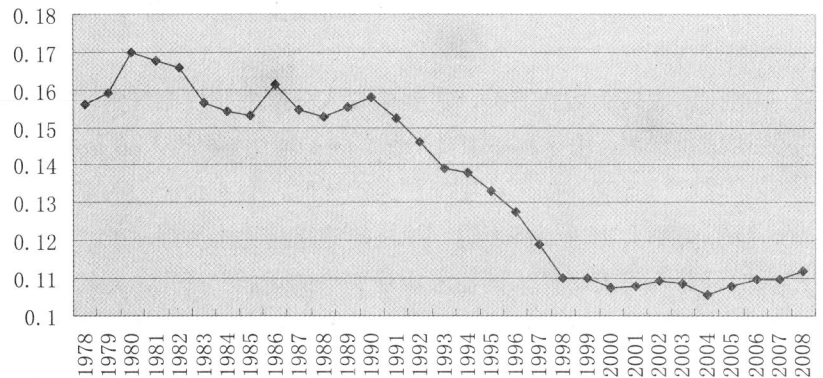

图 7　中国职工工资总额在 GDP 中的比重

数据来源：历年国民经济和社会发展统计公报。

4．通货膨胀与通货紧缩的交替反复。主要以低成本要素投入为支撑的粗放型增长必然引发过度投资，进而形成通货膨胀与通货紧缩的交替循环。20 世纪 90 年代中国的经济增长率由 14.2% 下降到 7.6% 的波动，已经反映出上述逻辑过程。始于 2000 年的新一轮经济增长反映出，由于剩余劳动力的大量存在和扭曲的要素价格，不仅产生了过度投资，而且过度投资不断向重化工业集中（参见图 8）。

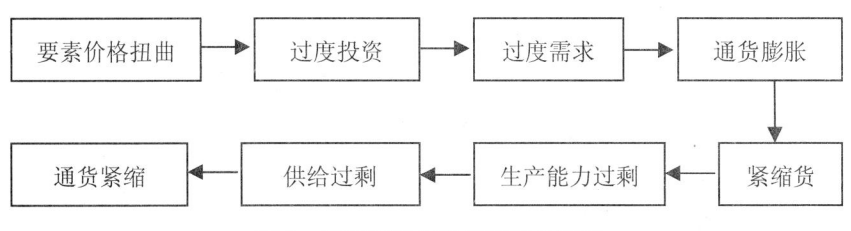

图 8　通货膨胀与通货紧缩的循环

图 8 反映了由过度投资引发通货紧缩的传导机制。过度投资引起通货膨胀，需要从投资结构的角度来理解。投资可以分为长周期投资（如重化工业投资、房地产业投资等）和短周期投资（如一般消费品投资）。长周期投资在形成供给之前，一方面增加货币需求，使利率上升；另一方面吸收投资品和消费品，推动投资品和消费品价格上涨，并拉动短周期投资。短周期投资同样增加货币需求，推动利率上升。可见，过度的

长周期投资对短周期投资的拉动，是形成过度投资的关键，进而引起过度需求和通货膨胀。

由通货膨胀转为通货紧缩，需要从收入分配的角度来理解。当长周期投资形成供给时，由于利率上升（资本成本增加）和投入品价格上涨，其产品价格必然提高。如果在生产扩大的同时，有支付能力的需求相应扩大，那么并不会出现经济衰退。相反，如果马克思所揭示的"生产无限扩大的趋势与有支付能力的需求相对狭小的矛盾"产生，则高增长将难以为继或经济将出现衰退。通货膨胀必然引发宏观调控通过紧缩货币来抑制需求，这样过剩生产能力和过剩供给就产生了，并进一步强化了增长速度的下降或经济衰退。

中国的体制转轨客观上已经给居民带来了风险和不确定性，这包括失业、养老、医疗、住房、教育等诸多方面。居民的理性选择必然是缩减当前消费和增加储蓄。同时，中国的经济增长并没有带来居民收入的同步增长，而且收入差距拉大。衡量个人收入差距的基尼系数，在2000年超过0.4的国际警戒线，此后一直保持在0.4以上，收入差距扩大趋势未得到有效抑制（参见图9）。这样，消费需求不足已不可避免，生产无限扩大的趋势与有支付能力的需求相对狭小之间的矛盾已经显现。

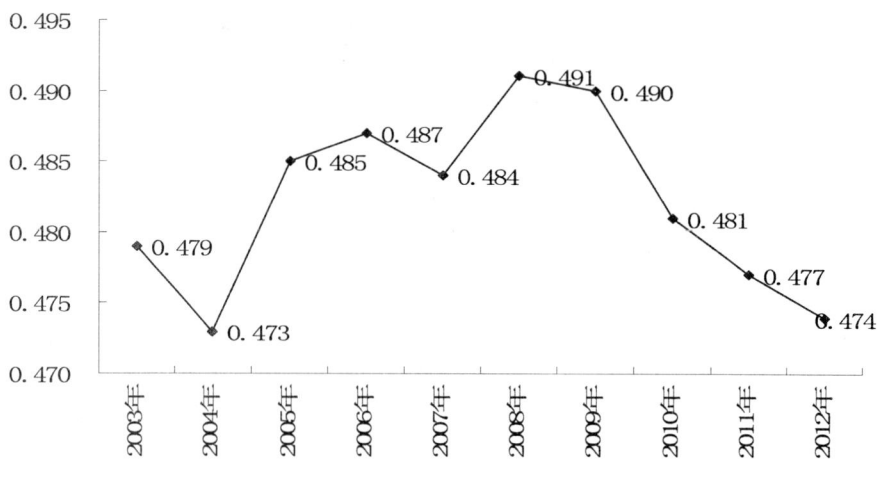

图9　中国的基尼系数（2003～2012年）

数据来源：国家统计局，http://www.stats.gov.cn。

5. 实体经济承受着不利的外部冲击[①]。中国依靠出口的增长来支撑投资的增长和产业成长,对海外市场、技术和资本(其背后是技术和营销网络)依赖的增强,不仅可能固化中国产业体系在国际分工中的低端地位,而且必然使整个经济暴露在全球经济周期的影响之下,承受着不利的外部冲击(参见图10)。从2008年11月,当月出口同比由升转降,2008年11月和12月分别下降2.2%和2.8%,2009年下降16%。更需要注意的是,中国进口继2008年11月和12月分别下降18.0%和21.3%之后,2009年下降11.2%,这对于中国处于组装加工环节的国际分工地位而言,是出口深度下滑的反映。

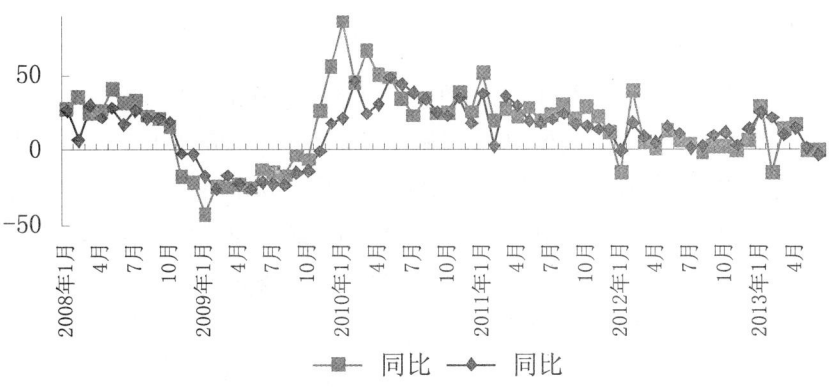

图10 进出口同比增长(%)

数据来源:中国海关总署,http://www.customs.gov.cn。

根据商务部在《中国外商投资报告》中披露的数据,外资企业引进技术在中国引进技术总额中约占50%,外资企业出口约占中国全部出口的60%,中国高新技术产品出口的88%是外资企业实现的。2008年10月~2009年7月连续10个月,外商直接投资(FDI)同比下降(参见图11)。即使没有出现国际资本大规模外流,本轮危机通过FDI而产生的不利冲击也是显而易见的。

---

① 通过进出口和FDI形成的直接冲击具有明显的结构性特征。C40(通信设备、计算机及其他电子设备制造业)产业对广东、浙江、江苏三省,对三资企业和民营企业的影响最为明显,这映射出了中国开放以来的贸易和外资格局。

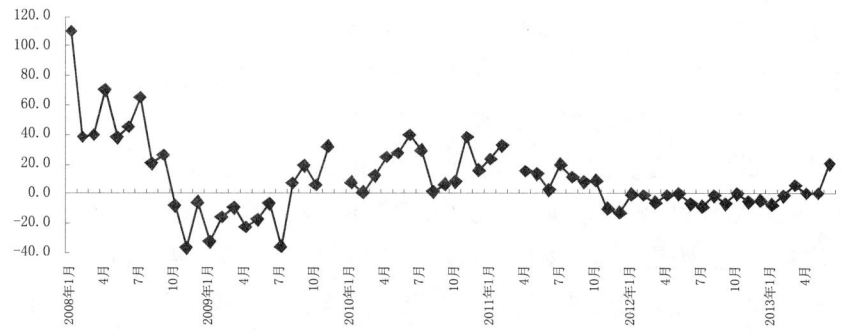

图 11 FDI 同比增长（%）

数据来源：中国商务部，http://www.mofcon.gov.cn。

2008年1季度至2009年1季度的GDP增长率分别为10.6%、10.1%、9.0%、6.8%和6.1%，增速下滑明显（参见图12）。2009年2月居民消费价格总水平（CPI）同比下降1.6%，连续第10个月下降，为六年来首次出现负增长。工业品出厂价格（PPI）从2008年12月开始，先于CPI出现负增长，同比下降的状况持续12个月之久（参见图13）。可见，在全球性衰退中中国经济难以独善其身。

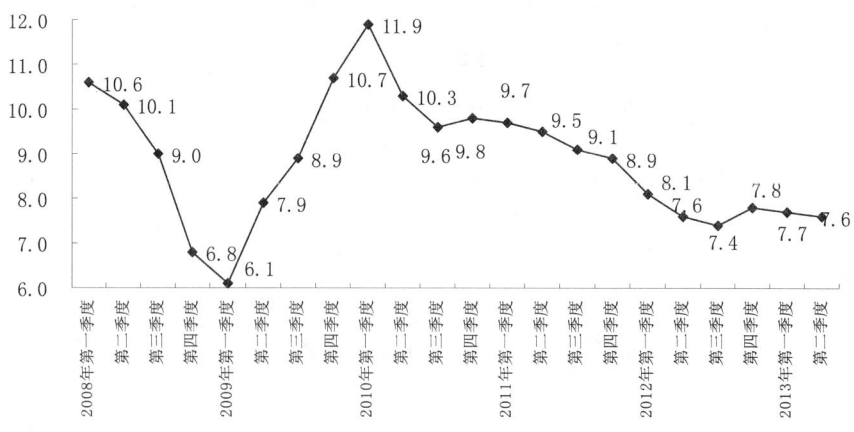

图 12 季度 GDP 同比增长率（%）

数据来源：国家统计局，http://www.customs.gov.cn。

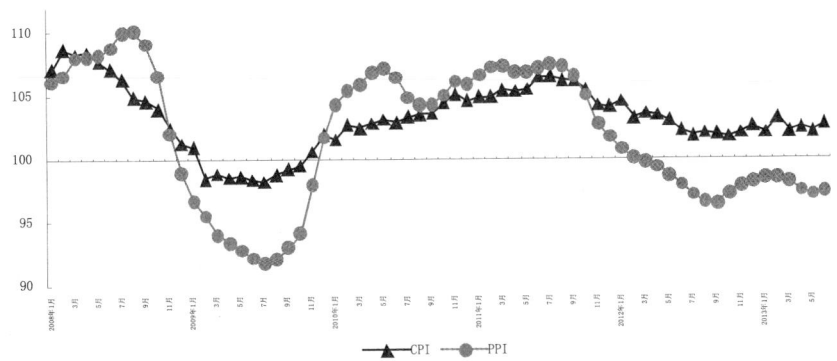

图 13　月度 CPI 和 PPI 同比增长率（%）

数据来源：国家统计局，http://www.customs.gov.cn。

从 2000 年开始的新一轮经济增长，一方面尚未从根本上摆脱粗放型和出口拉动的增长方式，另一方面尚未从根本上摆脱不利于劳动力的收入分配结构。经济发展中的不可持续因素，在一定条件下必然通过经济波动反映出来。国际金融危机及由此引发的全球经济衰退，对中国形成了不利的外部冲击，这只是构成了诱发和加深中国经济下滑的外部条件。中国经济下滑是自身经济周期性波动的反映，而不利的外部冲击只是诱发性因素并加深了下滑走势。

四、新国际产业体系和新国际货币体系

国际金融危机充分暴露了世界经济发展方式的不可持续性，世界经济已由危机前的快速发展期进入深度转型调整期，转变经济发展方式是实现世界经济平衡有序发展的根本途径。虽然经济全球化的长期趋势不可逆转，但经济全球化将出现新的趋势，主要体现为欧美经济的"再工业化"、新国际产业分工和产业体系的逐步形成，以及有第三方加入的新国际货币体系的逐步形成。

1　从再工业化到新国际产业体系

透过本轮金融危机可以更清醒地认识 GDP 的本质。目前，世界通行的总量核算采用的是 SNA 体系，这是一种最终价值核算。在该体系

下，华尔街创造的新价值与汽车业创造的新价值毫无二异，一样计入GDP。其实，历史上还曾存在一种物质产品核算体系与之相对应，这就是已经淡出的 MPS 体系。在该体系下，华尔街并不创造物质财富，与汽车业截然不同。以美国经济为例，20 世纪 80 年代以前它既是 SNA 体系下的最大经济体，也是 MPS 体系下的最大经济体；而"去工业化"和经济虚拟化后，它只能是 SNA 体系下的最大经济体了[①]。GDP 这一总量指标实际上抹杀了实体经济与虚拟经济的界限，这在工业化时代并未产生实质性影响，但在"去工业化"时代则会掩盖 GDP 中的泡沫膨胀。只有拨开 GDP 迷雾，才能走出对 GDP 的迷恋。

透过本轮金融危机还可以更清醒地认识高科技和现代金融的本质。高科技只能来源于生产过程，即使产学研协同创新也不能脱离生产过程。不仅如此，高科技只有与生产过程紧密结合才能真正创造价值，才有真实意义。仅靠所谓高科技概念虽能创造货币财富和 GDP，但实际上创造的只能是价值符号和泡沫。金融从本源上就是由生产和流通派生而来，世界金融中心在历史上都曾充当世界工厂或贸易中心。人们一度撇开经济学基本原理，认为现代金融可以脱离实体经济而通过金融创新和衍生品发展起来。金融危机再一次揭示出，失去了制造业和实体经济，高科技和现代金融就失去了根基，只能是无源之水、无本之木。

欧美经济失衡、金融危机和债务危机是国际产业转移和经济虚拟化同一过程的结果，在本质上则反映了富人经济与大众经济的矛盾和冲突。就资本而言，高利润、高价值和高端化永远是追逐的目标，从微观角度看这并不成其为问题。但是，对国民经济则会造成严重后果，因为价值创造与就业创造并不总是一致的，对大众而言，就业乃民生之本，就业永远比 GDP 更为重要。"占领华尔街"运动打出的"1%对99%"口号的实质，就是富人经济与大众经济的博弈。资本忽视以所谓"低端"、"低价值"和"大众参与"为特征的实体经济，但政府始终要用政策来维系。

---

① 我们讲美国经济的虚拟化是从结构角度作出的判断，即实体经济和制造业比重大幅降低。然而，从总量角度来看，美国依然是制造业大国。直至 2010 年中国制造业才以 1.995 万亿美元的产值，在全球制造业总产值中占到 19.8%，超过美国的 19.4%，首次成为世界制造业第一大国。

后危机时期，发达国家更加注重用科技引领实体经济发展，重返高端制造业，全球制造业生产方式和商业模式可能由此发生革命性变化①。例如，美国增加对新能源的投入，希望新能源能成为新的经济增长点。其实质是通过"再工业化"延长国内高端产品线，塑造新的竞争优势，以高附加价值产品平衡与外围国家中低端产品间的贸易。由此会带来两个需要特别重视的问题：

一是新型贸易保护的风险加大。发展新能源的一个基本障碍是：与传统能源相比成本过高，而依靠技术创新发展新能源的速度慢。因此，新能源的发展需要政府补贴。补贴的程度直接与传统能源价格相关。只有传统能源价格上涨到一定程度，补贴才能解除，新能源才能成为具有自生能力和可持续发展的产业。可行的办法就是提高传统能源的价格。如何提高？就是制定更严格的环境保护规则。实际上，发达国家酝酿把碳排放与贸易挂钩，征收"碳关税"，与其发展新能源是紧密相关的，是针对以传统能源为主的外围国家的新型贸易保护。

二是世界产业调整和发展的路径存在很大的不确定性。例如，发展清洁能源的大方向全球都认可，但在发展路径上仍有很大的不确定性。是在传统能源基础上通过碳收集降低污染率的方式发展清洁能源，还是发展风能、太阳能、生物能源等新能源。为什么要强调这种差异呢？因为对产业发展路径的判断失误，会产生很大的负面影响。在20世纪80年代后期发达国家都认可，新一轮全球经济增长的方向是信息产业。但是对于信息产业的发展路径，美国与日本分歧很大。日本认为未来的信息产业发展方向是大型计算机，美国认为是计算机的小型化。结果证明，信息产业的发展按照美国的路径走，所以日本在后来的整个信息产业的10年繁荣中难以居于领先地位。所以，即使认定未来全球产业调整的重

---

① 美国着眼于可持续发展和高质量就业，提出将节能环保、智慧地球、大数据、重振制造业等作为主攻方向。欧盟大力发展可再生能源和节能环保产业，保持在绿色经济技术领域的领先地位。欧美学者预言，一种建立在互联网和新材料、新能源相结合基础上的第三次工业革命即将来临，它以"制造业数字化"为核心，将改变全球技术要素和市场要素配置方式，重新划分全球分工。2012年初，美国《华盛顿邮报》网站发表了题为"为什么现在轮到中国担心制造业了"的文章，提出未来20年美国将发展人工智能、机器人和电子制造三项技术，重塑美国优势，改变制造业竞争格局，"打败中国"。

点是发展清洁能源,但对于它的路径还应该给予高度关注。这不仅对中国承接国际产业转移,而且对中国参与全球产业竞争有着重要意义。

在"再工业化"的同时,发达国家缩减财政赤字,居民改变消费模式。在应对本轮危机中,美国实际上是用更多的流动性来解决流动性过剩问题。虽然"无就业复苏"使美国只能维持超低利率,经济刺激计划难以退出,2012年9月又推出了第三轮量化宽松政策,但是缩减财政赤字和发展实体经济作为推动美国经济"再平衡"的两轮,缺一不可。发达经济体财政赤字的缩减,居民消费模式的改变,将会使市场需求成为后危机时期全球经济最稀缺的资源之一,进而全球贸易增长在短期内难以恢复到危机前的水平,这必将对中国的外向型经济形成制约。

2. 从双本位体系到新国际货币体系

布雷顿森林体系确立了"美元霸权"地位,美元与黄金在20世纪70年代初脱钩后,欧洲各主权货币联合对抗美元的"蛇形浮动"制度并未实际奏效,美元的本位货币地位并未被动摇[①]。可见,多国的主权货币即使联合起来也难以与美元这种单一主权货币相抗衡,其根源就在于欧洲各国的经济发展水平存在明显差异。欧元诞生的实质,是以马克(其背后是强大的实体经济)为核心的众多主权货币的"结晶过程"。欧元的出现解决了"联合"的问题,使得国际货币体系演变为"双本位"体系。

根据国际货币基金组织公布的各国官方外汇储备,美元所占份额依然居于主导地位,但已由2000年的71.13%降至2008年的64.12%;同期欧元所占份额则逐年增加,由18.29%升至26.51%;英镑和日元所占份额维持在7.1%~7.5%之间。"双本位"国际货币体系是缺乏稳定性的货币体系。如果美元超发行或贬值,欧元势必跟进,合则欧元升值。这一方面将抑制欧元区出口,进而影响实体经济发展,造成就业压力;另一方面将导致国际资本涌入进行投机套利,进而加剧欧元和欧元资产价格波动。反之亦然,如果欧元超发行或贬值,美元也势必跟进。两种本位货币轮番增发,世界因此从未像今天这样流动性膨胀。

欧元的出现并不能消除欧元区各国经济发展水平的明显差异,这也是欧债危机的症结所在。欧元区各国分享了货币一体化的"红利"。例

[①] 需要指出的是,储备货币不一定是本位货币,本位货币是其他货币的锚。

如，德国可以将欧元区市场视同国内市场，从而支撑了其制造业出口；以"欧洲五国（PIIGS）"为代表的其他大多数欧元区国家依托欧元的本位货币地位，出现了类似美国 80 年代初的经济转型，同样走上了新式发展道路并形成了新的发展模式——经济虚拟化、经常项目逆差、大规模举债和境外欧元资产膨胀。因此，在分享货币一体化"红利"的同时，也就不得不共同面对债务危机的挑战。

"双本位"国际货币体系决定了全球经济的动荡，债务危机可能成为欧美经济实现"再工业化"和"再平衡"之前的一种常态。"中心国家"发展虚拟经济和债务经济，"外围国家"发展实体经济、输出商品和提供融资的国际分工格局，不可能造就一个"和谐世界"。从经济层面来看，建设和谐世界的必不可少的条件是国际货币体系的稳定，而这只能通过拥有强大实体经济的第三方的加入，以避免"双本位"体系下的"滥币陷阱"。[①]这同时也就意味着人民币国际化和"三足鼎立"的新国际货币体系的形成。

五、中国经济发展的全面转型

世界经济的深度调整和变革，将进一步倒逼中国经济发展模式的全面转型。目前，中国既存在实体经济和制造业大而不强的问题，也存在着虚拟经济和金融市场发展滞后的问题，产业升级与金融深化的双重任务需要在良性互动中一并完成。

1. 商品输出、资本输出和人民币国际化

中国的市场化改革实质上有两重含义——对内搞活和对外开放。前者的突出意义在于，使人口由不流动转为流动。这不仅为工业化贡献了"人口红利"，更重要的是使中国的生产要素（包括劳动力、资本、资源和能源）、产业配套、市场规模等潜在优势，积聚形成了现实的组合优势。同时，对外开放使中国的组合优势与国际产业转移相契合，引进

---

① 这就如同三角形是一种稳定的结构。其中的原因在于，若一种货币滥发，另外两种货币依然有能力充当本位货币，作为其他货币的锚地，而滥发的货币充其量只能是储备货币。同时，滥发的货币的国际地位衰落，这种"惩罚"是可置信的，因为"两边之和大于第三边"。

了资本、技术和营销网络，并通过 FDI 融入全球生产网络，逐步成为"世界工厂"和出口大国。

在中国经济的市场化、工业化和国际化进程中，有两个年份和两场"群众运动"应当给予特别关注。1997 年中国经济出现了改革以来的第一次通货紧缩，这是进入市场经济的根本标志，有效需求由此成为中国经济兴衰的一个基本决定因素。内需不足的必然结果就是扩大外需，因此商品输出浪潮成为了中国改革以来的一轮"群众运动"。这一系列现象并非"中国特色"，而是工业化国家的共同特征。

从 1999 年开始，中国的国际收支保持经常项目和资本项目的"双顺差"，而且已经由当年的 263 亿美元持续快速地扩大到 2010 年的 4717 亿美元（参见表 3）。这一方面在国际市场造成人民币持续升值的压力，另一方面在国内造成流动性膨胀和人民币贬值。双顺差是人民币"内贬"和"外升"的同一根源。

表 3 中国的国际收支状况（单位：亿美元）

年份	经常项目	资本项目	国际收支差额	外汇储备
1982	57	-17	40	69.86
1983	42	-14	28	89.01
1984	20	-38	-18	82.2
1985	-114	85	-29	26.44
1986	-70	65	-5	20.72
1987	3	27	30	29.23
1988	-38	53	15	33.72
1989	-43	64	21	55.5
1990	120	-28	92	110.93
1991	133	46	179	217.12
1992	64	-3	61	194.43
1993	-119	235	116	211.99
1994	77	326	403	516.2
1995	16	387	403	735.97
1996	72	400	472	1050.49
1997	370	210	580	1398.9
1998	315	-63	252	1449.59
1999	211	52	263	1546.75
2000	205	19	224	1655.74
2001	174	348	522	2121.65
2002	354	323	677	2864.07

续表

年份	经常项目	资本项目	国际收支差额	外汇储备
2003	431	549	986	4032.51
2004	689	1082	1794	6099.32
2005	1324	953	2238	8188.32
2006	2318	493	2600	10663.44
2007	3532	942	4453	15282.49
2008	4206	401	4451	19460.3
2009	2433	1985	4419	23991.52
2010	2378	2869	4717	28473.38
2011	2017	2211	4228	31811.48

资料来源：国家统计局（http://www.stats.gov.cn）、中国人民银行（http://www.pbc.gov.cn）和国家外汇管理局（http://www.safe.gov.cn）。

由 M2 对 GDP 的比值（M2/GDP）可以看出，1980 年以来美国的该比值维持在 0.6 左右，即使为应对危机实施的前两轮量化宽松政策，分别释放了 1.7 万亿美元和 0.6 万亿美元的流动性，情况亦是如此。然而，1999 年以来中国的 M2 对 GDP 比值始终在 1.2 以上，2010 年达到了 1.89（参见图 14）。"内贬—外升"的必然结果就是人民币和人民币资本输出，因此资本输出浪潮成为了中国改革以来的又一轮"群众运动"。

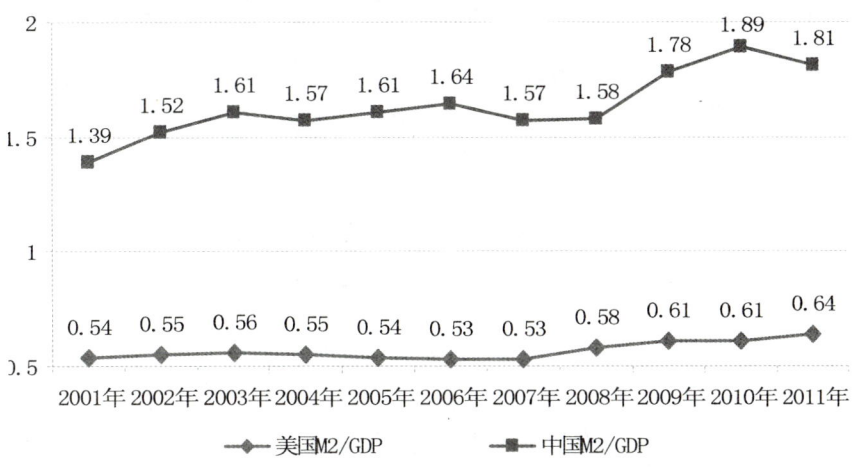

图 14 中国和美国的 M2/GDP

资料来源：国家统计局（http://www.stats.gov.cn）、中国人民银行（http://www.pbc.gov.cn）、美国商务部（http://www.bea.gov）和国际货币基金组织（http://www.imf.org）。

2003～2011 年，中国的非金融类对外直接投资年均增长超过 50%，

2010年以来超过600亿美元（参见图15）。这就如同20世纪70年代前的美国和60年代后的德国，通过资本项目逆差输出本币和本币资本，以对冲经常项目顺差。同时，这也像当年的英美一样，通过资本国际化，实现用世界的资源支撑本国的"世界工厂"地位。当前，中国的资本输出实质上不仅是人民币国际化的现实起点，而且是一个重要支点。反过来，人民币国际化将有助于资本输出和全球配置资源。进一步，人民币国际化还将有助于避免双本位体系下的"滥币陷阱"，推动新国际货币体系的形成。这可以被认为是人民币国际化的双重意义。

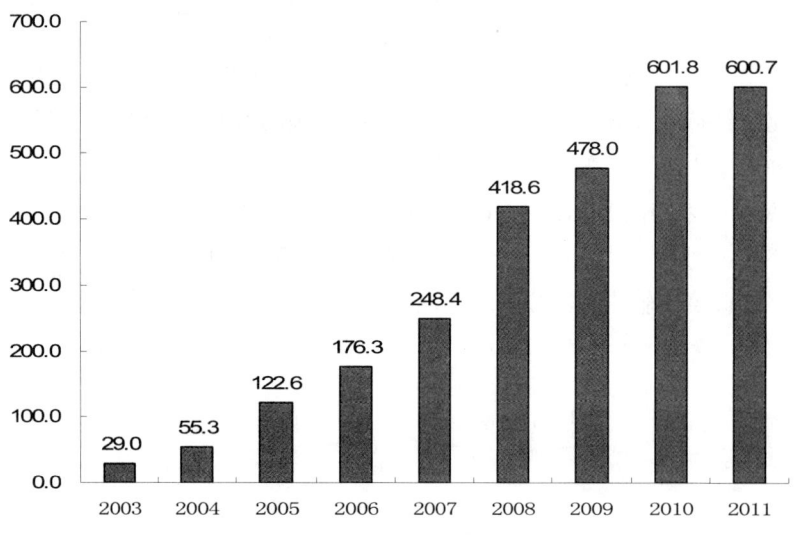

图15　中国的非金融类对外直接投资（亿美元）

资料来源：中国商务部，http://www.mofcom.gov.cn。

在不同的历史条件下，已实现本币国际化的发达国家所走的路径并不相同。从目前来看，我国试图通过"跨境贸易人民币结算"和"人民币离岸市场"相结合的路径推动人民币国际化。这是存在问题的。跨境贸易人民币结算只会使中国的美元外汇储备增加，在美元长期来看趋于贬值的背景下，外汇储备的风险难以释放并将持续累积。人民币离岸市场必然倒逼资本项目开放，而资本项目开放是中国市场化改革（包括利率和汇率）的最后一步，这意味着市场化改革已基本完成[①]。进一步，离岸市场并非人民币国际化的条件，而是与人民币国际化相伴而生的结果[②]。

人们都知道美元贬值可以使美国逃债，但其中的道理又是什么呢？是一国海外资产与负债的币种结构。美国的海外资产（即对外债权，如在华FDI）以外币计价，对外债务（如美国国债）以本币计价。美元贬值并不改变美国的债务负担，但其海外资产价值和投资收益折算为美元则会增加，因此偿债能力随之增强。在理论上，如果美元贬值足够充分，而美国在华FDI的收益率足够高，中国就会由美国的债权人变为债务人。在美国是全球最大的债务国和经常项目中的投资收益为正这样两个基本前提下，就不难理解在一些年份虽然其经常项目逆差相当大，但当年外债余额（净国际投资头寸）不增反降了。由此可见，在人民币国际化过程中应当：（1）减少美元债权或把美元债权转换为人民币债权，其含义是减持美国国债，同时向海外输出人民币（如发放人民币贷款）；（2）减少人民币债务或把人民币债务转换为美元债务，其含义是摒弃现实中依然存在的对外资的超国民待遇，同时鼓励中国企业"走出去"和扩大对外直接投资。从根本上讲，中国应扩大进口，减少顺差，追求进出口平衡增长，此时若以人民币结算则超过3万亿美元的外汇储备可以发挥担保的功能作用。

人民币国际化不仅意味着人民币"走出去"，走出去的人民币只有"回得来"，才能真正实现国际化。回得来不仅是指人民币持有者可以购买中国的商品和劳务，而且是指可以投资于中国的金融市场。后者正是制约人民币国际化的主要瓶颈，这就要求中国金融市场的发展。其中，最为基础的是利率市场化和人民币汇率自由浮动[③]。应当指出的是，金

[①] 目前，在IMF规定的40个资本项目中，中国已有2/3以上的项目完全或部分开放，约1/3的项目存在较为严格的管制，如直接跨境证券投资、衍生品交易、短期外债等。这里讲的资本项目开放主要指的就是这些项目。

[②] 美元离岸市场发端于20世纪50年代，发展于70年代，而美元在1945年就取代英镑成为世界货币。

[③] 人们对于人民币汇率自由浮动的最大担忧是人民币升值使出口变得更加困难，进而导致失业增加。最常见的案例就是《广场协定》后的日本资产泡沫和经济衰退。实际上，日本资产泡沫形成的关键在于其央行推行的扩张性货币政策，而非日元升值。相反，日元升值促进了企业竞争力的提升，出口增加而非减少，顺差扩大而非减小。

融深化须围绕本国实体经济的需要而展开，只有这样才能取得一石二鸟、相得益彰的效果——一方面促进实体经济发展，另一方面推动人民币国际化。人民币作为拥有强大实体经济的第三方融入当前缺乏稳定性的双本位货币体系，也将使之演变为相对稳定的新国际货币体系。

2. 内生市场需求、内生技术能力与产业升级

后危机时期，中国产业发展的条件发生了深刻变化。从外部来看，随着欧美国家的"再工业化"和"去杠杆化"，中国难以依托海外市场需求消化过剩产能。同时，随着后《京都议定书》时代的到来，节能减排的国际压力将不断加大。从国内来看，随着人口结构性变化的加快，劳动力充分供给的特征和人口红利逐步消失①。同时，随着反映市场供求关系、资源稀缺程度和环境损害成本的生产要素与资源价格形成机制的完善，中国将进入一个生产要素成本周期性持续上升的阶段，CPI上涨将不仅仅是一个短期现象。

产业升级的直接驱动力来源于两个方面：消费需求和技术创新。首先，中国须立足于内生消费需求拉动产业升级，以消费结构升级带动产业持续成长。为此，就要从根本上避免业已形成的不利于劳动力的收入分配结构的固化。中国不仅要提高居民收入在国民收入分配中的比重，实现居民收入增长和经济发展同步；提高劳动报酬在初次分配中的比重，实现劳动报酬增长和劳动生产率提高同步。同时，要建立覆盖城乡居民的社会保障体系，实现基本公共服务的均等化。其要义在于释放居民所面对的风险和不确定性，进而将收入更多地用于消费而不是储蓄。特别需要关注的是，通过发展教育特别是针对农村和城镇低收入群体的教育，实现人力资本的积累，为城乡居民收入水平的提高创造条件。

近年来，随着刘易斯拐点的到来，劳动收入的差距已出现缩小趋势，然而总体收入差距依然在扩大，库兹涅茨"倒U曲线"的拐点尚未显现。其中的症结就在于财产性（或资产性）收入差距扩大，并成为致使整体收

---

① 自20世纪80年代初，中国劳动年龄人口的增长率开始下降而且速度逐渐加快，2020年前后劳动年龄人口将停止增长。劳动力有效供给增长的放缓已经使得劳动力价格不断上涨。1999~2008年，中国的实际工资增长率持续高于实际GDP增长率，实际工资平均增长12.78%，实际GDP平均增长9.75%，工资涨幅比GDP增幅高出3.03个百分点。

入差距扩大的主导因素。因此，消除不同群体在财产和资产占有上的不平等，已成为调整收入分配结构，进而扩大消费需求的题中应有之义。

其次，中国还须立足于内生技术能力推动产业升级，依托技术创新来改造传统产业和发展新兴产业。技术创新是分工深化与市场规模扩大循环累积的结果①。随着30多年经济高增长，中国已拥有的制造业基础和基于加工组装能力的市场规模，使其逐步具备了实现自主创新的基本条件。目前的关键在于处理好政府与企业在技术创新中的关系。企业及其组织能力是技术创新的载体。20世纪90年代以来，中国的技术创新与发达国家表现出相似的特征，即中小企业成为了技术创新的主体②。实际上其含义完全不同，发达国家表现为中小企业的技术创新，其背后隐藏着大公司的影子，钱德勒式的技术创新并没有过时，不过是在90年代后取得了新的形式罢了，由大公司主导技术创新的本质并没有改变。因此，通过深化垄断行业改革、引入竞争机制和推进公平准入，在市场竞争中生成有竞争力的大公司，是中国实现技术创新的必由之路。政府在技术创新中的作用，主要是更多地运用竞争政策而不是产业政策，致力于建设有效率的市场体系，通过提高交易效率来降低交易成本，进而促进分工的深化。

3. 依托城镇化形成多极增长的新格局

中国的城镇化有着巨大的潜力和空间③。在后危机时期，中国的城镇化对于提升产业成长的内在动力具有不可替代的作用，可以把城镇化作为需求侧扩大消费和供给侧产业升级的引擎，进而取得"一石多鸟"的效果。

推进城镇化的关键在于完善城市化布局和形态，城市网络（City Networking）或城市群是均衡发展理念下的可行模式。从中国城镇化历程来看，小城镇模式和大城市模式都存在着不可逾越的障碍。在小城镇

---

① 市场不是作为某种产业产品的输出口，而是作为社会总产品的输出口，其规模是由生产的数量决定和确定的。

② 在中国，大约70%的技术创新、65%的国内发明专利、80%以上的新产品来自中小企业，而95%以上的中小企业是非公有制企业。

③ 2012年中国城镇人口占总人口比重超过50%，而发达国家城市化率一般已接近或高于80%，人均收入与中国相近的马来西亚、菲律宾等周边国家的城市化率也在60%以上。

模式中，土地等资源能源利用率低，大工业难以聚集，整体就业压力难以化解，服务业相互提供市场的效应难以发挥；而大城市模式的障碍集中体现为"大城市病"。城市网络就是把一个区域内的大城市与中小城市，经由产业链和现代交通通信整合为一个经济系统，实现所谓"同城化"（参见图16）。中心大城市与外围中小城市间的产业内分工，使得城市网络既可以形成并发挥集聚效应和规模效应，避免了小城镇模式的弊病，又避免了"大城市病"。中心大城市是技术创新和产业升级的策源地，外围中小城市为中心大城市提供产业配套。

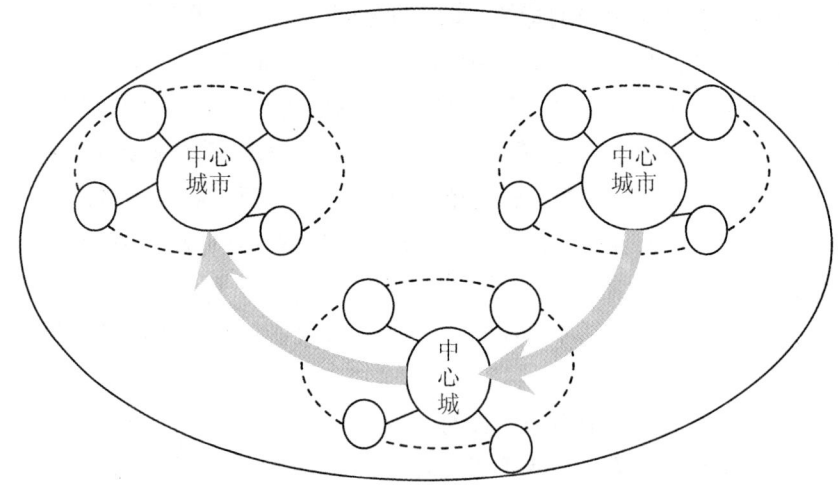

图16 城市网络基本架构

每个城市网络作为一个增长极，其生成须主要基于各自的资源禀赋和比较优势。极与极之间形成产业分工，发展特色产业和优势产业。基于城市网络，产业转移就并非一般意义上的东部向中西部梯度扩散，而首先是不同中心大城市之间的产业转移，进而在极内扩散。城市网络通过拓展产业成长空间，培育新的产业成长极，形成多极增长的新格局。城市网络的政策指向是适合中国的区域多样性特征，摒弃"一刀切"式的思路，针对不同区域推行差别化政策。特别是加快推进中西部地区城市网络的形成，把城镇化作为统筹城乡和区域协调发展的重要抓手[①]。

[①] 2008年，中国东部地区城镇化率平均达到56%，而中部、西部地区分别只有43%、38%。2009年，城镇与农村居民收入之比为3.33∶1，东部地区与中西部地区人均国内生产总值之比为2.2∶1。

城市网络模式使城镇化得以持续推进并创造出消费需求。一方面，农村居民人均资源占有量伴随城镇化相应增加，促进了农业适度规模经营，从而有利于提高农业效率、增加农民收入和扩大农村消费。另一方面，农民的市民化将扩大城市消费群体，其生活方式发生深刻变化，从而消费水平明显提高[①]。

同时，城镇化可以拉动投资需求。城市网络的重要基础，一是中心城市与外围城镇之间交通、通信等基础设施的完善，形成所谓"一小时都市圈"；二是社会保障和公共服务体系的完善。农村人口能否较为顺利地转入工业和城镇，是决定城镇化进程的关键。从目前来看，农民在城镇就业所享有的社会保障和基本公共服务的残缺，已经成为农村劳动力转移的主要制约因素，建立完善的社会保障和公共服务体系将有利地推进城镇化。城镇化进程不仅带来对基础设施和公共服务设施的投资需求，更为重要的是这种有效需求将成为消化钢铁、水泥等行业过剩产能的主要渠道。

由此可见，城镇化是扩大内需最雄厚的潜力所在。城市网络模式不仅使城镇化得以持续推进，扩大了国内市场规模，而且深化了不同城市网络间的产业分工，以及城市网络中的大城市与中小城市间的产业内分工，提升了技术创新和产业升级的内在动力。

总之，作为政府主导型特征鲜明的经济体，中国经济发展模式的全面转型须依托于政府经济职能的转变。概括起来，这至少包括：启动新一轮税制改革，减税并扩大教育、医疗、保障性住房、失业、养老、基础研究和共性技术研发组织等诸多公共服务领域的支出，致力于反垄断和竞争性市场建设，促进国内储蓄向消费和投资转化。

南开大学产业经济课题组
2013 年 10 月

[①] 2008 年中国农村居民人均消费支出为 3661 元，城关镇居民人均消费支出为 8869 元，地级市居民人均消费支出为 10599 元，36 个大中城市居民人均消费支出为 14326 元。这表明从乡村到城市，居民消费明显增加。

前　言

在后金融危机时代，国际分工体系和全球产业格局出现了一些新特点和新趋势。发达国家积极推进"再工业化"，鼓励制造业企业回流，并通过大力发展新兴产业继续强化产业竞争优势。越来越多的新兴经济体主动融入以跨国公司为主导的国际生产网络，希望通过承接国际产业转移，推动本国经济的发展和产业结构的升级。在这些因素的共同推动下，世界产业结构正在发生深刻的变化。

改革开放以来，中国创造的经济奇迹有目共睹。然而尽管中国经济取得了辉煌的成就，但经济结构的缺陷、要素禀赋的变化和资源环境的约束却使得中国经济增长变得举步维艰。打造中国经济升级版是中国实现可持续发展的必然选择，调整经济结构、推动产业升级成为未来一段时间里中国经济将要面临的严峻挑战。经过三十多年的对外开放，中国经济已成为全球经济体系的重要组成部分，中国的产业部门有机地嵌入到全球价值链的不同环节。因此，观察全球产业发展的新趋势，借鉴国外产业成长的新经验，了解各国产业促进政策的新动向，对于中国推进产业升级和产业结构的调整是不无裨益的。

自进入中国社会科学院世界经济与政治研究所以来，我主要围绕国际产业发展与产业政策等问题开展研究。现在呈献给大家的这部作品，是我近年来所完成的研究工作的一次阶段性总结，曾经公开发表过的部分内容在文字和数据上又做了调整，有所删减。

首先要感谢南开大学经济学系主任段文斌教授对这本书的出版给予的支持和鼓励；还要感谢研究室的同事和课题的合作者们，工作相处和共同研究的过程一直比较愉快，从他们那里我学到很多东西，受益匪浅；南开大学出版社的编辑们为本书的出版亦作出了很大的贡献，正是得益于他们的辛勤劳动，本书才能最终展现在读者面前，在此深表谢意。

目 录

总 序 1
前 言 1

第一章 东亚产业政策与竞争政策的冲突与转型 1
  一、功能性产业政策与选择性产业政策 2
  二、选择性产业政策的作用机制及有效性 4
  三、从产业政策到竞争政策 15
  四、转型时期中国的产业政策与竞争政策 25
  主要参考文献 33

第二章 经济发展不同阶段日本产业政策的变迁 38
  一、经济高速增长时期的产业政策：以钢铁工业为例 ... 38
  二、进入发达国家行列后的日本产业政策：以第五代计算机
     计划为例 46
  主要参考文献 54

第三章 全球视野下的新兴产业发展模式探讨 56
  一、发达经济体新兴产业的发展态势 56
  二、金砖国家新兴产业的发展态势 65
  三、主要经济体新兴产业发展的特点 75
  四、技术创新与第三次工业革命 83
  五、新兴产业的发展对未来全球产业格局的影响 87
  六、对中国战略性新兴产业发展的思考 89
  主要参考文献 94

第四章 后危机时代全球汽车产业市场格局的变化 98
  一、金融危机以来全球汽车业发展的总体特征 98
  二、美国汽车业开始走出低谷 103

三、日本汽车业复苏受阻..106
　　四、中国汽车业迅速崛起..111
　　主要参考文献..117

第五章　合资模式与中国汽车工业的技术依赖..........................118
　　一、技术学习与技术能力的形成....................................118
　　二、技术学习与后发工业国的汽车产业成长..........................121
　　三、合资模式与中国汽车工业技术升级的路径选择....................124
　　主要参考文献..129

第六章　谁来确定优胜者——汽车产业兼并重组政策反思................130
　　一、产业集中度不高是中国汽车工业的痼疾..........................130
　　二、汽车产业组织结构不合理的根源在于政府的过度介入..............133
　　三、政府主导的历次汽车产业重组收效甚微..........................136
　　四、完善汽车产业兼并重组政策的思考..............................140
　　主要参考文献..142

第七章　近年来全球大型民用飞机产业市场格局与竞争态势..............144
　　一、全球干线飞机市场竞争格局....................................145
　　二、全球支线飞机市场竞争格局....................................154
　　三、中国大飞机发展战略初探......................................158
　　主要参考文献..164

第八章　政府补贴与欧美大型民用飞机产业的贸易争端..................168
　　一、美国大型民用飞机产业发展中的政府补贴........................170
　　二、空中客车公司发展初期的政府补贴..............................173
　　三、WTO框架下美国和欧盟在大型民用飞机领域的贸易
　　　　争端..176
　　四、中国应合理利用国际规则补贴民机产业..........................180
　　主要参考文献..182

第九章　美国政府资助科技项目的无形资产管理：体制、绩效与
　　　　　争议..185
　　一、政府科技项目无形资产管理的法律框架..........................185
　　二、联邦政府科技项目的无形资产管理体制..........................189

三、政府科技项目无形资产管理体系..................193
　　四、政府科技项目知识产权管理的绩效..................195
　　五、存在的问题与争论..................198
　　主要参考文献..................199

第十章　日本政府科技项目无形资产管理体系的演变与绩效..................201
　　一、政府科技项目无形资产管理的法律框架..................201
　　二、日本大学和科研机构对于政府资助项目的无形资产管理..................203
　　三、日本公共资助研究创新网络..................206
　　四、日本政府科技项目无形资产管理的绩效..................209
　　主要参考文献..................214

第十一章　日本的结构性改革为什么困难重重..................216
　　一、赶超时期日本经济结构的成功转型..................217
　　二、后发优势的消失与自主开拓时代的迷茫..................222
　　三、政治—经济二重结构与经济发展方式转型的困境..................227
　　四、结语..................231
　　主要参考文献..................232

第十二章　产业集群、人力资源集聚与区域经济发展：以班加罗尔为例..................234
　　一、班加罗尔软件产业集群概况..................234
　　二、科技人力资源与班加罗尔软件产业集群的形成..................237
　　三、科技人力资源与班加罗尔软件产业集群的成长..................242
　　四、科技人力资源与班加罗尔软件产业集群的升级..................249
　　五、科技人力资源的制约与班加罗尔软件产业集群面临的新挑战..................256
　　六、小结..................259
　　主要参考文献..................260
　　主要参考网站..................262

第十三章　国际产业转移与发展中国家的外资引进：中越两国的比较..................264
　　一、当前制造业领域国际产业转移的主要趋势..................264

二、外国直接投资与中国的产业发展......266
三、近年来越南吸收外国直接投资情况分析......269
四、越南会对中国的招商引资形成挑战吗？......272
主要参考文献......275

第一章　东亚产业政策与竞争政策的冲突与转型[①]

自 20 世纪 60 年代以来,以日本和韩国为代表的东亚地区在推动产业升级和经济持续高速增长方面的成就引起了国际社会的极大关注,世界银行称之为"东亚奇迹"。尽管人们对于东亚经济奇迹的原因有着种种不同的甚至是对立的解释,但大家普遍注意到:以积极干预经济为特征的"发展型政府"及其推行的产业政策与东亚地区的经济发展和产业成长之间有着很强的相关性。日本可以说是产业政策的发祥地和最为成功的实践者,日本式的产业政策被韩国、中国台湾等国家和地区先后效仿,大大缩短了它们产业结构升级和产业演进的过程。在 20 世纪的八九十年代,东亚地区的政府主导型经济体制以及政府通过推行产业政策促进经济增长的"东亚模式",不仅成为学术界研究的热门问题,也成为许多发展中国家争相效仿的典范。但随后而来的亚洲金融危机所暴露出的产业政策后遗症使人们逐渐认识到,对于后发工业化国家来说,尽管产业政策在特定时期和特定条件下能够推动经济迅速增长,但随着市场机制的不断完善,以推动产业成长、增强产业国际竞争力为目的的经济政策有必要进行适应性调整,选择性产业政策应当逐渐让位于旨在促进和维护市场竞争的竞争政策。

[①] 本章部分内容曾发表于《南开经济研究》2005 年第 5 期;《经济问题》2005 年第 7 期;胡家勇等著《构建有效政府》,中国社会科学出版社,2010 年等。

一、功能性产业政策与选择性产业政策

主流经济理论认为，市场经济的有效运行建立在个人和企业的自由决策和自主行动的基础之上。在市场经济制度下，通过市场机制的运转和企业之间的竞争过程，最终能够实现资源的有效配置、生产力的提高和技术进步。按照这种观点，任何针对产业部门的经济政策其目的都在于：维护和促进市场竞争以保证市场机制的有效运转，或者通过政府干预克服"市场失灵"。这种理论框架将市场机制置于其他一切因素之上，政府干预的领域和作用非常有限。但日本式的产业政策挑战了这种理论。东亚地区的发展型政府在某些产业部门通过有意识地限制自由贸易和约束国内竞争，反而推动了幼稚产业的成长和国际竞争力的提高，并最终带动了整个国民经济的持续高速增长。

在 20 世纪 70 年代以前的经济学著作中，还很难找到"产业政策"这个词。时至今日，尽管作为经济政策体系重要组成部分的产业政策已经被很多国家特别是发展中国家的政府所认可并实施，但产业政策仍然没有一个公认的明确定义，与它的目标、产业所涉及的范围和所使用的政策工具相比，其含义是模糊不清的。梳理迄今为止的相关文献，关于产业政策的定义大体可以分为广义的产业政策和狭义的产业政策，这两类产业政策："一类属于政府的规制，具有共性，所有的经济主体都必须遵循，例如市场准入标准、竞争规则、关税政策、国际贸易规则等。另一类是带有特殊性的、针对个别产业制定的发展规划、投融资和税收等政策。前者属于广义的产业政策，后者属于狭义的产业政策。"[①]也可以分别称为功能性产业政策和选择性产业政策（Sanjaya Lall, 2000）。

发达国家特别是欧洲的经济学家和政治家在讨论政府与产业发展的关系时，常常在广泛的意义上使用产业政策一词，他们讨论的产业政策通常指的是，政府通过提供人力资源培训和 R&D 补贴等方式来提高产业部门国际竞争力的政策，即功能性产业政策。功能性产业

---

① 吕政. 完善我国产业政策需要明确的问题. 中国社会科学院院报, 2004-5-27.

政策建立在"市场失败"的理论基础上，其政策功能是对市场机制的缺陷起弥补作用。除了个别情况外（例如欧盟对欧洲煤钢联盟和空中客车公司的产业政策），这种广义的产业政策一般没有特定的产业指向。欧美国家通常采用这种类型的产业政策，它在整个经济政策体系中不占主要地位。

狭义的产业政策也就是日本式的产业政策，其政策功能是主动扶持战略产业和新兴产业，缩短产业结构的演进过程，以实现经济赶超目标。由于它有着特定的产业指向，因此也被称为选择性的产业政策或部门性的产业政策。与功能性产业政策注重市场机制在资源配置中的基础作用有所不同，选择性产业政策更加强调政府在资源配置中的作用。日本著名经济学家小宫隆太郎指出，产业政策是"政府为改变产业间的资源分配和各种产业中私营企业的某种经营活动而采取的政策。换句话说，它是为促进某种产业中的生产、投资、研究开发、现代化和产业改组而抑制其他产业的同类活动的政策"。[①]在同样的意义上，江小涓做了一个简洁的概括："产业政策是政府为了实现某种经济和社会目标而制定的有特定产业指向的政策的总和。"[②]大量文献中谈及的东亚国家和地区的产业政策通常是指这种选择性产业政策，即在经济发展的某些阶段，政府为了实现某些既定目标而针对特定产业及产业内企业实施的扶持和管制等干预政策的总和，其目的是推动这些产业及企业迅速形成能够参与国际市场竞争的核心竞争力，进而推动国内产业结构的升级并带动国民经济的全面发展。如果不特别标明，本书所称的产业政策均指选择性产业政策。

产业政策不是某一类型的单项经济政策，而是由一组相互关联的经济政策构成的有机整体。一般认为，产业政策主要由产业结构政策、产业组织政策、产业技术政策和产业布局政策等几部分组成，从作用对象和目的来说，大体可以分为对主导产业或者新兴产业的扶持政策和对衰退产业的援助政策两大类。后发工业国的政府通过综合运用贸

---

① 小宫隆太郎. 日本的产业政策. 国际文化出版公司，1988：3.
② 江小涓. 经济转轨时期的产业政策. 上海三联书店，1996：9.

易政策（特别是进口保护或出口推动政策）、金融政策（影响对产业信贷的供求）、税收优惠、投资激励、政府直接投资及所有权、对外国直接投资的严格控制、鼓励产业规模化的政策、劳动力市场管制等产业政策工具，实现对国内主导产业和重点企业的扶植，并通过这些产业或企业的关联作用，带动出口能力的不断扩大和国内经济的持续增长。

二、选择性产业政策的作用机制及有效性

（一）产业政策的逻辑起点

新古典经济学认为，在市场机制这只"看不见的手"指引之下的资源合理配置，将会有效地推动产业成长和经济发展。政府干预的领域应当局限在纠正市场失灵，选择性的产业政策会扭曲价格机制和竞争过程对于资源配置的调节作用。但也有一些经济学家认为，发展中国家在经济发展的起步阶段，通常面临技术落后、国内储蓄不足、产业部门残缺不全、国内市场容量有限等不利情况，市场机制不能充分发挥资源配置的作用，因此，政府的积极干预会有效地弥补市场机制的不足。后发工业化国家的经济发展历程通常体现为产品结构从单一到多样化的过程，这些国家在力图实现产品结构多样化的时候，通常面临着信息外部性和协调外部性的问题，在这些领域市场力量是无能为力的。对于后发工业国来说，形成新的产业部门或者创造新的产品需要开拓型企业家的投资。而企业家在准备投资新的产业或者新的产品之前，对于这项投资的成本结构和投入产出比并不清楚，从国外引进的技术也必须经过适应性的改进才有可能适应本国市场的需求，企业家进行开创性投资的过程被称为"自我发现"。对于企业家来说，一旦投资失败，他将独自承担全部经济损失；而一旦投资成功，如果没有足够的进入壁垒，他通过"自我发现"了解到的关于进入这个产业或者投资这个产品的相关知识将可能通过某些渠道外溢，模仿者的蜂拥而至将使企业家通过创新实现的垄断租金很快丧失。因此，如果

经济运行完全由市场自发调节，由于个人成本和社会收益的不对称，后发国家的企业家将不会有足够的热情去尝试"自我发现"，从而阻碍这些国家的产业升级和动态比较优势的形成。除了存在信息外部性以外，后发工业化国家在产业发展中还面临着协调外部性的问题。任何一个产业部门都是由一条完整的产业链构成的。对一个新产业或者一项新产品的投资，如果想产生利润，往往需要生产配套产品的上下游部门或企业同时进行投资。在后发工业国经济发展的早期阶段，由于跨部门的互补性投资规模十分巨大，超出了民间部门的投资能力，就需要由政府出面协调民间部门的投资行为（Dani Rodrik, 2004）。林毅夫则从另外一个角度探讨了产业政策的必要性。后发国家的工业发展通常是沿着现有产业链逐渐实现产业升级，后发国家的企业能够从先行国家的产业发展中获得充分的信息，对下一个发展阶段具有市场前景的产业或者投资领域产生共识，对投资回报率产生很高的预期，从而导致趋同性的投资，形成投资中的"潮涌现象"，其结果最终导致相关产业的产能严重过剩，最终极大地降低投资回报率。由于政府相对于企业拥有更多的信息优势，更加了解市场需求和全社会的投资、信贷总量，政府有必要通过推行产业政策让企业了解相关信息，并通过设定市场准入条件和银行信贷标准来引导企业的投资方向，以避免企业过度的重复投资（林毅夫，2007）。这些经济发展的初始条件构成了后发工业国政府通过产业政策扶持产业发展的逻辑起点。

（二）选择性产业政策的作用机制

1. 选择并扶持主导产业

对于后发工业化国家而言，在某些条件下，有效的产业政策能够大大缩短这些国家产业结构升级和产业演进的过程。霍夫曼、克拉克、库兹涅茨等经济学家运用统计方法对经济发展过程中产业结构的变化进行了研究，发现了在产业结构演进过程中三次产业依次在产业结构中占据主导地位的演变规律，这些研究成果为后发工业国选择支柱产业、制定产业政策提供了理论依据。尽管在经济结构、发展水平、技术能力等诸多方面与发达国家之间存在着较大的差距，但经济发展的落后也为后发工业国提供了迅速赶超的后发优势。后发工业国普遍具有劳动力资源丰富、劳动力价格低廉的优势，虽然技术水平落后，但只需要支付较少的费用就可以引进国外的成熟技术，并通过消化吸收的技术学习过程逐渐形成生产能力和创新能力，迅速缩短与发达国家在技术上的差距。在主导产业建立之初，由于国内企业达不到经济规模、技术水平相对落后、生产成本居高不下，根本无力与国外企业和产品竞争，政府可以通过保护性的贸易政策为主导产业和相关企业的成长壮大提供市场环境。随着经济增长不断演进和渐次的产业升级，后发工业国的比较优势将沿着资源密集型—劳动密集型—资本和技术密集型产业的方向演进，与此同时，产业政策扶持的产业领域也应当进行相应的调整（UNCTAD，2006）。最早运用产业政策的国家是日本。从二战后到20世纪70年代，日本先后实现了从劳动密集型产业到资本技术密集型产业的有序替代，在主导产业更替的过程中实现了持续的经济增长。第一次石油危机之后，日本又推动产业结构从重化工业向知识密集型产业的升级。这种通过"挑选主导产业"促进产业结构高级化的产业政策被韩国和中国台湾相继效仿。这些东亚国家和地区在经济发展初期，面对本国资源禀赋的初始状态，制定了由政府推动的不平衡发展战略，通过实施建立在这一战略基础之上的产业政策，促进了产业成长和产业升级。

2. 组织企业竞赛并挑选优胜者

选择性产业政策的关键在于，为了实现特定的经济发展战略目标，产业政策不仅要根据产业结构演进规律选择有待扶持的主导产业，还要根据某种游戏规则选择主导产业中的优胜企业。政府通过中间组织或者直接与企业沟通，制定出能够为企业所接受的明确的、透明的游戏规则。在此基础上，政府通过组织企业间的竞赛，根据竞赛的结果选择需要扶持的目标企业并给予支持。政府是竞赛的组织者和裁判员。在日本，通产省是产业政策的协调人，而韩国的企业竞赛裁判员则是经济企划厅。

在经济发展的不同阶段，东亚国家和地区的政府在产业政策框架内组织的企业间竞赛表现为两种不同的类型：一种是经济发展的早期阶段，在劳动密集型的传统产业部门内进行的以出口能力为优胜标准的企业竞赛。在给定的游戏规则之下，企业各显其能，通过扩大生产规模、提高技术能力，努力提高产品质量、降低产品价格，不断提高国际竞争力，扩大出口能力。政府根据企业的出口业绩辨识竞赛的优胜者，并给予它们分配银行信贷、税收优惠、外汇额度等奖励。在设置激励机制的同时，政府还建立了严格的惩罚机制，业绩没有达到政府设定的最低目标的企业，将会受到逐出优胜者之列的惩罚，政府给予的种种优惠也会随之取消（Amsden，1989；Wade，1990）。这种有奖有罚的激励机制也被称为"胡萝卜加大棒"。另一种类型的竞赛发生在产业结构升级时期的重化工业部门。按照传统的经济学理论，东亚国家的要素禀赋决定了其比较优势在于劳动密集型产业，重化工业由于技术和资本密集且上下游产业之间的关联关系十分紧密，民间部门难以承担规模巨大的跨部门互补性投资，这就需要由政府出面协调民间部门的投资行为。政府根据企业过去的经营业绩，挑选出一些具有一定经营规模和技术能力的企业，向它们颁发石化、汽车等重化工业部门的生产许可证。为了保证政府挑选的这些企业能够获得足够的利润，以吸引它们从事重化工业领域的投资和生产，政府通过许可证管理设置了严格的行政准入制度。在市场准入壁垒的保护下，重化工业领域的在位企业不仅可以获得政府给予的各项补贴，还能够在垄断性的市场结构中获得超出竞争性市场中正常利润的额外收益。如果说在重化工业部门发展之初，由于初始投资巨大并且未来收益的不确定性使民间部门望而却步，那么政府的补贴政策和进入管制使率先进入这些产业部门的企业获得的垄断利润及其产生的示范效应，必然吸引更多的企业争取进入这些产业。在东亚国家的政府看来，产业部门的过度进入必然会导致恶性竞争，产生重复投资和资源浪费，不仅会降低产业的平均利润率，而且会导致产业生产能力的过剩。在有限的市场容量下，产业中的企业数量越多，则企业平均的经营规模越小，达不到重化工业部门的最小经济规模，从而影响这些产业部门的国际竞争力。但是如果实行严格而僵化的市场准入管理，在位企业在保护性的市场环境中则不会再去努力降低成本和技术创新。因此，日本、韩国等国在产业结构向重化工业升级的过程中，对资本和技术密集型产业部门实行了"延缓进入"的动态市场准入管理制度。在位企业通常被要求协调其投资规划，以控制生产能力的过度增长；政府产业政策的主管部门还从技术创新能力、市场份额、财务状况等方面对在位企业提出了严格的绩效标准，达不到标准的企业将不能享受产业政策所提供的种种优待。同时政府在市场准入问题上也发出明确的信息，经过一段时间后将再度选拔一批企业进入重化工业部门（金滢基、马骏，1998）。这种以"延缓进入"为特征的重化工业部门的企业竞赛，迫使在位企业不断扩大生产规模，积极消化、吸收引进技术并在此基础上开展创新研究，努力降低生产成本，不断提高产品的市场竞争力，以应对更多企业进入后导致的激烈的市场竞争。对于潜在的市场进入者来说，为了获得宝贵的生产许可证，它们也必须制定长期的发展计划，在资金、技术、人力资源等方面为未来的市场竞争进行积极的准备。在一个"生产能力有序扩张"的框架下，政府的产业政策推动了东亚国家和地区新兴产业的成长和产业结构的升级（世界银行，1995）。

（三）产业政策的实施效果评价

1. 产业政策的有效性之争

在后发工业国经济发展的过程中，产业政策究竟发挥了多大的作用？关于这个问题一直存在着激烈的争论。一些学者强调产业政策对于经济赶超的必要性，政府通过干预资源在不同产业之间的配置过程，能够在较短的时间内迅速实现产业结构的升级，因此，产业政策对于东亚地区的产业发展和经济增长是至关重要的。[1] 持否定态度者

---

[1] Chalmers Johnson. 1982. MITI and the Japanese Miracle: The Growth of Industrial Policy. Stanford, California: Stanford University Press; Amsden, Alice H. 1989. Asia's Next Giant: South Korea and Late Industrialization. New York: Oxford University Press; Wade, Robert. 1990. Governing the Market: Economic Theory and the Role of Government in East Asian Industrialization. Princeton: Princeton University Press.

则认为,东亚经济成功并非归功于产业政策(Marcus and Pack,2003)。产业政策有效实施的前提是人为扭曲产品和要素价格,由于与赶超经济相伴而生的公共规制、过高的法人税以及限制竞争的商业习惯等弊端长期得不到革除,使生产要素很难从低效率的产业部门释放出来并顺利转移到高效率的产业部门,从长期看,反而拖累了经济增长(新庄浩二,2003)。支持产业政策的理论在20世纪80年代和90年代上半期一度非常流行,但批评产业政策的声音从来就没有平息过。亚洲金融危机使理论之争的态势出现逆转,主张亲善市场、反对产业政策的新古典理论再度占据上风。但由于近年来奉行"华盛顿共识"的拉美国家经济发展不尽人意,而政府干预较为明显的中国、印度、越南等国的经济增长极为迅速,对政府干预和产业政策持肯定态度的观点又有所抬头(UNCTAD,2006)。为应对国际金融危机,美国政府对金融和产业部门的救援和干预逐渐升级,各国政府对重要产业的发展也都进行了不同程度的干预,以研究产业政策著称的丹尼·罗德里克(2010)称之为"产业政策的回归"。政府在经济发展中的作用问题又一次成为学术界关注的焦点。

尽管对产业政策的评价存在着严重的分歧,但学者们对于产业政策对技术进步的推动作用的认同度相对较高。他们认为,对于后发工业化国家而言,市场在技术变迁的动态过程中并不能自发地实现效率,正是这种外部性赋予了政府重要的角色(斯蒂格里茨,2005)。在一些学者看来,如果对东亚国家和地区工业化过程中技术变迁的动态过程和机制加以考察就不难发现,政府积极有效的干预决定了后发国家技术进步的速率和方向(Lall,2004)。在技术创新速度越来越快、成本越来越高的时代,仅仅依靠企业的力量去推动一个国家的技术创新是远远不够的,政府在推动技术进步中的作用将会越来越重要。日本之所以能够从二战的废墟中仅仅用了二十多年的时间就完成了全面的经济赶超和技术跨越,技术立国的发展战略功不可没。通产省推行的产业政策,始终把推动技术进步放在非常重要的位置上,对于企业的技术创新起到了重大的推动作用。日本工业的技术进步最初主要依赖于从国外引进先进的设备,通过对引进技术的消化、吸收和再开发,企业逐渐掌握了核心技术,并开发出世界领先的生产技术。在此基础上,通产省、产业界和大学共同制定并实施了具有前瞻性的长期科技发展计划,并逐步建立与完善了日本政府指导和支持下的官民合作开发体制。正是得益于政府的鼓励和产业政策的支持,日本才逐渐形成了"官产研"一体化的国家技术创新体系,从而有效地支撑了日本的技术进步和经济增长(Freeman, 1987)。金麟洙通过对韩国电子、汽车、造船等行业的深入研究,也认为有效的政策有助于产业的技术赶超(金麟洙,1998)。有的学者虽然并不赞同产业政策,但也对"国家创新体系"这个"产业政策的孪生姐妹"给予了一定的认可(约翰·威廉姆森,2005)。

近年来,在政府是否有必要通过产业政策来干预产业发展的问题上,一些经济学家从新的角度进行了思考。产业政策曾经有破坏竞争的坏名声,有些经济学家认为在发达经济体中,竞争和创新活动扮演着核心角色,因此无需产业政策,但阿吉翁(Aghion, 2011)通过实证数据否定了上述观点,认为在一个纯粹自由放任的经济体中,创新活动可能走向错误的方向。同样,跨行业的学习溢出效应是存在的,因此产业政策的存在是有必要的。通常认为,产业政策是对市场失灵的修正,但惠特福德等(Whitford and Schrank, 2010)提出,在分散化的生产过程中,存在着"网络失灵(network failure)",网络失灵和市场失灵、政府失灵一样普遍存在,认为产业政策不仅是对市场失灵,更是对网络失灵的修正。

但也有很多的实证研究并不支持产业政策的有效性。世界银行通过广泛调查后认为,东亚国家和地区的经济发展应当归功于市场机制,因为这些国家和地区的产业发展方向在很大程度上与建立在比较优势之上的市场发展方向相吻合。这些专家运用计量经济学的方法,对产业政策与全要素生产率(TFP)之间的相关性进行测算后认为,并没有足够的证据证明产业政策能够系统地提高全要素生产率。1966~1985年间,在重化工业优先发展政策的推动下,韩国钢铁工业得到了迅速的发展,但同期钢铁工业的TFP增长水平却远远低于钢铁企业生产能力的扩张速度。相反,这一时期并未受到产业政策扶持的纺织业和服装业的 TFP 增长率却很高，因为韩国在这些产业领域具有比较优势。因此，世界银行的专家认为，政府选择产业并不比市场选择的效率更高，"能够证明产业政策系统地促进行业发展提高生产的证据，其说服力不够"。① 霍尔库姆（Holcombe，2013）主要以韩国为例，论证了企业的发展应归功于企业家精神而不是产业政策。产业政策反而会导致接受补贴的公司缺乏企业家精神，企业会失去创新的动力。产业政策在短期内可能有效，但长期将导致激励制度的扭曲。因此，政府应该通过完善法规、保护产权，建立一个公平的竞争环境，促进企业家精神的发挥，进而提升产业创新水平和生产率。

在日本跻身于世界最发达国家之列后，由一些日本著名经济学家共同完成的总结性研究报告《日本的产业政策》认为，与人们通常的看法相反，战后日本的经济发展史，特别是曾经被普遍给予高度赞赏的日本产业政策的历史，其实是民间企业在市场机制和竞争压力的驱动下不断地否定政府控制性直接干预意图的过程。不仅如此，日本的产业政策还导致了严重的后遗症，它扭曲了经济结构，限制了正常的市场竞争，在不少行业，特别是重化工业领域形成了寡头垄断体制。因此，"战后的日本，至少从学术界的立场来看，对产业政策存在的意义似乎否定性的看法比较多"。② 迈克尔·波特等人通过对日本具有国际竞争力的机械、电子、运输设备等 20 个产业和民用航空器、软件、证券等 7 个国际竞争力较弱的产业进行比较研究后发现：在日本具有国际竞争力的产业部门，没有大量的政府补贴，企业竞争中也没有或者很少有政府干预；相反，在发展并不成功的产业部门，处处活跃着政府的身影。波特等人由此认为，公认可以解释日本成功的政策介入这个国家失败的方面要比成功的方面普遍得多（迈克尔·波特等，2002）。在不少学者看来，将日本产业结构的迅速升级和国民经济的持续高速增长归功于政府干预和产业政策是有失偏颇的，"除了战后初期有限的短时期之外，支持高速增长的因素基本上是通过建立

---

① 世界银行. 东亚奇迹——经济增长与公共政策. 中国财政经济出版社，1995：215.
② 伊藤元重等. 市场的失败和补充性产业政策. 见小宫隆太郎等编. 日本的产业政策. 国际文化出版公司，1988：241.

在竞争基础上的价格机制和旺盛的企业家的作用取得的",① 产业政策至多是市场机制的补充。

2. 产业政策有效性的制度条件

一些学者运用现代经济学工具对产业政策的作用机制进行了深入的研究后认为,"相机性租金"是产业政策的基本作用机制(青木昌彦,1998),产业政策的本质是政府设置租(或者准租、租的机会)并将它们在产业和企业间进行分配和运用的过程,政策的成败取决于租的分配效率和运用效率(宋磊,2002)。从经济学的角度来看,"租"是指要素所有者获得的收入中超过这种要素的机会成本的剩余。东亚国家和地区在制定和实施产业政策的过程中,通过一系列产业政策工具,为关键性产业部门提供了获取超过竞争性收益率以上收益的机会,或者说创造了"政策性租金",使它们有可能获得高于因竞争性方法所能产生的收益的机会,这种收益可以被理解为一种变相的补贴。在实际的产业政策过程中,政府可支配的经济资源包括税收、信贷、外汇等,政府可采用的产业政策工具包括市场准入、价格管制、贸易保护等。但总体来说,无论采用哪些产业政策工具和手段,其最终效应都类似于向被扶持产业和企业提供了直接和间接的补贴。为了保证各种显性和隐性补贴有效率,就不能够采取对产业内所有企业间均匀分配的方式,而应采取按照某种绩效标准进行分配,这样才可能促使企业为获得补贴而按照政府制定的游戏规则去提供较之竞争性方式下供给不足情形为多的商品。世界银行将这种产业政策补贴分配方式叫做"与业绩挂钩的报酬"(世界银行,1995),青木昌彦则称之为"相机性租金",即事先由政府设定产业政策的补贴规则,企业能否获得取决于它们是否达到了事先设定的相对客观的标准,依据企业的表现或结果来确定是否给予补贴以及补贴的程度。产业政策的有效性很大程度上取决于这些补贴是作为产业内的公共产品来分配,还是根据企业实际绩效来分配。

如果将产业政策的实施过程视作政府与企业间的博弈,那么有效

---

① 小宫隆太郎,奥野正宽,铃村兴太郎. 日本的产业政策. 国际文化出版公司,1988:535.

的产业政策的制定和实施应当保持政策的动态一致性,游戏规则应当公开透明,在执行过程中严格按照事先规定的原则进行补贴的分配,从而使企业形成合理的预期,增强产业政策的激励效果。从博弈论的角度看,承诺行动对参与人是很有意义的。一旦其他参与人断定某个参与人的威胁承诺是不可置信的,他们将根据效用最大化原则选择自己的行动空间,从而改变博弈的结果。因此,参与人在博弈之前采取某些措施限定自己的行动空间,就有可能使自己的承诺变得可置信,从而改变博弈的均衡。如果政策的制定者因为拥有可以随时选择新政策法令的自由而在执行政策的过程中采取机会主义的行为,即使这种行为的动机是社会福利更大程度地增进,一旦企业部门预料到政府承诺的不可置信,双方的博弈会导致更糟糕的结果(迪克西特,2004)。如果政府在产业政策实施过程中违反了自己制定的游戏规则,没有兑现事先的承诺或者没有按照公开透明客观的规则进行操作,将会改变企业对政府行为的理性预期,产业政策的激励效应将会大大减弱,产业政策所提供的补贴甚至会成为某些既得利益集团耗费稀缺资源进行非生产性寻租的目标。这种情况在东南亚国家特别是在印度尼西亚的产业政策执行过程中比比皆是(Hal Hill,1996)。

产业政策的有效性不仅取决于政府主导的择优机制的公正性和完善性,还取决于某些特定的制度条件。世界银行(1997)认为,这些制度条件包括:企业和政府官员之间不仅相互信任,还要遵守它们各自的承诺;利用国内外竞争性市场的压力迫使企业有效利用资源或创新,从而推动产业政策的实施;应当按照比较优势的原则制定一个国家的产业发展战略,那种为促进新兴工业而提供高度保护但又不鼓励提高效率的政策,反而会损害国家推动产业持久发展的机会。如果不具备这些制度条件,产业政策很可能最终沦为既得利益集团的寻租工具。罗宾逊(Robinson,2011)认为产业政策可以促进发展,也可以阻碍发展,主要取决于政策背后的政治因素。当产业政策的执行者自愿或出于政治目的而希望政策获得成功时,这些产业政策才能取得明显效果。

尽管东亚国家和地区的产业政策曾经获得了很大成功,但产业政策并非放之四海而皆准。林毅夫（2012）在新结构经济学的框架下对这个问题进行了系统思考，认为过去大多数发展中国家的产业政策之所以不成功，原因在于这些国家的政府过于雄心勃勃，在选择需要扶持的产业时偏好那些脱离本国资源禀赋和竞争优势、过于超前的产业。他试图构建出一个增长甄别与因势利导的框架，帮助发展中国家的政策制定者识别与本国比较优势相吻合的新产业。昌（Chang，2011）通过对产业政策领域各种争论的回顾和分析，总结出七个方面的结论：（1）政策的指向性越强则效果越好，过多的目标可能导致政策失效；（2）政府官员不见得比企业家更聪明，但官员们可以从更长远、更宏观的视角作出决策；（3）产业政策的需求和政策执行之间存在着许多政治、经济方面的问题，即使产业政策是正确的，也难以被很好地执行；（4）政策的设计者和执行者都必须有足够的能力，在一个国家成功的政策照搬到另一个国家则可能会变得一团糟；（5）尽管在实践中对接受政策扶持的企业绩效作出评估并非易事，但也不是没有办法；（6）在发展中国家，出口对于实现产业政策的目标有着非常重要的意义；（7）随着全球贸易和投资的规则发生改变，很多传统的产业政策工具不是被禁止了就是受到了严格限制，执行产业政策变得更难，但是这些限制不应被夸大。

市场机制天然就具有优胜劣汰的择优功能，那么，东亚地区在产业政策领域为什么选择用企业竞赛替代市场竞争、用政府择优代替市场择优呢？一些研究者认为，这是因为这些国家经济发展之初市场发育不完善，市场机制不健全。但也有学者指出，原因在于东亚地区具有长期的极权主义传统，政府从骨子里就不信任市场。在产业政策的支持者看来，由于政府拥有比企业强大得多的信息搜集和处理能力，并且政府较之于企业能够更好地把握经济发展的全局和产业成长的规律，基于国民经济发展的整体考虑，需要政府对产业发展进行全面的规划和积极的引导，以克服企业经营的功利性和视野的狭隘性。但产业政策支持者往往忽视了一个问题，无论政府的认知能力有多强，政府的行业规划替代不了市场机制的自然选择。在市场经济条件下，市场竞争导致的产业内利益结构调整才是企业创新和产业成长的动力来源，市场竞争压力下企业家对新获利机会的敏感和创造性的革新，往往会改变企业间的竞争优势，优胜劣汰的竞争机制会引导资源的流动，进而推动产业成长。选择性产业政策下的政府择优行为，实际上是政府对市场机制的侵蚀，是政府主观选择对市场竞争下的生存检验的替代。尽管在特定的时期、特定的制度背景和特定的市场条件下，产业政策确实可以推动重点企业和重点产业的发展，但这种发展的代价是：在"扶优扶强"的同时也鼓励和创造了国内市场的垄断，窒息了市场自发的择优机制，扭曲了资源的配置，使产业政策扶持下实现的产业成长具有很大的脆弱性。

关于产业政策的争论还会长期进行下去。尽管目前主流经济学界对产业政策口诛笔伐，但诺贝尔经济学奖获得者斯蒂格里茨对此反驳道：如果东亚不执行产业政策，他们会做得更好吗（斯蒂格里茨，2003）？世界银行在一份报告中比较客观地指出，尽管对于积极的产业政策作用的认识仍然很不一致，但它很可能是非常重要的（World Bank，2005）。纵观二战后几十年来东亚地区的经济发展历程，在经济发展的特定阶段政府干预也许是有必要的，但随着产业政策后遗症的不断暴露和经济全球化的需要，日本、韩国等东亚国家逐渐实现从选择性产业政策向竞争政策的转变，市场机制正在这些国家的资源配置和产业发展中发挥着越来越大的作用。

三、从产业政策到竞争政策

(一) 市场经济中的竞争政策

竞争是市场经济的本质要求，也是市场机制发挥作用的核心过程。市场竞争有助于激发技术创新、提高企业效率、推动产业发展，并最终改善消费者福利。在一个完善的以市场机制为主导的经济体制中，价格机制这只"看不见的手"指引下的资源配置过程，同时也是一个市场参与者之间通过公平竞争和优胜劣汰不断分化的过程，在竞争机制的筛选下，低效率的企业最终被淘汰，由此释放出的生产要素被高效率的企业所吸收。效率较高的企业通过技术创新和不断扩大经济规模来逐渐增加市场份额,产业演进的结果通常是少数优势企业拥有较多的市场份额,最终形成垄断竞争或者寡头垄断的市场结构。竞争推动的经济资源的集中使大企业逐渐形成了规模经济的优势,但这种规模经济反过来又会演变为一种阻碍竞争的力量。大量的理论分析表明,垄断不仅导致资源配置无效率,还将阻碍垄断厂商在生产过程中采用效率最高的可利用技术和投资于新产品的研发,从而导致生产无效率和动态无效率,最终损害消费者的福利。在西方发达国家,无论是学术界还是政界的共识是:经济势力的过度集中将会妨碍自由秩序。因此,相应的公共政策的出发点是,为了保障社会民主和市场经济的正常运作,就必须运用超经济的强制力量实现经济势力的分散。"竞争政策考虑的不只是保护单个的竞争者,而是要把竞争作为一种制度加以保护"。① 因此,以约束各种不正当竞争行为、限制易于导致垄断的市场结构、促进和维护竞争为目的的竞争政策被视为市场经济的基本制度。

  竞争政策是政府使用的一系列决定市场运作的竞争条件的措施和工具。它包括竞争法和竞争倡导等形式。竞争法是政府制定和执行的有关企业行使市场权力与运用支配地位的一套规则与纪律,其根本目标是有效地配置资源,控制和消除私人限制性商业行为,确保市场的有效运作,由此达到社会福利最大化。竞争法被称为市场经济的宪法,被视为重建社会民主和政治秩序的基石。竞争政策的基本理念是:尽可能地实现市场的配置效率、生产效率和动态效率。竞争政策的目标通常包括:确保资源的有效配置;阻止少数大企业滥用市场主导力量、限制价格等行为;利用反托拉斯法拆散垄断企业,除非有足够充分的经济方面的理由证明垄断比竞争性企业更有利于资源配置;限制企业滥用市场主导地位并缔结提高价格和减少消费者选择余地的契约,以保护消费者的利益;创造有利于技术进步和创新的竞争环境;向国内外的竞争者开放市场。

---

① 曼弗里德·诺伊曼.竞争政策——历史、理论及实践.北京大学出版社,2003:8.

如果将美国在 1890 年制定的《谢尔曼法案》视为西方国家竞争政策的起源，从那时到现在全球范围内已经有大约 70 个国家实施了以反垄断法为核心的竞争政策。在西方发达国家，垄断的形式主要包括串谋、固定价格、水平和纵向的一体化等，竞争政策也因此主要分为两类：限制不当竞争特别是市场权力的滥用，限制能够运用市场权力的市场结构。狭义的不当竞争通常包括：企业之间以书面或口头协议以及其他方式合谋进行的确定、维持或者变更商品价格、串通投标、限制商品的生产或者销售数量、搭售商品等行为；广义的不当竞争包括：垄断高价、掠夺性定价、差别待遇、拒绝交易、强制交易、搭售或者附加不合理的交易条件、独家交易、限制转售价格等经营者滥用市场优势地位的行为。竞争政策对企业之间的合并行为给予了特别的关注。因为企业合并将形成足以影响市场供给和产品价格的市场势力，企业合并后形成的新企业的经营规模越大、市场份额越多，对产业内市场结构的影响就越大。大规模的企业合并从经济后果来看同企业间的垄断协议一样能够损害竞争。无论是何种类型的合并，都将导致产业内厂商数量的减少以及竞争程度的减弱，如果大规模企业合并的直接经济后果是产生了具有市场市场支配地位的新企业，那么这样的合并就可能导致反竞争的后果。为了防止能够运用市场权力的市场结构的形成，就应当密切监控企业之间的合并行为。在欧美国家，禁止垄断协议、禁止滥用市场支配地位和控制企业合并构成了反垄断法的三大支柱。发达国家早期竞争政策的主要目标是限制和消除卡特尔等各种类型的不当竞争行为，但现在竞争政策的首要任务则是限制过度的经济集中，有效控制占据市场支配地位的企业。

如果说美国和欧洲的竞争政策关注的重点是私人限制竞争行为，那么东亚国家制定竞争政策时面临的问题则与之有很大不同。在东亚国家，阻碍市场竞争的垄断力量主要来源于政府机构而不是私人部门。在东亚国家推行产业政策的过程中，政府认为自己拥有足够的信息和完全的能力来挑选优胜者并给予政策扶植，为保证产业政策的实施，政府人为设置了一系列包括贸易限制、进入管制、价格控制、按规定分配投入品等容易滋生寻租行为的壁垒，由此带来的后遗症是压抑了竞争，降低了资源配置的效率。因此，东亚国家竞争政策的着眼点应当是减少以产业政策为特征的政府指令对市场竞争的替代，减少政府部门设置的市场准入的行政壁垒，减少政府对私人部门的种种不合理的限制（J.O.哈利，2003）。对于东亚国家来说，竞争政策的含义要比西方发达国家更加丰富，它不仅包括竞争法，还应当包括旨在放松管制和促进投资、贸易自由化的各项政府规章。在讨论东亚的竞争政策时，世界银行曾经意味深长地指出，竞争政策应当遵循竞争中性的原则，所有的商业参与者应当能够按同等条件参与竞争，也就是说，将没有特殊的企业集团能够依靠扭曲了竞争的政府干预受益（世界银行，2005）。

（二）产业政策与竞争政策的区别

关于产业政策与竞争政策的关系，即使在西方学者之间也存在不同意见。一些学者将竞争政策理解为产业政策的一部分，认为它是"一种产业政策武器"。[①] 但有更多的经济学家和法学家认为竞争法是市场经济中的经济宪法（曼弗里德·诺伊曼，2003），世界银行也认为竞争政策是一国投资环境的重要组成部分，是一个国家中对于生产率和社会福利具有重大影响的微观基础的基本支柱（世界银行，2003）。

如果我们对产业政策的内涵不加分析，确实难以判断产业政策和竞争政策重合的领域及其区别所在。产业政策和竞争政策从表面上看存在着一些类似之处，比如：从性质上看，产业政策和竞争政策都是政府干预微观经济运行的政策手段；从目的上看，二者都是为了提高企业的市场竞争力，促进产业部门的发展；从功能上看，都能够在某些方面弥补市场失灵的缺陷。由此可见，在某些条件下，产业政策和竞争政策存在着相互融合的可能。因此，国内的一些学者通常将竞争政策作为一种特殊的产业组织政策，甚至有学者认为竞争政策应当服

[①] 阿伦·休斯. 竞争政策. 新帕尔格雷夫经济学大词典（第一卷）. 经济科学出版社，1992：597.

从于产业政策。但如果我们将产业政策区分为功能性产业政策和选择性产业政策，就会发现东亚国家和地区广泛推行过的选择性产业政策和竞争政策之间其实存在着根本性的区别：

1. 产业政策和竞争政策体现了两种不同的资源配置机制。正如第一节所揭示的，产业政策能够得以实施并发挥预期作用的前提条件是政府能够对资源配置产生重大的影响。后发工业化国家的政府为了实现赶超型战略，往往借助于产业政策工具，通过对发达国家工业化历程的观察和模仿，人为推动工业化过程中的产业结构变迁。在快速工业化阶段中，从主导产业的选择到重点企业的识别不是通过市场竞争实现的自然选择过程，而是政府根据其认知水平作出的人为选择，政府通过对资源配置进行直接干预的方式来实现产业政策的目标。竞争政策则通过营造一个公平、有序的市场环境和竞争秩序，使市场的参与者通过市场竞争实现优胜劣汰，产业成长和企业竞争力的提高是通过市场竞争和价格机制来实现的，资源配置的核心力量是市场机制这只"看不见的手"，政府并不直接干预经济运行，其作用是制定市场竞争的规则，并依据法律法规对市场竞争中的不正当竞争行为和滥用市场势力的行为以及可能有碍经济效率的市场结构进行规制。可见，尽管产业政策和竞争政策可以同时并存于同一种经济体制之中，但只有在两种完全不同的资源配置机制下才能充分发挥各自的职能。

2. 产业政策和竞争政策的政策目标、实施手段往往存在着明显的对立和冲突。扶持产业领域的"国家队"是产业政策的重要目标，政府通过财政、金融、税收、外汇等手段对选定的"优胜企业"进行大力扶持，期待在尽可能短的时间内培育出具有国际竞争力的企业。实现规模经济是企业降低生产成本从而增强竞争力的重要手段，产业政策往往鼓励"优胜企业"通过增加固定资产投资和收购兼并方式迅速扩大经营规模，提高市场占有率。而竞争政策则对企业市场份额的不断扩大和行业集中度的提高持警惕的态度，对企业之间的水平和垂直合并更是十分审慎的，20 世纪 60 年代日本通产省试图通过合并造就汽车行业世界级大企业的设想就因为遭到了公平交易委员会的抵制而流产。产业政策虽然也不排斥竞争，但更强调企业间既竞争又合作的关系。在产业政策的制定者看来,如果对市场准入不加限制,任何一个高利润的产业都会吸引大量的私人投资,从而导致重复投资、惨烈的价格战和生产能力过剩。因此设定行政性的进入壁垒,试图保护在位"优胜企业"的利益,避免投资浪费。作为市场竞争的替代品,政府组织在位企业之间的竞赛,引导它们实现政府制定的出口业绩、技术进步和企业规模等一系列绩效指标,但政府始终认为过度竞争的后果比竞争不足要严重得多,因此企业间的竞赛只能是在政府管制之下的有节制的竞赛。比如,为了避免过度竞争,韩国汽车企业的市场份额由政府确定,日本政府则鼓励建立某些类型的卡特尔。与此相反,竞争政策鼓励企业间的激烈竞争,以市场分享和固定价格为目的的企业间协议会损害消费者福利,将遭到竞争政策的严厉禁止。

3. 产业政策有着明确的产业指向,而竞争政策没有明确的产业指向。产业政策并不是扶持经济中的所有行业,在资源总量给定的条件下,某些受到产业政策扶持的行业和企业获得的增加的资源,一定是某些不受扶持的行业和企业减少的资源,因此产业政策是非中性的,从静态效率上看是非帕累托改进的。产业政策是生产者导向,以支持生产企业的成长为出发点,很少考虑消费者利益。竞争政策作用的对象是所有的可竞争性行业及其中的企业,除了某些成本函数具有次可加性特征的产业得以享受到竞争法的适用除外,其他任何行业和企业违反竞争法的行为都不得豁免。竞争政策以消费者利益为导向,它保护竞争行为,但不保护竞争者。

由于选择性产业政策和竞争政策存在上述的重要差别,特别是它们发挥各自功能的市场环境是完全不同的,因此二者即使可以同时在一个经济体中形式上共存,也很难同时充分发挥各自的作用。在20世纪50年代到70年代日本产业政策鼎盛时期,日本公平交易委员会在经济中的作用也微乎其微。韩国早在1980年就颁布了竞争法,但1997年以前这部法规形同虚设(权五乘,2003)。20世纪90年代以来,随着经济全球化步伐的加快,市场机制日益成为世界范围内资源配置的基础性方式,竞争性的市场需要与之相适应的竞争政策,与此同时亚洲金融危机的爆发则凸显了产业政策的式微并昭示了竞争政策的重要性。尽管由于经济体制、发展水平、历史背景和文化环境的差异，不同国家的竞争政策的具体内容之间存在着较大的差别，但各国竞争政策的目标基本一致，那就是：优化资源配置，促进和保护竞争，追求经济效率，促进技术进步和保护消费者福利。

（三）东亚地区产业政策的式微与竞争政策的兴起

欧美发达的市场经济国家视竞争政策为市场经济有效运作和产业部门有序竞争的基本制度保证，而在很长一段时间里，东亚国家和地区更重视通过产业政策推动产业成长和国民经济迅速发展。但长期实施产业政策也给东亚国家和地区带来了严重的后遗症："那些孕育了大型工业财团的直接信贷和税收优惠形成了后来的产业结构，即这些财团直接或者间接地使大量资产集中在极少数富裕而具有政治影响力的家族手中"[①] "在一个寡头市场环境中，政府造成的银行之间相互隐性担保，引导着银行的贷款投向并鼓励企业从事风险高的投资项目" "产业政策是将直接信贷导向经济中缺乏效率的部分，妨碍了金融部门的成熟，造成了不良资产的累计"。[②] 一旦国内外市场环境突然出现较大的变化，这些经济中的结构性缺陷就会暴露无遗，被持续的经济增长所长期掩盖的结构性矛盾最终集中爆发，并在东亚国家和地区之间连续传导直到演变成亚洲金融危机。尽管导致亚洲金融危机的原因非常复杂，但不可否认，缺乏有效的竞争政策是诱发危机的重要因素之一。一个不难观察到的事实是：在东亚国家和地区，普遍不存在竞争法或者竞争法名存实亡（Abon, Edgardo B., 2002），在韩国、中国香港、菲律宾、印度尼西亚和泰国这五个遭受金融危机影响最为严重的东亚国家和地区中，只有韩国和泰国有竞争法，但在此以前从未被严格执行过。政府扶持的个别家族控制着庞大的商业帝国，企业内部缺乏有效的法人治理结构，家族企业之间的相互持股使企业

---

① [美]约瑟夫·斯蒂格里茨等著. 王玉清等译. 东亚奇迹的反思. 中国人民大学出版社，2003：14.

② [美]约瑟夫·斯蒂格里茨等著. 王玉清等译. 东亚奇迹的反思. 中国人民大学出版社，2003：15.

在公司控股权方面脱离了市场压力，规模庞大的家族企业在政府和金融机构的支持下开展大规模重复的低效益投资，若干大型家族企业基本垄断了国内重要的产业部门，从而阻碍了市场机制功能的正常发挥，市场竞争状况受到严重影响。因此，确立并积极有效地实行竞争政策对于东亚国家和地区有着重要的意义。

东亚国家和地区的政府在推动主导产业发展的同时，经常采取扶持重点企业的办法来培养能与跨国公司竞争的本国大型企业。在产业政策的设计者看来，企业具有国际竞争力的一个前提条件就是拥有巨大的规模经济，但是仅仅依靠市场竞争过程、通过优胜劣汰实现产业集中的周期太长，因此有必要通过政府推行的合理化产业组织政策抑制过度竞争，通过"扶优扶强"推动大企业的迅速成长。在这样的产业政策设计思路之下，政府鼓励或默许的公共垄断、私人垄断就成为一国境内合法的经济存在（Nam-Kee Lee, 2002）。这种政府为了迅速提高产业竞争力而鼓励的企业垄断，往往破坏了竞争机制正常运转不可或缺的市场结构。这些垄断企业在国内市场的成功是以国内消费者的福利损失甚至国民经济发展为代价的，那些没有经过国内市场激烈竞争的严峻考验，而仅仅依靠垄断地位坐享其成的企业在国际市场上很难具有竞争力。以韩国为例，韩国政府将大型家族企业视为经济增长的引擎并给予大力的扶持，这些企业为了维护寡头垄断地位并满足政府的规模经济偏好，利用政府的优惠贷款开展了大量的投资，这些企业的经营规模迅速膨胀，但很多投资并没有产生预期效益。由于政府保护和扶持下企业规模的扩张并不是以企业核心竞争能力的同步提高为前提，在产品市场和资本市场发生变化的时候，这些人为扶持的企业"国家队"的脆弱性就充分暴露出来，最终导致债务危机并引发国内经济危机。韩国的教训表明，即便是在大力发展大型企业以促进经济增长的阶段，为了防止市场过度集中对产业长期竞争力的损害，也有必要制定并实施适当的竞争政策（Asian Development Bank, 2005）。

从二战后日本的经济政策来看，日本政府既积极推行产业政策，也制定了反垄断法。慑于美国占领当局的压力，日本在20世纪40年代末就制定了《禁止垄断法》，但很长时间里，这部法律体现的竞争政策在日本经济中很少得到真正的贯彻，实际上竞争政策长期搁置于产业政策的阴影之下（吴小丁，2006）。日本的反垄断法中有很多"适用例外"条款，比如在第二十四条第三款与第四款分别设立了"不景气卡特尔"与"合理化卡特尔"适用除外制度，使在欧美国家遭到严厉禁止的"卡特尔"等限制竞争的很多经营行为得以合法地逃避法律的惩罚。从50年代开始，通产省及其主导的产业政策在日本的政策体系中处于至关重要的位置，竞争政策则处于无关紧要的位置。通产省的官员们基于增强日本企业的国际竞争力考虑，认为没有足够的生产规模就不足以与西方跨国公司竞争，而日本的企业普遍规模过小，如果容忍企业间的自由竞争，将不可避免地产生过度竞争的问题，而过度竞争又会制约企业的规模经济，因而通产省提出了新产业体制论，主张通过产业重组、官民协调方式，排除过度竞争，实现规模经济。为了实现这一目标，就必须缓和反垄断法的执行，推动日本经济中的垄断与集中，从而增强日本企业的竞争力。在产业政策与竞争政策的冲突中，基本上是产业政策占了上风。但从20世纪70年代开始，日本经济中市场机制的调节作用逐渐增强，政府干预逐渐让位于市场调节，产业政策的重要性开始下降，竞争政策的作用日益显现。随着日本经济全球化进程的加速，日本长期实行的通过贸易壁垒保护国内市场、通过经济管制限制国内市场竞争的政策招致国外政府和企业的强烈批评，日本在内外压力之下开始重视竞争政策的运用。泡沫经济的崩溃使日本更加深刻地认识到政府主导型经济体制和产业政策的弊端，经济政策的重心从以往重视生产者和销售者向重视消费者转移。日本从90年代中期起先后实施了四个规制改革计划，对6000多项规制进行了改革，改革重点由"经济性规制领域"扩展到"社会性规制领域"（王德迅，2007）。规制改革使日本产业政策的主要执行者通商产业省的行政审批项目大幅减少，小泉政府在2001年进一步将通产省改组为经济产业省，其相当一部分决策权被移交到内阁府"经济财政咨询会议"，经济产业省不再具备昔日通产省广泛干预经济运行的权力。日本确立了积极执行竞争政策的方针，对《禁止垄断法》等法律法规进行了修改，力图废止反垄断法适用除外制度，进一步推进日本经济公平自由竞争，使日本市场更加开放和更具有竞争性。一位日本学者由此总结到，战后以来的50多年时间里，日本国内一直存在着倡导重构卡特尔国家和追求竞争性市场经济这两股力量的交锋，而最终结果是竞争政策取得了胜利（高桥岩和，2005）。

20世纪90年代以来特别是亚洲金融危机以来，韩国的经济体制也开始进行由政府主导型体制向市场主导型体制的转轨，韩国公平交易委员会（KFTC）的地位得到了很大的提高，作用也大大增强。KFTC采取了一系列积极的措施，努力改善国民经济结构，创造并维护良好的市场竞争环境。它制定了《公司治理的良好行为准则》，规定财团对其子公司的投资不能超过其资产的25%，从而限制了家族财团内母、子公司通过交叉投资形成的相互持股的网络无限膨胀。大财团被迫开展"瘦身"运动，大型财团缩减经济规模使其能够专注于所擅长的产业领域，企业的竞争力反而得到了较大的提高。现代汽车、三星电子、LG电子等企业逐渐成长为真正意义上的世界级企业。KFTC还积极促进公共企业的私有化，放松民间部门进入某些产业领域的限制，以避免公共垄断直接演变成私人垄断。尽管近年来韩国竞争政策的作用显著增强，但政府长期实施产业政策对经济结构和经济运行的影响短期内难以彻底改变，OECD在对韩国的规制改革进行了系统的调研后认为，韩国面临的挑战是减少垄断和反竞争行为，特别是在受政府鼓励和保护的领域。因此，韩国竞争政策最突出的问题是建立一个能够让大财团在同等条件下与其他市场主体竞争的大环境（OECD，2007）。

在经历了从广受赞誉的东亚模式到经济结构调整的痛苦转折之后，日本、韩国等东亚国家和地区对于政府干预和市场竞争的关系有了更加刻骨铭心的认识：如果说在经济发展的早期阶段由于市场机制不够完善，政府干预经济也许是必要的，那么在经济发展和市场发育的一定阶段政府干预应当逐渐淡出。自亚洲金融危机以来，东亚国家和地区相继进行了以市场经济为导向的改革，随之而来的是大范围的私有化、放松管制以及境内外融资的自由化，政府对经济活动的干预和影响大大地减少了，政府推动产业发展的政策正在实现从产业政策向竞争政策的转型。

四、转型时期中国的产业政策与竞争政策①

（一）改革开放以来中国产业政策的回顾与评价

从20世纪70年代末开始，中国放弃了优先发展重工业的发展战略，转而发展那些国内要素丰富且生产成本相对低廉的劳动密集型产业，并按照国家之间基于比较优势的专业分工开展国际贸易，从而极大地推动了中国的工业发展和产业结构升级。从过去30多年的发展经验来看，中国的发展战略和产业政策很大程度上借鉴了日本和东亚新兴工业化国家和地区的经济发展模式，与世界银行所总结的"东亚模式"是大体吻合的。

中国经济体制改革不断深化的过程，也是一个经济运行的协调方式由政府直接干预逐渐被价格机制和竞争过程所替代的过程。在这个史无前例的制度变迁过程中，政府在经济中的地位和作用也发生了深刻的变化，作为计划经济时代全面干预企业运行的全能型管理者——政府，在转轨过程中开始使用产业政策来引导产业结构的变化和微观经济主体的行为。由于产业政策具有很大的政府干预弹性，它既可以通过间接干预的方式而成为增进市场机制的工具，也可以通过项目审批、价格管制等强制方式体现政府的意志。因此，无论人们对改革方向持何种态度，都能够认同产业政策这种新的政府微观经济干预方式（江小涓，1996）。在1986年制定的《国民经济和社会发展第七个五年计划》中，"产业政策"一词首次正式出现在官方文件中。1989年2月14日国务院颁布《中国产业政策大纲》，第一次勾画了中国产业政策的整体框架。产业政策的制定和规划至今仍然是我国政府部门的一项重要工作。从2004年到现在，国家先后制定并颁布了《汽车产业发展政策》《钢铁产业发展政策》《水泥工业产业发展政策》《煤炭

---

① 本部分与冯晓琦合作完成。

产业政策》和《林业产业政策要点》等。在金融危机席卷全球的关键时刻，国务院在 2009 年又相继审议并通过了汽车、钢铁、有色等十大产业调整与振兴规划，为中国的工业部门应对全球经济危机提供了政策支持。

近年来，一些学者根据大量的实证资料对中国产业政策的绩效进行了比较详细的分析，对产业政策的实际效果褒贬不一。从产业政策的执行情况来看，它在迅速提高一些投资巨大的短线产品的供给能力以及消除基础设施领域长期存在的短缺现象方面发挥了重要的作用。例如冰箱压缩机、电视显像管、轻型汽车发动机等中间产品曾经严重供不应求，由于它们是影响相关产业发展的关键部件，因此引起了政府的高度重视，正是得益于政府集中投资，这些关键部件的供求矛盾才得以迅速缓解，进而推动了国内冰箱、彩电和轻型汽车等产业部门的迅速发展（江小涓，1999）。为了打破基础设施瓶颈对国民经济发展的制约，国家在"七五"和"八五"期间用于交通、运输、邮电等瓶颈产业的固定资产投资约 4825 亿元，比前 6 个五年计划期间的投资总数增加了 28 倍，公路的通车里程 10 年增加 22%，民航航线里程增长 307%，城市电话交换机总容量增长 20 多倍，使运力大幅增长，通信快速发展，在很大程度上缓解了交通运输和通信紧张的局面（赵英，2000）。

但也有很多的证据表明，产业政策的执行效果与政策设计的初衷相去甚远。除了基础设施建设领域以外，产业政策对竞争性产业成长的促进作用不很明显，没有足够的证据证明产业政策重点扶持的竞争性产业获得了长足的发展。汽车业是政府介入程度最深、干预力度最大的竞争性行业之一，它作为重要的战略性产业而长期受到产业政策的严格保护和资源配置倾斜。为了解决产业组织结构长期存在的"小、散、乱、差"的不合理问题，促进具有一定经济规模和市场竞争力的大型企业的组建，政府不仅设置了一些基于所有制歧视的市场准入壁垒，还通过"拉郎配"式的产业重组和经济联合，人为拼凑出一些总资产规模较大而实际上并无竞争优势的企业集团。一些被政府视为"国家队"的大型汽车企业，在外无跨国公司冲击、内无民营企业竞争的市场环境中长期享受着产业政策赐予的高额利润,使他们没有足够的通过技术学习提高技术能力、改善经营管理的动力,核心竞争力始终没有得到实质性的提高(路风、封凯栋,2004)。

与政府推行产业政策的初衷相反,在家电、洗涤用品等政府干预相对较少、管制程度不高、国有经济不占绝对优势的产业,经过产业发展初期的重复投资和过度竞争之后,市场结构经历了"集中—分散—再集中"的轮回,产业组织结构通过竞争得以优化,一批具有大批量生产能力和先进生产技术的企业被市场机制优选出来。由于各类新企业的大量进入以及在位国有企业的扩张乏力,80年代中后期工业部门的集中度曾经呈现出明显的下降趋势。食品、饮料、纺织、建材、机械等工业部门都出现了新企业快速进入的趋势。在化纤、橡胶、日用化工、炼油等14个工业部门中,1984年有3个工业部门的CR4超过30%,而到1990年只有炼油业部门的CR4超过30%。进入90年代以后,竞争机制开始发挥越来越大的作用。尽管放松市场准入一度使竞争性行业的市场集中度和行业利润率迅速下降,但很快就呈现出市场竞争促使优势企业迅速成长,推动市场集中度上升进而促进行业利润率提高的现象。例如,食品制造业、饮料制造业、纺织业等产业的CR8分别从1990年的2.3%、5.4%和1.4%上升到2000年的9.4%、15.9%和4.1%,销售利润率也分别从1990年的2.34%、0.91%和1.54%上升到2000年的4.05%、5.92%和2.85%(魏后凯,2003)。竞争性市场结构的形成使中国的大部分竞争性产业呈现高速增长和繁荣活跃的特征。实践表明,"许多行业改革以来高速发展的过程,就是不断突破政府有关部门预测、脱离其规划、摆脱其干预的过程。如果政府的干预大部分得以实现,这些行业的发展就会被延迟许多"。[①]

(二)中国产业政策失效的制度分析

尽管中国的产业政策在很大程度上仿效了日本、韩国,但并没有

[①] 江小涓等. 体制转轨中的增长、绩效与产业组织变化——对中国若干行业的实证研究. 上海三联书店,1999:51.

取得邻国那样的成功，其中的原因比较复杂。中国产业政策诞生于从计划经济体制向市场经济体制的转型时期，这就使得产业政策的制定和实施难免受到传统体制某些制度因素的制约：(1) 中国不存在日、韩那样的专门制定和执行产业政策的具有权威性的"先导机构"；(2) 地方政府与中央政府之间的利益冲突严重干扰了产业政策的有效实施；(3) 国有企业占绝对主导的产权格局削弱了产业政策的择优机制。

产业政策执行部门的权威性是产业政策有效性的必要条件。通常认为，政府产业政策执行部门的权威性越高，支配产业政策工具的能力越强，就越有利于产业政策目标的实现。在日本、韩国利用产业政策促进经济发展的时期，产业政策的执行部门——日本通产省和韩国经济企划厅——都拥有超出其他政府部门的行政地位和执行能力，这就保证了它们能够综合利用财政、金融等政策工具去努力实现国家的意志。但中国的情况有很大不同，以中国汽车工业产业政策为例[①]，汽车产业政策的不同政策功能由不同的行政管理部门行使，汽车工业的主管部门机械部对汽车工业的管理权力是非常有限的，它的管辖范围局限于汽车工业产业链的制造部分，延伸不到汽车工业的流通领域。实施产业政策不可或缺的财政、金融工具则分别掌握在财政部和中国人民银行。机械部对汽车工业既不具备完整的控制权，又不能综合运用各种产业政策工具，这是中国汽车工业产业政策没有发挥预期效力的一个重要原因（Huang, Y., 2002）。

产业政策是中央政府从国民经济的整体利益出发而制定的促进特定产业和地区发展的政策体系。由于产业政策具有非中性的特点，它不可能在各产业之间和各地区之间均匀地进行资源配置，因此，产业政策不可避免地会与某些地区的经济利益发生冲突。在经济转轨过程中，行政性分权体制使得地方政府的资源配置能力日益增强，地方经济利益不断膨胀，而中央政府的宏观调控能力则相对有所削弱，这

---

① 在整个 20 世纪 80 年代和 90 年代，中国各政府部门制定的产业政策不可胜数，但针对特定产业部门制定的完整系统的产业政策只有一部，那就是 1994 年颁布的《中国汽车工业产业政策》。

就给地方政府留下了很大的行动空间，使其在执行产业政策时经常采取变通措施，以求得地方利益的最大化，有利于本地区的产业政策就坚决执行，与本地区关系不大甚至需要牺牲本地区利益的就拖延执行或者设法不执行。中央政府与地方政府在实施产业政策方面的博弈，也在很大程度上影响了产业政策的效力。

按照世界银行的观点，东亚国家之所以能够通过有效地制定和实施产业政策推动产业升级、技术进步和出口增长，一个必不可少的制度安排就是存在一个独立于政治压力之下的政府部门。从这一结论不难引申出一个推论，如果国家试图通过产业政策来扶持的产业部门中的企业主要是由政府投资的公共企业构成，那么产业政策的公平性和有效性将会大打折扣。中国实施产业政策的微观基础与日、韩等国迥然不同。外国政府面对的是民间企业，中国政府面对的是国有企业。在中国，除了轻工行业以外，其他行业在制定产业政策时，都是有意无意地以国有企业为对象的（赵英，2000）。由于在中国大规模实施产业政策的八九十年代，国有经济在工业中占有主导地位，国有企业承载的政策性负担决定了它只能在一个受到保护和免于市场竞争的环境中才能生存。一旦政府通过竞赛的方式来决定相机型租金的分配，背负沉重社会负担的国有企业无疑会在激烈的竞争中处于劣势，国有企业与政府的关系决定了国家通过竞赛的方式来实现设定的效率目标是很困难的。这种微妙关系在很大程度上扭曲了产业政策的激励机制，使产业政策制定和执行的游戏规则最终选择了对国有企业的保护和对非国有企业的限制，而不是所有企业间开放式的公平竞赛，过多的有特定指向的扶持性政策反而强化了现有的利益格局，扭曲了市场机制的作用，致使国有企业在高度的保护和缺乏竞争的环境中成长缓慢。

（三）开放经济中的竞争政策选择

成功地加入世界贸易组织（WTO）是本世纪伊始中国经济发展中最重要的事件。加入 WTO 不仅意味着中国经济将有机地融入日益一体化的全球经济之中，从而能够充分利用国内、国际两个市场在配置资源方面的积极作用，更意味着中国将接受一套被 WTO 成员国共同接受的旨在推进公平、公开、非扭曲竞争的游戏规则与促进经济、贸易发展和市场化取向的制度体系。在加入 WTO 的背景下，如何处理好产业政策与竞争政策的关系问题成为中国亟待解决的重要问题。经济全球化推动了资源的全球配置，必然在一定程度上削弱了主权国家直接调控本国资源的能力，即大大压缩了产业政策的实施空间。因此，对于包括中国在内的发展中国家来说，在开放经济条件下要想推进产业发展，必须将竞争政策置于比产业政策更优先的位置。在 WTO 规则的约束下，选择性产业政策将逐渐让位于以完善市场机制为目标的竞争政策。政府在推行一些不违反 WTO 规则的功能性产业政策的同时，更应当放松对于各类经济主体参与市场竞争的限制，并规范市场主体的竞争行为，使之遵循自愿、公平、等价、有偿、诚实信用的规则，维护公平交易、公平竞争的秩序。这就要求中国应当尽快实现促进产业发展的经济政策的转型，从选择性产业政策转向功能性产业政策，从以产业政策为主导过渡到以竞争政策为主导。

近年来，中国的产业政策出现了积极的变化，功能性产业政策逐渐成为产业政策的主流。国家把调整优化产业结构作为经济发展的主线，将节能减排作为产业政策的重要任务，通过完善资本、土地、自然资源等生产要素市场，特别是资源性产品的市场定价机制，使资源价格真正反映稀缺程度，以此来控制高耗能、高污染的资源密集型行业的过度扩张。国家还将增强自主创新能力作为调整产业结构的中心环节，通过信息引导支持企业做好研发规划，强化围绕重大基础、共性技术及有关标准的攻关组织和协调，强化技术标准的制定、实施和协调指导，并积极推进高新技术产业的集聚，以此提升产业动态能力，进而推进产业发展和经济结构优化升级。

自中国正式将社会主义市场经济体制确定为中国经济体制改革的目标模式以来，市场机制在中国经济的资源配置中日益发挥着基础性的作用。尽管竞争机制日趋完善，但反竞争的暗流也不可小觑。中国现阶段面临的反竞争势力主要体现在三个方面：

1. 经济性垄断。随着中国经济的迅速发展，在一些产业部门开始出现内资企业的市场势力扩张所导致的经济性垄断。在部分产业领域不仅出现了价格联盟、产品市场垄断等经济性垄断现象，而且开始出现具有市场支配地位的企业压制和扭曲竞争的行为。国内近年来频频出现的企业价格联盟就是典型的卡特尔，这些企业价格联盟不仅涉及的产业较广，而且政府直接参与程度也很高，对正常的市场秩序造成了很大的破坏。近年来，随着激烈的价格战的重新洗牌和大公司的资本经营战略，在很多行业领域已经出现了寡头垄断的局面，因此，加强合并规制也势在必行。

2. 外资垄断。随着经济对外开放的日益扩大，中国已连续多年成为吸引外国直接投资最多的国家之一，但与此同时，人们也开始担心，拥有资金、技术和管理优势的外资企业是否会形成市场垄断。一些学者认为，跨国公司的确有寻求垄断利润的行为和动机，但随着国内市场结构从少数跨国公司占优势地位转向激烈竞争，单个跨国公司很难形成市场垄断。因此，中国的市场开放只要面对多家跨国公司，就能够在绝大多数产业中形成有利于推动竞争的市场结构（江小涓，2002）。然而国家工商行政管理局通过调研发现，拥有资金、技术、市场优势的跨国公司滥用市场地位限制竞争的现象日益突出（国家工商局，2004）。近年来，愈演愈烈的跨国公司对我国若干行业特别是装备制造业龙头企业的"斩首式"并购，更增强了人们对跨国并购会导致市场垄断的担忧。跨国公司对产业的渗透加强使得其利用市场地位和力量操纵价格和产量成为可能。因此，我国应当尽快完善反垄断法，建立规制外资并购的法律框架。

3. 行政垄断。构成发达国家市场经济微观主体的是私人企业，因此发达国家反垄断法规制的对象主要是严重影响市场竞争的私人限制竞争行为。但中国目前的情况有所不同，作为一个正在由计划经济向市场经济转轨的国家，现阶段中国市场上最主要的垄断势力并非主要源自私人部门的限制性商业行为，更多的来自政府部门为了维护所属行业和所辖区域的企业利益滥用行政权力而形成的进入壁垒和市场分割。这种由于政府滥用行政权力阻碍市场竞争的行为是转型经济的重要特征之一，行政性垄断对中国市场经济体制的完善和市场竞争秩序的形成都造成了极大的破坏。因此，旗帜鲜明地反对行政垄断，应当是中国竞争政策有别于其他国家的特色之一。反对行政垄断应当成为中国反垄断的首要任务。

我国竞争政策的逻辑起点与发达国家有很大的不同。发达国家市场经济运行的微观基础是私人企业，所以，它们制定竞争政策的目的是控制私人限制竞争的行为。而我国的经济体制和经济发展阶段决定了我国竞争政策具有三重指向：（1）通过放松对市场准入的管制，营造一个各类所有制主体都能同台竞技的市场竞争环境；（2）限制政府及其下属部门滥用行政权力限制竞争的行政垄断；（3）限制包括跨国公司在内的企业滥用市场地位损害竞争的行为。我国竞争政策目标的多元性决定了我国不能完全照抄发达国家的竞争法，而是要根据中国的实际情况，制定和完善由反垄断法和促进竞争法组成的竞争政策体系。

我国的经济体制和经济结构是独特的，正处于由初步工业化向重化工业化升级的发展阶段，又面临着完善社会主义市场经济体制的重任，这就决定了我国的竞争政策既要未雨绸缪地体现发达国家竞争政策中对私人限制竞争行为的监管，还要接受东亚国家的教训，对政府长期干预形成的行政性垄断进行限制。此外，由于转型国家的特点，放松管制和支持竞争性产业民营化也是我国竞争政策的重要方面。放松管制使市场机制发挥作用的空间大为扩展，使更多的投资主体能够进入长期由国有企业独享高额利润的产业部门，这有利于增加产品数量，改善产品和服务质量，降低价格，增进消费者福利，并使产业部门变得更有效率和竞争力，还可以有效地防止由原来的国家垄断演变为民营化之后的私人垄断。只有建立健全竞争政策，才能够在国民经济的各个产业部门创造并保护竞争机制。经过长达十年之久的艰苦工作，《反垄断法》终于在2007年获得通过，并于2008年8月开始施行，这为我国竞争政策的制定提供了法制基础。但要切实有效地执行一套系统的、透明的、稳定的竞争政策，从而建立起公平、有序的竞争秩序，仍有很长的路要走。

主要参考文献

1. Abon , Edgardo B. The Need for a Philippine Comperhensive Competition Policy and Law. Paper Presented on Competition Policy Seminar organized by NEDA and KDI.June 20-21,2002.
2. Amsden, Alice H. Asia's Next Giant: South Korea and Late Industrialization. New York: Oxford University Press, 1989.
3. Asian Development Bank. Asian Development Outlook 2005.
4. Chalmers Johnson. MITI and the Japanese Miracle: The Growth of Industrial Policy. Stanford, California: Stanford University Press, 1982.
5. Dani Rodrik. Industrial policy for the twenty-first century. Discussion Paper No. 4767, Centre for Economic Policy Research, London. November, 2004.
6. Freeman C. Technology Policy and Economic Performance. Lessons from Japan. London : Pinter, 1987.
7. Ha-Joon Chang : Industrial Policy: Can We Go Beyond an Unproductive Confrontation?Lessons from East Asia and the Global Financial Crisis, Annual World Bank Conference on Development Economics--Global (2010: Seoul, Korea), Ed. by Justin Yifu Lin and Boris Pleskovic. The World Bank, 2011, pp.80-109
8. Hal Hill. Indonesia's Industrial Policy and Performance: "Orthodoxy" Vindicated. Economic Development and Cultural Change. 45, 1996, pp.147-174.
9. Huang, Y. Between Two Coordination Series: Automotive Industrial Policy in China with a Comparison to Korea. Review of International Political Economy, 2002, 9(3).
10. James A.Robinson:Industrial Policy and Development: A political Economy Perspective. Lessons from East Asia and the Global Financial Crisis. Annual World Bank Conference on Development Economics-

Global (2010: Seoul, Korea), Ed. by Justin Yifu Lin and Boris Pleskovic. The World Bank, 2011, pp.61-79.

11. Josh Whitford and Andrew Schrank. The paradox of the Weak State Revisited: Industrial Policy. Network Governance, and Political Decentralization, in State of Innovation: Technology Policy in the United States, edited by F. Block and M. Keller. New York. 2010.

12. Nam-Kee Lee. Korean Economic Development Policy Lessons - The Shift from Industrial to Competition Policy. The 4th UNCTAD/IGE Meeting, July 3,2002.

13. Noland Marcus and Howard Pack. Industrial policy in an Era of Globalization : Lessons from Asia. Institute for International Economics, Washington, D.C., 2003.

14. Philippe Aghion. Industrial policy, entrepreneurship and growth. Handbook of Research on Innovation and Entrepreneurship. Ed. By David B. Audretsch, Oliver Falck, Stephan Heblich, Adam Lederer, Edward Elgar Publishing, 2011.

15. Randall G. Holcombe:South Korea's economic future: Industrial Policy, or economic democracy? Journal of Economic Behavior & Organization, 88（2013）.

16. Sanjaya Lall. Selective Industrial and Trade Policies in Developing Countries: Theoretical and Empirical Issues, Working Paper Number 48, Queen Elizabeth House, University of Oxford, 2000.

17. Sanjaya Lall . Reinventing Industrial Strategy:The Role of Goventment Policy In Building Industrial Competitiveness. UNCTAD.G-24 Discussion Paper No. 28. April 2004.

18. United Nations Conference on Trade And Development (UNCTAD): Trade and Development Report, 2006.

19. Wade, Robert. Governing the Market: Economic Theory and the Role of Government in East Asian Industrialization. Princeton: Princeton University Press, 1990.

20. World Bank. Economic Growth in the 1990s: Learning from a Decade of Reform. Washington, D.C.: World Bank Publications, 2005.

21. J.O.哈利. 东亚国家的竞争政策. 载王晓晔，[日]伊从宽主编. 竞争法与经济发展. 北京：社会科学文献出版社，2003.

22. OECD. 张汉林，蔡春林等，编译. 韩国的规制改革. 上海：上海财经大学出版社，2007.

23. 阿伦·休斯. 竞争政策. 新帕尔格雷夫经济学大词典（第一卷）. 经济科学出版社，1992.

24. 丹尼·罗德里克. 产业政策的回归. 财经网.

25. 丹尼·罗德里克. 相同的经济学，不同的政策处方. 中信出版社，2009.

26. 迪克西特. 经济政策的制定：交易成本政治学的视角. 中国人民大学出版社，2004.

27. 冯晓琦，万军. 从产业政策到竞争政策——东亚地区政府干预方式的转型及对中国的启示. 南开经济研究，2005（5）.

28. 冯晓琦，万军. 转轨时期中国的产业政策与竞争政策. 经济问题，2005（7）.

29. 高桥岩. 日本产业政策和竞争政策的关系. 载王晓晔主编. 经济全球化下竞争法的新发展. 北京：社会科学文献出版社，2005.

30. 国家工商总局公平交易局反垄断处. 在华跨国公司限制竞争行为表现及对策. 工商行政管理，2004（5）.

31. 江小涓. 经济转轨时期的产业政策. 上海三联书店，1996.

32. 江小涓. 中国的外资经济. 中国人民大学出版社，2002.

33. 江小涓等. 体制转型中的增长、绩效与产业组织变化——对中国若干行业的实证研究. 上海三联书店，1999.

34. 金麟洙. 从模仿到创新——韩国技术学习的动力. 新华出版社，1998.

35. 金滢基，马骏. 政府在获得技术能力方面的作用：对东亚石化业的案例分析. 见青木昌彦等主编. 政府在经济发展中的作用. 中国经济出版社，1998.

36. 林毅夫. 潮涌现象与发展中国家宏观经济理论的重新构建. 经济研究, 2007（1）.

37. 路风, 封凯栋. 发展我国自主知识产权汽车工业的政策选择. 国家重大科技创新政策委托研究项目, 2004-2.

38. 吕政. 完善我国产业政策需要明确的问题. 中国社会科学院院报, 2004-5-27.

39. 迈克尔·波特, 竹内广高, 榊原鞠子. 陈小悦等, 译. 日本还有竞争力吗？ 中信出版社, 2002.

40. 曼弗里德·诺伊曼. 竞争政策——历史、理论及实践. 北京大学出版社, 2003.

41. 权五乘. 韩国国立汉城大学法学院权五乘教授专题讲座. 华东政法学院, 2003-10.

42. 世界银行. 变革中的政府：1997年世界发展报告. 中国财政经济出版社, 1997.

43. 世界银行. 东亚奇迹——经济增长与公共政策. 中国财政经济出版社, 1995.

44. 世界银行. 全球变革与东亚政策倡议. 中国财政经济出版社, 2005.

45. 世界银行. 全球经济展望与发展中国家：通过投资获得全球机遇. 北京：中国财政经济出版社, 2003.

46. 宋磊. 论日本型产业政策的本质与制度基础——租的分配成本及其运用效率. 现代日本经济, 2002（4）.

47. 万军. 东亚产业政策与竞争政策. 李向阳主编. 世界经济前沿问题（下）. 社会科学文献出版社, 2007.

48. 王德迅. 日本规制改革：特点、举措与成效. 世界经济调研, 2007（17）.

49. 王岳平. 十六大以来我国产业政策及结构调整的进展和展望. 经济研究参考, 2007（65）.

50. 魏后凯. 市场竞争、经济绩效与产业集中——对中国制造业集中与市场结构的实证分析. 经济管理出版社, 2003.

51. 吴小丁. 反垄断与经济发展——日本竞争政策研究. 北京：商务印书馆，2006.

52. 小宫隆太郎，奥野正宽，铃村幸太郎. 日本的产业政策. 国际文化出版公司，1988.

53. 新庄浩二. 日本产业结构的变化与再生. 产业经济评论，2003（2）.

54. 约翰·威廉姆森. 华盛顿共识简史. 载黄平，崔之元. 中国与全球化：华盛顿共识还是北京共识. 北京：社会科学文献出版社，2005.

55. 约瑟夫·斯蒂格里茨. 后华盛顿共识的共识. 载黄平，崔之元. 中国与全球化：华盛顿共识还是北京共识. 北京：社会科学文献出版社，2005.

56. 约瑟夫·斯蒂格里茨. 王玉清，等译，东亚奇迹的反思. 中国人民大学出版社，2003.

57. 赵英. 中国产业政策实证分析. 社会科学文献出版社，2000.

第二章 经济发展不同阶段日本产业政策的变迁①

通常认为，日本经济发展的成功与政府推行的产业政策密不可分。在日本经济起飞时期，政府选择若干战略性产业，在与私人部门协调的基础上，通过制定和实施产业政策主导了经济发展的方向，影响了民间部门的决策和商业活动，从而推动了主导产业成长和产业结构升级。在经济发展的不同阶段，日本的产业政策表现出了不同的内容和特点，因此在绩效上也有所差异。钢铁工业和计算机产业分别是日本经济发展不同阶段产业政策扶持的重点行业，通过对这两个不同时期主导产业发展情况的分析，我们能够对产业政策在扶优汰劣、促进经济存量调整方面的作用和局限性有更深入的认识。

一、经济高速增长时期的产业政策：以钢铁工业为例

产业政策是在经济发展的某些阶段，政府为了实现某些既定目标而针对特定产业及产业内企业实施的扶持和管制等干预政策的总和。日本通过对西方发达国家经济发展历程和经济结构变迁规律的研究和模仿，在经济发展的一定阶段，由政府选择某些具有较强的关联效应、技术和资金较为密集的产业，通过保护性的贸易政策和财政、金融、税收、外汇等倾斜政策，扶植这些产业发展，从而推动重点产业部门的成长和产业结构的升级，继而改变国家竞争优势。在 20 世纪

---

① 郭树言，欧新黔主编. 推动中国产业结构战略性调整与优化升级探索. 经济管理出版社，2008.

五六十年代日本经济高速增长时期,产业政策对一些产业部门的成长起到了积极的推动作用,钢铁工业是产业政策扶持下成功实现迅速发展的典型产业之一。

日本的钢铁工业是在二战的废墟上重建的。第二次世界大战结束后,日本政府面临的首要任务是迅速恢复经济。在能源、原材料极其短缺的情况下,政府采取了将物资和资金重点投入到以煤炭和钢铁为中心的少数战略性产业,以煤炭、钢铁等行业产能的增加为突破口来推动经济复兴的政策,即所谓"倾斜生产方式"。在这一政策的作用下,日本的钢铁工业实现了恢复性的增长。为了进一步扩大生产规模、提高技术水平、降低生产成本,日本在五六十年代连续实施了三次钢铁工业产业合理化计划,使钢铁工业从幼稚产业成长为具有国际竞争力的出口部门,一度成为日本最重要的支柱产业之一。从 1973 开始,日本一直雄踞世界第一大产钢国的宝座。虽然在 90 年代末中国的钢产量超过了日本,但日本钢铁企业在产品质量和生产技术上仍然处于世界领先地位。

(一)日本钢铁工业产业政策制定与实施的基本情况

20 世纪 50 年代初,日本确立了"贸易立国"的基本国策,政府和产业部门对经济发展战略达成了广泛的共识,即日本应当建立"出口主导型"的经济增长方式,通过产业结构的不断升级,推动重化学工业、尤其是机械工业出口的增长,改变日本在国际贸易中的比较优势。但当时钢铁工业规模太小,技术设备陈旧,使得钢铁产品的成本和价格居高不下,不仅制约了机械工业的合理化投资,也阻碍了机械工业的出口增长。为了促进钢铁工业这个国民经济基础产业部门的发展,通产省于 50 年代初开始实施钢铁工业合理化计划。

通产省的钢铁产业政策是根据产业合理化审议会提出的方针和投资计划制定的。审议会是通产省下属的独立咨询机构。通产省在制定钢铁产业政策之前,向审议会提出咨询,然后根据审议会提出的答询报告来制定政策。审议会的成员由通产大臣任命,人员构成来源广泛，既有产业界和金融界资深人士和退职官员，也有行业协会负责人和大学教授，咨询报告的形成过程实际上就是不同利益集团之间的信息交换和互相说服的过程。因此，通产省根据咨询报告制定的钢铁工业合理化计划，在钢铁业中基本能够顺利实施。日本钢铁工业产业政策的决策过程体现了一种自下而上的决策体制，因而决策的科学化和民主化的程度较高。

在政府的直接控制与行政干预下，第一次和第二次合理化计划分别于1951年和1956年实施。这一时期钢铁工业发展的重点是大规模的技术引进和设备更新。为了实现这一目标，政府采取了优惠贷款、特别折旧制度、减免固定资产税、免除重要设备的进口关税、外汇优先配给等一系列扶持措施。在产业政策的支持下，在50年代末期，日本钢铁工业初步实现了生产设备的大型化和生产技术的现代化，产品的生产成本不断降低，钢铁出口迅速增长。为了继续扩大产业规模，进一步降低生产成本，日本从1960年开始实施第三次钢铁工业合理化计划。第三次计划的实施与前两次有很大的不同，政府不再对设备投资的调整进行直接干预，而是由民间企业在政府的协调下自行完成。进入60年代后，日本钢铁企业的规模和成本优势已经基本形成，钢铁产品在国际市场也具备了一定的竞争优势，产业政策的重点也从鼓励企业生产规模的扩张转为推动生产组织结构的调整。第三次钢铁工业合理化计划结束时，日本已经成为世界钢铁生产和出口大国，钢铁产量跃居世界第一。经过将近20年连续三次产业合理化计划的实施，日本的钢铁工业形成了很强的国际竞争力，确立了在国际竞争中的比较优势。

20世纪70年代的两次石油危机沉重打击了日本经济，面对国际经济环境的剧烈变化，日本政府开始推动产业结构从重化工业向高科技产业的转型。在产业结构升级的背景下，以高耗能、高污染为特征的钢铁工业开始显现出生产能力过剩的危机，政府对钢铁工业的产业政策也从产业扶植政策转为产业调整援助政策。尽管钢铁工业曾经作为主导产业，为日本经济从复苏走向繁荣起到了不可替代的拉动作用，但从70年代末开始，随着日本产业结构的高级化，钢铁工业在日本经济中的主导产业地位逐步让位于计算机等高科技产业部门。

(二)日本钢铁工业产业政策的主要内容

在日本经济高速增长的时期,在钢铁工业发展的不同阶段,日本政府应时而变,根据当时的实际情况和国内外经济环境制定和实施了不同的产业政策,推动企业在技术进步的基础上进行了持续的大规模设备投资,形成了现代化的钢铁生产体系,极大地促进了钢铁工业的发展。在这一时期,日本钢铁工业产业政策具有以下特点:

1. 通过保护性的贸易政策,为钢铁工业的成长创造了条件

尽管通过倾斜生产方式的支持,日本的钢铁工业由萧条转为复苏,但与西方发达国家相比,日本的钢铁工业规模小,成本高,技术落后。日本政府官员和学者普遍认为,如果实施自由贸易政策,钢铁工业部门将受到国外的巨大市场冲击。因此,在整个50年代和60年代上半期,日本通过保护性贸易政策对钢铁工业进行了保护,试图通过构筑一系列的关税和非关税壁垒,尽可能的减轻来自国外跨国公司的竞争压力。根据1951年修订的关税税率法,日本对生铁、钢锭和钢材分别征收15%、12.5%和15%的高额通过进口关税,这一税率水平一直维持到60年代末期才逐步降低。与此同时,日本还通过进口许可证制度和外汇配额制度,高筑起钢铁产品进口的非关税壁垒。保护性的贸易政策使日本钢铁产品的进口比率始终维持在很低的水平上。1950年钢铁产品的进口比率为0.07%,1960年为1.6%,1970年为0.2%,1977年为0.4%。在60年代中期,在来自国外的压力下,日本逐渐放弃了对钢铁工业的保护,但此时日本钢铁企业已经形成了较强的竞争能力。保护性贸易政策使日本钢铁工业在快速成长时期能够避免来自国外的严重冲击,为国内企业消化吸收引进的技术、通过扩大生产规模降低生产成本赢得了宝贵的时间。

2. 充分发挥政府资金对民间金融的引导作用,为钢铁业的大规模设备投资提供资金保障

钢铁工业的技术经济特征决定了这一产业具有明显的规模经济

性。推动钢铁企业实现规模经济性，是日本钢铁工业产业政策的重要目标之一。在 50 年代初期，日本钢铁企业的设备还普遍非常陈旧。为了推动钢铁工业的技术更新和现代化改造，实现设备的大型化，政府主导了大规模的设备投资。但在整个 50 年代，日本政府和企业的财力都非常有限，而钢铁工业大规模的设备更新需要巨大的资金投入，完全依靠政府的财政支持和企业自我积累都是不现实的。日本开发银行是代表政府向钢铁等支柱产业提供资金支持的金融机构。日本政府充分利用日本开发银行贷款的引导和隐性担保作用，有效地吸引了民间金融机构增加对钢铁工业的信贷投放。在第一次合理化计划期间，钢铁工业投资总额为 1282 亿日元，来自开发银行贷款的资金为 172 亿日元，占投资总额的 12%。在第二次合理化计划期间，钢铁工业投资总额增加到为 6255 亿日元，而开发银行提供的贷款仅为 95 亿日元，在总投资中所占比重下降到 1.5%。60 年代以后，只有少数能够振兴国产化技术、防止公害污染的钢铁项目才能得到日本开发银行的贷款。但与此同时，世界银行贷款和民间投资则迅速增加，为钢铁工业大规模的设备投资提供了资金保障。

通过三次产业合理化计划的实施，日本钢铁业集中资金建设了十几个采用先进技术和现代化设备的大型钢铁企业，扩大了生产规模，提高了劳动生产率，降低了原料能耗，生产能力得到大幅度增长。1981 年，日本有 12 家企业钢铁年产量达到了 500 万吨，其中年生产能力超过 1000 万吨的有 5 家，遥遥领先于其他发达国家。

3. 鼓励企业的技术引进和技术创新，促进钢铁工业的技术进步

日本钢铁产业政策在鼓励企业扩大生产规模的同时，始终把推动技术进步放在非常重要的位置上。日本钢铁工业的技术进步最初主要依赖于从国外引进先进的设备，在此基础上，通过对引进技术的消化、吸收和再开发，日本企业逐渐掌握了核心技术，并开发出世界领先的钢铁生产技术。在第一次和第二次合理化计划时期，政府鼓励引进和推广国外的先进设备和技术，支持的技术发展重点分别是轧钢设备的现代化和新建高炉与纯氧顶吹转炉。轧钢设备的改造主要是通过从美国大量进口带钢连轧机和其他现代化的轧钢设备，以替代老式的递回

式轧机。在第二次合理化阶段，政府积极推广从国外引进的连续铸钢法和纯氧顶吹转炉炼钢。从这一时期开始，技术引进的主要形式开始发生重要的变化，设备进口总额在设备投资总额中所占比重减少到约10%，而引进国外技术的件数则成倍增长。此后，日本钢铁工业技术发展的重点从引进国外设备和技术转向消化吸收，并最终具备自主创新能力。

日本政府主要通过关税政策、税收政策和外汇政策来促进钢铁工业技术进步。1951年日本修订了《关税税率法》，对钢铁等产业的重要设备进口实行免税待遇，为钢铁企业引进国外先进设备创造了良好的条件。日本在钢铁工业实行了特别折旧制度，以加速设备更新。1951年修订的《租税特别措施法》规定了特别折旧制度，它实际上是以重要机械等为对象制定的税制优惠措施，其目的在于更新战时、战后陈旧的机器设备，增强企业的国际竞争力。按照这一制度，凡是属于政府指定的机械设备可在3年内实行特别折旧，其折旧率比一般折旧率要高出50%。1952年日本又制定了《企业合理化促进法》，规定合理化机械可在购入第一年内按购入价格的1/2进行折旧，并可减免固定资产税。钢铁业是政府指定实行特别折旧制度的产业部门，钢铁业的主要设备也被指定为特定机械设备，特别折旧制度给钢铁工业带来很大的好处。通产省的一份抽样调查结果显示，当时炼铁工业的总收入中，免税部分高达47.1%，其中特别折旧金额就占了免税收入的62%。特别折旧制度有利于吸引投资向钢铁产业流动，推动了钢铁工业的设备更新。此外，日本还通过外汇配额制度支持钢铁等重点产业部门的技术引进，有选择地将有限的外汇投入到那些有能力消化、吸收并改进、提高引进技术的优势企业，以支持这些企业引进先进技术，提高技术能力。

通过持续的技术引进和技术创新，日本钢铁工业的现代化程度和生产能力获得了极大的提高。在炼铁方面，实现了高炉的大型化，1956年2月，堪称当时世界最大规模的富士制铁公司2号高炉顺利投产，此后，八幡制铁、川崎制铁、新日本制铁所、日本钢管公司等企业的大型高炉相继投产，到70年代末，世界最大的10座高炉中，日本占有 7 座；在炼钢方面，从 1960 年到 1970 年 10 年时间里，日本钢铁业拥有的纯氧顶吹转炉数量从 13 座增加到了 83 座，其设备能力从 484.3 万吨增加到了 9148 万吨，增加了 17.9 倍；在轧钢方面，实现了轧钢生产的连续化、高速化和自动化。技术进步使钢铁产品的成本不断下降，1956 年日本普通钢材的成本是美国的 1.08 倍，1976 年仅为美国的 55%，形成了强大的成本优势。

4. 推行产业组织政策，推动钢铁产业的市场集中

日本钢铁工业产业政策的终极目标是使钢铁工业成为具有强大的国际竞争力的出口产业，而实现规模经济是提高钢铁产业国际竞争力的关键因素。从 60 年代开始，在促进设备大型化的同时，为了扶植能与国外跨国公司分庭抗礼的优势企业，日本开始运用产业组织政策，通过行政指导的方式鼓励产业改组和企业合并，促进钢铁工业的市场集中。

60 年代的日本面临着开放市场的压力。通产省基于增强日本企业的国际竞争力考虑，认为没有足够的生产规模就不足以与西方跨国公司竞争，而日本的企业普遍规模过小，如果容忍企业间的自由竞争，将容易产生过度竞争的问题，而过度竞争又会制约企业的规模经济，因而通产省提出了新产业体制论，主张通过产业重组、官民协调方式，排除过度竞争，实现规模经济。1968 年 10 月，通产省发表了产业结构审议会重工业部会钢铁小委员会《关于今后钢铁产业发展》的答询报告，主张高效率地建设新型钢铁厂，号召发展企业合并、共同投资和集约化经营，表明了鼓励钢铁工业进行产业改组的态度。在此影响下，1969 年，八幡、富士这两家当时生产和销售规模排名第一和第二的钢铁企业向公平交易委员会提出了合并的申请。通产省对这一事件给予了鼓励，但并没有采用金融、税收等手段进行积极干预。虽然围绕着这一合并是否会对钢铁业的竞争产生实质影响的问题，在日本国内产生了激烈的争论。但在通产省的支持下，日本公平交易委员会最终还是通过了承认合并的决议。1970 年，八幡、富士两大钢铁企业合并为新日本制铁，并进入世界最大钢铁企业的前三强。新日铁在国内的钢铁半成品和主要钢材的市场占有率超过 30%，表明日本钢铁工业

的市场集中度得到提高。

5. 利用各种出口减税措施,鼓励企业积极拓展国际市场

钢铁工业被日本视为重要的出口部门。在三次合理化计划完成以后,日本钢铁工业的生产规模不断扩大,技术水平和产品质量不断提高,生产成本不断下降,具备了很强的国际竞争力,开始全面开拓国际市场。为了推动钢铁部门的出口,日本政府采取了各种出口减税措施,积极支持钢铁企业的全球拓展战略。50年代,政府制定了出口收入扣除制度,规定出口收入可以按照一定比例从应税收入中扣除。60年代初,政府制定的出口特别折旧制度规定,如果企业的出口额增加,它可以按照出口增加额实行特别折旧。1964年,政府又制定了开拓国外市场准备金制度,对国际贸易收入的一定比例实行免税政策,它可以作为准备金,用于企业积累。这些措施激励了日本钢铁企业的海外扩张。

(三)日本钢铁工业产业政策的主要经验

尽管日本的钢铁工业产业政策也存在一些未尽人意的地方,但总的来说,产业政策对不同时期钢铁工业的发展起到了积极的推动作用。日本钢铁工业产业政策的主要经验在于:

1. 产业政策应当具有符合产业成长规律的明确目标

钢铁工业是资金和技术密集型产业,技术经济特征决定了规模经济和技术水平是产业竞争力的核心。尽管在钢铁工业发展的不同时期,日本产业政策的具体内容不断调整变化,但政策重点始终是促进企业规模经济和技术水平的提高。由于产业政策的目标始终围绕产业发展最重要的环节,因而保证了产业政策的有效性。

2. 产业政策应当对产业发展中的关键环节提供支持

在日本钢铁工业从幼稚产业成长为主导产业的过程中,始终面临着资金、技术等一系列问题,政府的作用并不是体现在主动承担产业发展的全部责任,而应当通过政策的导向作用,调动民间部门的积极性,吸引产业部门和金融部门向政府鼓励的发展领域进行投资。

3. 产业政策应当创造有效的激励机制

在日本钢铁工业发展之初，政府通过产业政策限制了来自国外的竞争，为本国企业营造了一个短暂的保护性的政策环境。但政府也不断要求和鼓励企业开拓国际市场，迫使企业苦练内功，不断扩大企业规模和技术能力，最终形成国际竞争力。

二、进入发达国家行列后的日本产业政策：以第五代计算机计划为例

从20世纪70年代开始，日本经济发生了深刻的变化。经过战后30年的经济高速增长，日本企业在大多数的制造业产业领域逐渐拥有了强大的国际竞争力，总体经济规模也跃居世界第二。但两次石油危机重创了日本经济，日本政府认识到，应当努力促使日本的产业结构从资金密集型的重化工业向知识密集型的高科技产业升级。1980年3月，通产省产业结构审议会发表《80年代通商产业政策构想》，认为日本正在从"追赶现代化"时代转向"迅速迈进世界一流国家"的时代。在日本经济新的发展阶段，"技术立国是日本的奋斗目标。有效地利用头脑资源进行创造性的技术开发，提高竞争能力和经济实力，才是日本的必由之路"。在这种背景下，从80年代开始，日本的产业政策开始出现新的变化，产业技术政策在产业政策体系中的重要性日益突出，政策导向上更加重视技术进步与产业发展的紧密结合，强调高科技对产业结构调整的先导作用。日本产业政策支持的重点是知识密集型的新兴产业，大力发展超大规模集成电路、第五代电子计算机、智能机器人等尖端产业，以及生物产业和新能源产业等下一代基础产业部门。

在日本政府看来，以计算机为核心的信息产业应当在促进日本经济实现"创造性的知识密集化"方面起核心作用。计算机产业是节省资源与能源的典型的知识密集型产业，并且具有很高的产业关联效应，可望成为开创21世纪的主导产业。随着20世纪70年代末VLSI

（超大规模集成电路研究计划）等尖端技术赶超计划的成功，日本对本国的技术发展水平和研发能力产生了一种自信和乐观的态度。80年代初，日本认为本国的计算机技术已达到世界先进水平，产业发展目标不应当是追赶欧美最新技术，而应该积极发展领先技术，实现技术跨越。因此，日本选择了若干国际技术前沿领域开始了技术攻关，其中影响最大的是第五代计算机研究与开发计划，日本试图实现计算机的人工智能化和知识处理智能机化，从而领导知识革命的新潮流。

（一）日本第五代计算机研究与开发计划（FGCS）的基本情况

日本的计算机工业是在追赶IBM的过程中成长起来的。在六七十年代，IBM先后推出了360、370系列大型计算机，从而确立了在世界计算机领域的绝对领先地位。1966年，通产省电子工业审议会正式提交了《加强电子计算机工业国际竞争力的措施》的咨询报告，这个报告为日本计算机产业的发展指明了基本战略方向。从60年代末开始，在通产省的扶持下，日本在计算机产业相继实行了大型项目制度、开发补助金制度等扶持政策，并针对产业关键技术启动了VLSI等一系列技术赶超项目，极大地缩小了与IBM等欧美企业在技术领域的差距，并且在随机动态存储器（DRAM）等领域超越了欧美。与此同时，日本也面临着欧美国家的指责，批评日本企业不善创新，只会拷贝西方技术。在这种背景下，日本制定了雄心勃勃的技术跨越计划，一方面计划在超级计算机等领域继续追赶欧美企业，争取向市场提供性能更好、成本更低的大型计算机；另一方面则决心超越IBM，研制全新的第五代计算机，引领IT技术发展的新潮流。

所谓第五代计算机是具有人工智能的计算机，它能克服传统机的技术限制，具有并行处理和以知识库为基础机制的推理能力，能将人类的推理能力、逻辑判断能力以及图形和语音辨识力等与计算机结合，使计算机具有听、看、写、说、想、学的能力。这一计划最初由通产省提出，为了保证决策的科学性，1979年通产省成立了由东京大学元冈达教授主持的第五代计算机研究委员会（"元冈委员会"），用了 3 年的时间，对这一计划的关键技术、市场前景等进行了系统的调查、分析与研究。委员会先后召开了百余次会议，对知识处理的计算机推理技术、操作大规模数据库和知识库的计算机技术、高性能工作站技术和分布式功能性计算机技术等相关重要问题进行了深入研究，最终采纳了通产省电子信息综合研究所渊一博所领导的研究小组提出的并行计算机方案，形成了 FGCS 的技术框架和研究目标，并于 1981 年 10 月 19 日至 22 日在东京举行国际研讨会，正式向全世界宣布了研究开发第五代计算机的宏伟计划。

日本第五代计算机研究与开发计划是由通产省主持，以日本"新一代计算机技术研究所"（ICOT）为中心开展的。FGCS 原定的研发计划从 1982 年开始，到 1992 年结束。整个研发分为三个阶段进行：从 1982 年到 1984 年为初始阶段，研究目标是发展相关的基础技术；从 1985 年到 1988 年为中间阶段，研究目标是开发中小型子系统；从 1989 年到 1992 年为最后阶段，研究目标是研制成功一个原型机系统。在 10 年的开发中，FGCS 计划实现了部分研究目标。在第一阶段，试制成功了按序推理机 PSI1、世界上第一台非诺曼机和知识库管理系统的基础——关系数据库机 DELTA 等；在第二阶段，试制出具有初步"学习"能力并能进行接近推理的"知识信息处理"的"个人顺序推理机"。1992 年 6 月初，在东京召开的第五代计算机国际会议上，展示了 FGCS 计划的最终成果——一个包含有 1000 个处理单元（PE）的并行推理机原型系统 PIM。第五代计算机研究虽然取得了一些成果，但普及应用仍很困难，因此从 1993 年到 1994 年又实施了两年的后续研发计划，试图将已经开发的并行推理软件技术推广普及到当时流行的计算机上，但最终未获成功。

通产省在最终的评估报告中自诩 FGCS 计划"原先计划的目标已实现"，并说大部分海外研究者都评价为"极好或卓越"。尽管这项计划在技术上取得了部分突破，但最终没能攻克关键性的技术难题。FGCS 计划的目标是研制出拥有 1000 个处理器并能进行人机对话的计算机，但最终展示的原型机虽然在硬件配置上与最初目标基本吻合，但远远未能实现用自然语言进行人机对话、程序自动生成等关键目标。更重要的是，与 FGCS 计划当初的市场设想完全相反，20 世纪 90 年代世界计算机应用的主流方式是个人电脑和小型工作站通过通信网络相连接的分布式网络，统治了计算领域几十年的大型机时代已经宣告结束。尽管从纯技术的角度来看，第五代计算机在某些领域确实取得了远远领先于欧美企业的技术突破，但由于它的功能与设计已经与市场主流应用背道而驰，使得第五代计算机基本丧失了商业价值，产业化更是无从谈起。从这个意义上来看，FGCS 计划彻底失败了。由于通产省的技术预测失误，通产省和日本 IT 企业穷十年之功的研究成果不仅没有产生直接的商业价值，而且由于研发方向的偏差，使一度缩小的日美 IT 企业之间的技术差距继续扩大，阻碍了日本计算机产业的发展，在 90 年代末席卷全球的知识经济浪潮中，日本 IT 企业在商业和技术上均没有太大的作为。对于第五代计算机项目的研发，原 ICOT 研究所所长内田俊一伤感地总结到，"这是日本领导的世界计算机研究的第一个也是最后一个项目"，它是政府主导下的官民合作开发体制的"最后一个太阳旗项目"。

（二）日本扶持第五代计算机等尖端技术研发的产业政策

1. 政府预测关键技术，制定和实施大型科技计划

自 20 世纪 70 年代以来，为了提升本国产业部门的国际竞争力，日本的一个重要政策措施是，由政府及其下属咨询机构对未来科学技术发展的趋势开展研究和预测，通过制定国家中长期科技发展目标和任务，选择有利于提高本国科技水平和企业技术能力的关键技术，并对其研发给予优先支持。日本政府不断出台科技发展规划和产业技术政策，引导和推动高技术产业的发展。1981 年设立了"下一代产业基础技术研究开发制度"，1984 年提出"科技基本政策"（10 年规划），1986 年公布"人类新领域研究计划"，1988 年提出高温超导的跨学科研究计划。为了实现这些目标，日本政府又相继制定了几十个大型科研计划，如"开发软件生产技术计划""超大规模集成电路计划""第五代计算机发展计划""新一代智能机器人计划"等。在日

本的技术赶超时期，政府通过制定符合本国经济发展水平和企业技术能力的产业技术政策，来规划和引导相关产业的技术发展方向，并通过对新技术的研发给予财政支持等方式优先配置稀缺资源，从而促进了企业的技术创新和技术进步。

2. 不断完善研究开发补助金制度，为技术研发提供资金支持

从20世纪70年代开始，日本不断加大对包括计算机在内的高科技产品研发的资金支持，目前日本研发经费总额占国内生产总值的比例在西方发达国家中是最高的。日本对计算机产业的扶持很大程度上是通过提供开发补助金的方式实现的。60年代末，根据电子工业审议会提出的《加强电子计算机工业国际竞争力的措施》的答询报告，通产省开始设立大型项目资助制度。70年代初，为了推动日本信息产业的发展，日本先后制定了《关于信息处理振兴事业协会的法律》和《特定电子工业及特定机械工业振兴临时措施法》，在这些法律的框架之下，日本政府于1972年开始实行"促进电子计算机开发补助金制度"，以促进能与IBM 370系列抗衡的新机种的开发。此后，政府相继为超大规模集成电路、光学计量控制系统、科技用高速计算机系统等项目分别提供了数百亿日元的开发促进费用补助金。为了扶植第五代电子计算机关键技术的开发，通产省在十余年时间里累计投入约568亿日元的巨额研发费用，为第五代计算机技术的研制提供了充足的资金支持（参见表2-1）。

表2-1 通产省在FGCS计划不同阶段的资金投入

（单位：千日元）

研发阶段	财政年度	阶段目标	年度财政预算	阶段财政预算总计
初始阶段	1982	开发基础的技术和工具	426 000	8 272 356
	1983		2 722 702	
	1984		5 123 654	
中间阶段	1985	开发实验性的中等规模子系统	4 779 480	21 630 636
	1986		5 491 071	
	1987		5 631 129	
	1988		5 728 956	

续表

研发阶段	财政年度	阶段目标	年度财政预算	阶段财政预算总计
最后阶段	1989	开发实验性的原型机系统	6 482 971	24 181 826
	1990		6 942 997	
	1991		7 163 832	
	1992		3 592 026	
后续阶段	1993	推广普及已开发的并行推理软件	1 388 072	2 796 144
	1994		1 408 072	
总计			56 880 962	56 880 962

资料来源：根据中村吉明・渋谷稔：《日本の技術政策 －第五世代コンピュータの研究開発を通じて－》整理，通産研究レビュー第5号，1995年5月。

3. 建立官民合作开发体制，共同分担研发风险

与钢铁工业等传统产业部门不同，计算机等高技术产业的研究与开发不仅投资巨大，而且技术的不确定性很强。在日本计算机产业尚未取得竞争优势的时候，单个企业既没有足够的财力、也没有足够的人力来独立承担高强度、大规模的技术研发。为了推动计算机产业的迅速成长，分担企业的技术开发风险，日本政府对产业政策的实施方式进行了创新，逐步建立并完善了日本政府与企业联合研究开发的官民合作开发体制。在每一个技术攻关计划中，政府都要邀请若干大企业参与，政府不仅通过提供补助金等方式提供研发经费，还参与研发活动的组织和协调。官民合作体制能够集中政府和企业的研究力量，共同开展重大项目的技术攻关，从而将国内相对分散的研发力量整合起来，避免重复研究，分散了风险和成本，促进了企业的技术交流和技术体系升级。

为了推动第五代计算机技术的开发，通产省于1982年专门成立了"新一代电子计算机技术开发研究所"（简称ICOT）。ICOT集中了来自通产省电子技术综合研究所和参加过"超级计算机计划"的日本六大计算机企业（富士通、日立、NEC、三菱、东芝和冲电气）以及松下、夏普、NTT等国内著名电子公司和研究机构的100名一流技术专家。ICOT设有7个研究室，分别负责硬件、基础软件和应用软件的开发研究。此外，研究计划中的若干部件分别由六大计算机企

业和东京大学配合 ICOT 共同开发。这种由政府统一制定技术研发目标，并将政府研究机构、企业研发部门、大专院校相关研究力量及科研经费集中使用的官民合作开发体制，在推动日本计算机产业的技术自立和技术进步方面曾经发挥过积极的作用。但这种官民合作开发体制有效运行的前提是，政府预测的技术发展方向不能有大的失误，否则这种举全国之力的技术开发模式可能会导致劳民伤财的后果。

4. 采取税收优惠、低息贷款等经济政策鼓励高科技发展

日本政府对电子、软件、新材料、生物工程等高技术产业实行税收优惠和特别折旧制度，并给予政府补贴。1985 年日本政府制定了《促进基础技术开发税制》，规定对于购置用于新材料、尖端电子技术、电气通信技术、宇宙开发技术等基础技术开发的资产，免征 7%的税金。地方政府在征收地方税的时候，对上述领域的技术研发企业也采取同样的税收优惠措施。日本对于企业的研发活动还给予了优惠的金融支持，高新技术企业可以获得低息贷款，研发成功的企业需要按优惠条件还本付息；如果研发失败，则只需归还本金，免付利息。按照这些政策，参与研发第五代计算机的企业可以直接从中受益。

（三）第五代计算机研发计划失败的教训

在战后几十年的经济赶超中，日本形成了一套比较完善的扶持后进产业发展的产业政策，并且能够根据产业发展阶段的不同和国内外经济环境的变化及时进行调整。20 世纪 80 年代初，日本经济的赶超时期基本结束，开始进入国际技术前沿的探索时期。尽管日本政府运用产业政策的经验更加丰富，政府财力更加雄厚，但产业政策对高科技产业的扶持效果却大不如前，在实现技术跨越方面屡屡无功而返。例如，模拟高清晰度电视的研发、软件工业推广和维护援助计划（SIGMA）等项目，第五代计算机开发计划的失败就是其中一个比较典型例子。它给我们提供了以下教训：

第一，由于高科技研发的不确定性，由政府主导产业技术发展方向的做法并不可取。在战后很长一段时期里，日本政府通过选择主导

产业并加以大力扶持，以促进这些产业迅速成长，继而推动产业结构升级。这种政府主导的发展战略以及为实现战略而推行的产业政策在经济赶超阶段可能会比较奏效，因为有发达国家的产业发展经验可资借鉴。但随着国内产业结构的高科技化和经济结构的日趋复杂，政府认知能力的局限性蕴含着预测失误的可能。如果政府对下一个阶段战略性产业和关键技术的判断出现较大的失误，挑选并扶持主导产业的政策不仅可能导致大量资源的浪费，还有可能延缓相关产业的发展。在第五代计算机项目中，日本政府过高估计了新的人工智能技术取代现有大型计算机技术的可能性，从而导致了研发计划在商业上的失败。

第二，政府推动的产品开发项目或者科技攻关计划不仅要关注新技术的突破，更应该考虑新技术的市场需求。第五代计算机计划把重点放在少数技术前沿的突破上，而不是致力于推动现实应用。在第五代计算机计划的制定者看来，第五代计算机使用的人工智能技术是对当时的大型计算机技术的一场革命，一定会受到使用者的欢迎，因此在整个研发过程中几乎没有考虑到新旧技术的兼容性、消费者的习惯和费用等问题，完全按照研发者自己的思路去开发独特的软硬件。但研发者没有预料到，个人电脑和计算机工作站的迅速普及以及互联网的爆炸式扩张，这些意料之外的技术发展，使日本自行开发的第五代大型计算机系统游离于市场主流之外，甚至完全丧失市场价值。

第三，对于赶超型国家来说，追求现行技术的完善比追求全新技术的突破更为现实。后发国家技术追赶的过程通常是通过引进－消化－吸收－再创新的路径实现的，因此这些国家通常掌握了集成创新和消化吸收再创新的能力，能够沿着主流的技术路线不断改良现有的主导技术。赶超型经济模式的特点决定了这些国家极少从事原始创新，这意味着在基础研究方面比较薄弱。因此，赶超型国家在实现技术创新的过程中，比较务实的研发路径可能是，运用积累的工程技术能力不断完善现有的主导技术，并实现改良技术的产业化，同时逐步加大对基础研究的投入，在条件成熟的时候再寻求在某些技术领域的原始创新。在 80 年代日本开展的尖端技术研发计划中，试图实现全新技术突破的第五代计算机计划失败了，但致力于改善并行处理、高速逻辑和存储芯片等生产领域已有技术的超级计算机项目却取得了技术和商业上的成功。

主要参考文献

1. 上岡一史．戦後日本鉄鋼業発展のダイナミズム．日本経済評論社，2005．
2. 早稲田大学商学部編，経済広報センター編．業のグローバル戦略 ダイナミック経営をめざす．中央経済社，1994．
3. 小野五郎．現代日本の産業政策―段階別政策決定のメカニズム．日本経済新聞社，2005．
4. 電子計算機基礎技術開発推進委員会．第五世代コンピュータプロジェクトの評価及び今後の課題と展開のあり方中間報告，1992．
5. 電子計算機基礎技術開発推進委員会．学術的・技術的評価ワーキング・グループ．第五世代コンピュータプロジェクト最終評価報告書，1993．
6. 財団法人新世代コンピュータ技術開発機構(ICOT)．ICOTジャーナル，No.34，1993．
7. ICOT．第五世代コンピュータ国際会議基調論文，1984, 1988, 1992．
8. ICOT．第五世代コンピュータ国際会議会議録，1984, 1988, 1992．
9. 中村吉明・渋谷稔．日本の技術政策 －第五世代コンピュータの研究開発を通じて－．通産研究レビュー第5号，1995（5）．
10. 陈淮．日本产业政策研究．中国人民大学出版社，1991．
11. 大野健一，樱井宏二郎．东亚发展经济学．民族出版社，1999．
12. 大野健一．从江户到平成．中信出版社，2006．

13. 江小涓. 经济转轨时期的产业政策. 上海三联书店, 1996.

14. 马丁·弗朗斯曼. 赢在创新：日本计算机与通信业成长之路. 知识产权出版社, 2006.

15. 桥本寿郎, 长谷川信, 宫岛英昭. 现代日本经济. 上海财经大学出版社, 2001.

16. 青木昌彦, 等. 政府在经济发展中的作用. 中国经济出版社, 1998.

17. 日本垄断分析研究会. 战后日本钢铁工业. 天津人民出版社, 1979.

18. 小宫隆太郎, 奥野正宽, 铃村幸太郎. 日本的产业政策. 国际文化出版公司, 1988.

第三章 全球视野下的新兴产业发展模式探讨①

全球金融危机推动了国际产业格局的调整变化，世界主要经济体正在把争夺科技制高点作为国家战略重点，大力发展新兴产业。发达经济体更加注重根据新兴产业的发展规律，合理选择产业发展的关键环节和领域进行政策支持，并不断改革制约新兴产业发展的制度安排。俄罗斯、巴西、印度和南非等新兴经济体，都从各自的产业和技术优势以及未来的市场需求出发，加快在新技术开发和新兴产业发展中的布局，积极推动本国新兴产业的成长。新兴产业正在成为引导未来经济社会发展的重要力量之一。研究借鉴世界主要经济体在新兴产业发展方面的经验，对于中国新兴产业的发展不无裨益。

一、发达经济体新兴产业的发展态势

（一）美国通过发展新兴产业，确保科技优势和产业领先地位

1. 将推动技术创新和新兴产业发展上升为国家战略

美国政府历来重视科技创新，奥巴马政府更是将创新视作调整美国经济结构、重新恢复美国经济活力的关键。美国于 2009 年 9 月推出了《国家创新战略：推动实现可持续增长和高质量就业》，2011 年 2

---

① 本章部分内容曾发表于《江西社会科学》2012 年第 5 期,《中国市场》2012 年第 8 期,《世界经济调研》2012 年第 29 期,《经济要参》2013 年第 33 期等。

月又推出新版本的《国家创新战略：确保经济繁荣和增长》，认为美国未来的经济增长和国际竞争力取决于创新能力，只有大力发展新技术和新产业，才能实现美国经济快速和可持续的增长，才能提供更多的高收入工作岗位。而要实现这一目标，美国公共部门和私人部门就必须携起手来，大力发展教育，加强基础研究，发展信息技术，改善基础设施，形成良好的促进技术开发和产业创新的生态环境。新版本的《国家创新战略》将清洁能源、生物技术、纳米技术、先进制造业、空间技术、健康护理技术和教育技术作为美国推动技术创新和新兴产业发展的优先方向。此后美国政府又相继出台了《纳米技术发展战略》《国家先进制造战略计划》《国家生物经济蓝图》等，对相关领域的发展战略和政策进行具体部署。

2. 全社会研发投入不断增加

尽管金融危机重创了美国经济，但对美国研发投入的总体水平没有产生太大的影响。美国的研发投入主要来自联邦政府、企业、高等院校和其他非营利机构，企业是研发经费的主要提供者和研发活动的主要承担者。联邦政府提供的研发投入主要用于基础研究、共性技术研发以及研发设施和设备，尽管它在全社会研发投入中所占比重并不太大，但对于研发的导向作用非常明显。奥巴马就职伊始就提出要把全社会研发投入占 GDP 的比重提升到 3%，以进一步推动美国的技术创新和新兴产业发展。从 2009 年到 2012 年，美国的研发投入占 GDP 的比重一直稳定在 2.8%左右，占全球研发投入的比重也一直保持在 32%左右。[1] 从美国联邦政府 2013 财年的财政预算来看，即便在政府不得不大幅削减财政赤字、财政支出非常紧张的情况下，用于研发的预算总额仍高达 1422 亿美元，按照名义价格计算，仍比上年增加了 1.2%。[2] 美国以其良好的研发环境、雄厚的人力资源还吸引了大量的外国公司在美国设立研发机构，这对美国的新技术研发也起到了积极的推动作用。

---

[1] Battelle：2012 Global R&D Funding Forecast.
[2] Matt Hourihan. Federal R&D in the FY 2013 Budget an Introduction.
http://www.aaas.org/spp/ rd/ rdreport2013/13pch01.pdf.

3. 清洁能源成为新兴产业发展的优先方向

美国将新能源产业的技术突破和产业发展放到了非常突出的位置，希望通过大力发展尖端的清洁能源技术，引领新的清洁能源产业革命。这样不仅能够继续保持美国在技术前沿的领先地位，实现产业发展和就业增加，而且可以减少对海外能源的依赖，从而确保美国的能源安全，更可以实现减少温室气体排放的节能减排目标。奥巴马在《国家安全战略》中明确指出，"能够带领世界建设清洁能源经济的国家将拥有巨大的经济和安全优势"，"美国在引领清洁能源技术的发展方面正面临新的机遇，一旦成功，美国将执清洁能源领域新产业革命之牛耳，这会成为美国经济繁荣的主要推动力量"。[①] 美国议会也制定并颁布了《美国可再生能源法》等相关法案。美国在《2009年美国复苏与再投资法案》中，将高达900亿美元的资金投向清洁高效能源的开发与利用，其主要投资方向包括：提高能源效率、风能和太阳能等可再生能源的推广，交通和高速铁路、智能电网技术的开发和建设，先进电池及电动汽车等的国内生产，绿色创新和就业培训，碳捕获和封存技术的开发和推广，清洁能源设备生产税收抵扣。近年来，奥巴马政府与国会之间就政府债务问题进行着持续的博弈，这使得联邦财政状况经常处于捉襟见肘的状态。即便在财政比较困难的情况下，奥巴马政府也一直在为新能源提供力所能及的资金支持。在2013财年的联邦政府预算草案中，用于新能源的研发、示范和推广的资金为67亿美元；在2014财年的联邦预算中，预算资金比上年又增加了大约30%，以继续支持包括先进的生物能源、新兴核能技术等在内的新能源技术研发。为了更好地推动美国在清洁能源应用和提高能效方面的突破性的技术开发，美国还设立了能源高级研究项目办公室（ARPA-E），专门向能够创造与清洁能源相关的就业岗位、具有商业机会和新产业发展潜力的项目提供资助。迄今为止ARPA-E已经资助了180个项目。在这些政策和法律的推动下，美国围绕着新能源的技术开发及商业化应用开展了大量的投资，并取得了明显的效果。

---

① The White House. National Security Strategy, May 2010, p.30.

美国对新能源发展的扶持已经开始取得明显的效果，新能源领域吸引了大量的投资。安永会计师事务所 2013 年公布的《可再生能源国家吸引力指数（RECAI）》，将美国列为全球最佳可再生能源投资国之首。在奥巴马的第一个任期内，美国风能和太阳能的发电量已经翻了一番。在新能源领域中，风能发展的速度最为迅猛。美国风电协会 2013 年初发布的一份报告显示，2012 年美国风电新增装机容量为 13124 兆瓦，较上年增长 28%，创历史新高。美国风电累计装机容量从 2001 年的 4141 兆瓦增加到 2012 年的 60007 兆瓦，提高了约 14 倍，如图 3-1 所示。据美国能源信息署（EIA）提供的数据，2012 年美国的风力发电约占全国总发电量的 3.4%。国际风能协会在 2013 年初发布的《全球风电统计 2012》表明，2012 年美国累计风力装机容量已占全球总量的 21.2%，是仅次于中国的世界第二风力发电大国。美国的太阳能发电发展也很迅速，2009 年以来，美国已经在公共土地上设立了 25 个大规模的太阳能发电项目，能够为 440 万户家庭提供电力，同时还提供了大约 17000 个工作岗位。① 美国还在智能电网等能源基础设施建设方面取得了一系列进展。能源部资助 2 亿美元由佛罗里达电力照明公司负责实施的美国第一个大规模智能电网已于 2013 年在佛罗里达州投入运行。

近年来，清洁能源提供的电力在美国电源结构中所占份额不断上升，2008 年仅为 2.8%，2012 年上升到 5.6%。按照奥巴马政府的设想，在 2035 年的美国电力供给结构中，清洁能源发电的比例将达到 80%。美国正在推动一场以新能源为主导的新兴产业革命，为持续的经济增长和繁荣打下坚实的基础。

---

① President Obama's Plan to Fight Climate Chang.
　Http://www.whitehouse.gov/share/climate-action-plan.

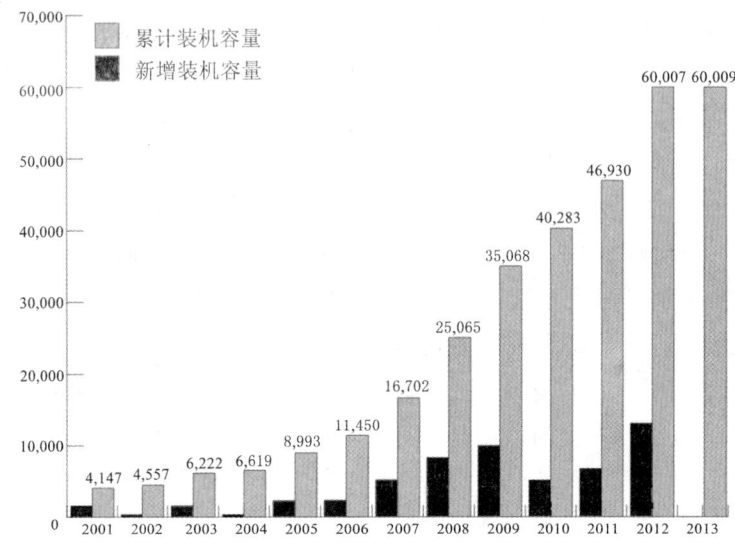

图 3-1　2009～2012 年美国风电装机容量变化情况　（单位：兆瓦）

资料来源：美国风电协会（AWEA）： U.S. Wind Industry First Quarter 2013 Market Report Executive Summary。

（二）欧盟以低碳经济理念推动新兴产业发展

1."创新"和"绿色"将成为未来 10 年欧盟发展战略的重点

为了更好地推动欧洲经济从危机中复苏，并在未来的全球竞争中继续占据有利位置，欧盟委员会于 2010 年出台了《欧洲 2020 战略》，对未来 10 年欧洲经济的发展目标和战略重点进行了规划。欧盟将"创新"和"绿色"置于显要位置，希望通过技术创新和产业创新，建立起基于绿色低碳经济的整体竞争力，进而重塑欧盟的经济活力，拉动就业增长。欧盟各国纷纷将推动创新、发展新兴产业作为重塑竞争优势的主要方式。英国政府在《打造英国的未来：新产业，新就业》报告中，提出了英国未来应当重点发展低碳产业、生命科学及制药业、数字产业、先进制造产业等新兴产业。为了落实这个战略，2011 年英国实施了"技术与创新中心计划"，截至目前，已经先后成立了制造业技术与创新中心、海上可再生能源技术与创新中心、再生医学技术创新中心、卫星应用技术与创新中心以及数字经济技术与创新中心等5个创新中心，为英国在相关领域的产品和服务商业化开发提供了重要支撑。德国政府通过了《德国2020高技术战略》，确定了气候与能源、保健与营养、交通、安全和通信5个需要重点发展的领域，并提出了一系列推进高科技发展的政策措施。

2. 以发展低碳经济为核心，开展科技研发和产业投资

发展低碳经济、推动环境保护、实现节能减排历来是欧洲各国关注的目标。《欧洲2020战略》将实现绿色能效和可持续增长等低碳经济发展理念列为该战略的核心目标之一。欧盟确定了2020年要实现的三个20%目标，即：二氧化碳排放减少20%，可再生能源占能源的份额提高20%，能源效率提高20%。为了实现这些目标，欧盟委员会发布了《低碳技术发展与投资路线图》，准备在2010年到2020年间总投资约530亿欧元，在风能、太阳能、可持续生物能源、碳捕捉运输与储存、智能电网和可持续核裂变能等领域实施六大"欧洲产业行动"。与这一战略重点相配合，2011年欧洲投资银行在应对全球气候变化、降低温室气体排放领域投资了180亿欧元，占全年总投资额的30%。欧洲各国在确定本国未来需要重点发展的关键技术和新兴产业时，也大都将与低碳经济相关的技术研发和产业发展置于重要位置，并在研发上进行大量投入，使相关新兴产业的发展进入快车道。以环保产业为例，根据德国环境部2012年初发布的《德国环保产业报告》，环保产业的迅速发展，不仅使德国的节能减排成绩斐然，2010年的大气污染排放较1990年下降56.4%，这个新兴产业也成为年产值760亿欧元的支柱产业。

随着欧盟国家能源结构的调整，欧洲的新能源研发和应用有了很大的发展。根据欧洲风能协会提供的数据，2011年欧盟新增可再生能源发电装机容量为32043兆瓦，比上年增加37.7%，可再生能源占当年全部新增发电能力的71.3%。近年来欧洲风力发电一直在持续增长，年度新增风电装机容量从1995年的814兆瓦增加到2011年的9616兆瓦，平均年增长率为15.6%。目前欧盟风力发电的总装机容量已达

到93957兆瓦，发电量可满足欧盟电力总消费的6.3%。在欧洲国家的引领下，全球的光伏太阳能应用呈现爆炸式的增长，总装机容量从2000年的1400兆瓦猛增到2012年的102156兆瓦，增长了73倍。从2012年的数据来看，欧洲的光伏市场份额占全球市场的70%。在推动新能源的多样化方面，欧洲也取得了长足的进步。2012年6月，欧盟统计署发表的欧盟及27个成员国可再生能源发展统计报告表明，近年来包括水电、风能、太阳能和生物质能在内的可再生能源应用发展很快，2010年在欧盟能源消费结构的比重已达到12.4%，如果这个趋势持续下去，2020年可再生能源将在能源结构中占比达到20%的目标有望实现。

德国是全球可再生能源发展最成功的国家，它是欧洲风电装机的第一大国，国际风能协会提供的数据表明，2012年德国新增风电装机容量为2439兆瓦，累计装机容量达31332兆瓦，均名列欧洲第一、全球第三。德国还是全球最大的光伏太阳能市场，2012年光伏新装机容量为7604兆瓦，总装机容量达24800兆瓦，均比位居其后的意大利高出近一倍。①

3. 政府和企业的研发支出稳中有升

全球金融危机和欧洲主权债务危机使欧洲经济近年来一直欲振乏力。尽管《欧盟2020战略》要求各国加大研发强度，使欧盟各国研发费用占GDP的比重提高到3%。但在目前的经济形势下，这一目标实现起来并不容易。尽管如此，各国政府为了实现通过创新提升本国企业国际竞争力的目标，即便在财政状况非常紧张的情况下，一般也会保证政府在科技研发方面的预算不被削减。2011年11月底，英国财政大臣在《秋季预算声明》中表示，将追加2亿英镑的科学资本经费，用于智能电网和低碳汽车示范项目、下一代超级计算机研发等优先发展的技术领域及科研基础设施建设。德国联邦教研部2012年的财政预算达129亿欧元，同比增长11%。

不仅政府的研发支出基本保持稳定，欧盟的企业研发投入也较以

---

① EPIA：Globe Market Outlook for Photovoltaics，2013-2017.

前有所增加。即便在欧债危机的冲击下，根据欧盟委员会发布的《欧盟 2012 年度企业研发投资记分牌》，欧盟企业仍计划在 2012~2014 年期间将研发投入增加 4%。在研发投入最多的前 1000 家欧盟企业排行榜中，上榜企业最多的国家依次是德国、法国和英国，其研发投入占欧盟的比重分别是 34.1%、18%和 15.8%。这表明，欧洲创新活动比较活跃的地区仍然主要聚集在经济发展状况相对较好，科技研发基础雄厚的德、法、英等国。从行业来看，制药和生物技术、技术硬件与设备、软件和计算机服务、休闲品以及健康设备和服务分列研发强度最大的行业前 5 名。尽管 2011 年清洁能源没有进入全球研发投入最多的前 15 名行业，但清洁能源领域的研发投入较上年增加了 22.5%，保持了连续 3 年的快速增长。2011 年全球有 7 家以清洁能源为主业的企业进入全球研发投入规模的前 1500 强，其中 6 家为欧洲企业。这 7 家企业包括了 3 家风能企业和 4 家光伏太阳能企业，它们在清洁能源方面的研发投入总计 7.841 亿欧元。这表明，欧盟的创新要素正在向医药、信息技术、健康服务、清洁能源等新兴产业领域集聚。

（三）日本在新兴产业的发展中寻求经济增长新动力

1. 重点扶持具有技术优势和市场潜力的环境与能源等新兴产业

二战后日本的经济发展史，就是一部挑选相对于本国而言的新兴产业并将其培育为主导产业的历史。日本曾经创造了经济赶超的奇迹，但 20 世纪 90 年代以来陷入了"失落的二十年"。为了重振本国经济，日本近年来不断提出新产业发展战略，经济产业省在 2004 年和 2005 年制定了《新产业创造战略》和《新产业创造战略 2005》，提出将燃料电池、机器人、信息家电、影音文化服务、健康福利、环境能源和商务支持这七大产业作为未来的主导产业加以扶持，试图创造出引领世界的新兴产业群。经过长期的研讨，日本内阁于 2010 年 6 月通过了《新增长战略》最终决议，提出了"绿色创新"环境与能源强国战略、"生命创新"健康强国战略、科技与 IT 导向国家战略等七大战略领域，希望通过相关产业的发展来带动国内需求的增加，从而在未来 10 年内实现日本的经济复兴。日本经济产业省随即发表《产业结构远景》报告，提出了要对基础设施行业、环保和新能源产业、文化产业、医疗护理健康产业以及包括机器人、航空航天技术等在内的尖端产业等五大新兴产业进行重点扶持。

2. 进一步加大研发强度，确保优势产业的领先地位

日本是发达经济体中研发投入最多、研发强度最大的国家之一，近年来全社会研发投入占 GDP 的比重始终在 3%以上。日本政府对科技研发一直进行不遗余力的支持，2011 年和 2012 年的政府科技预算总额分别为 36484 亿日元和 36695 亿日元，占 GDP 的比重均为 0.75%。自 2001 年以来，在日本政府的科技预算中，主要用于研发投入的科学技术振兴费总体上在持续增加。尽管受金融危机的影响，2010 年科学技术振兴费一度出现下降，但 2011 年和 2012 年科学技术振兴费均比上年度有所增加，其中 2012 年达到 13590 亿日元，同比增长 1.8%。在日本内阁提出《新增长战略》后，日本综合科学技术会议很快制定了第 4 期《科学技术基本计划》框架，提出要继续提高日本的研发强度，政府每年的科技投入应当占到 GDP 的 1%，每年的政府科技预算应当增加到 5 万亿日元左右。如图 3-2 所示

日本企业也将技术研发视为提高产业竞争力的利器，持续进行大强度的研发投资。《日刊工业新闻》多年来一直进行企业研发投入调查，2012 年的调查结果显示，日本主要企业的研发投入已持续 3 年增长，2012 年较上年增长 4.2%。汽车和医药行业是研发投入增幅最大的行业，环境、能源企业的研发投入也有了显著增长，还在技术领域取得了一些重大突破。日本在太阳能薄膜电池技术领域始终保持着世界领先的技术优势，2013 年日本成为世界上首个掌握海底可燃冰采掘技术的国家。在推动技术进步的同时，日本更加注重将技术优势转化为产业竞争优势。在新能源汽车领域里，日本不仅取得了一系列重要的技术进步，而且实现了混合动力汽车的规模化生产和销售，进一步巩固了日本新能源汽车的全球领先地位。

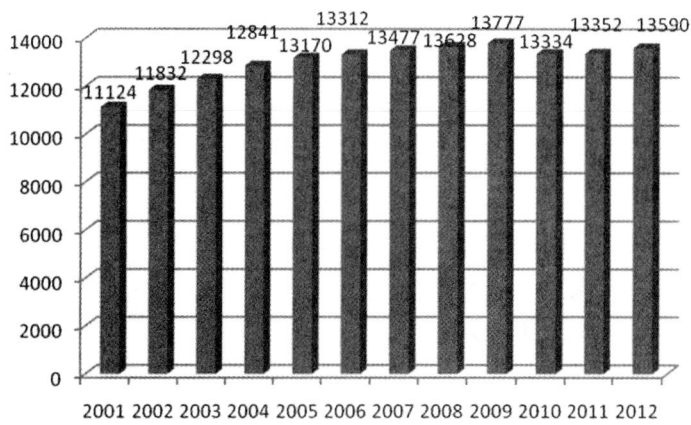

图 3-2　2001~2012 年日本科技预算中科学技术振兴费的变化　（单位：亿日元）

资料来源：内阁府政策統括官，平成 24 年度科学技術関係予算案 の概要について。

二、金砖国家新兴产业的发展态势[①]

（一）俄罗斯新兴产业发展态势[②]

1. 颁布《创新发展战略》

俄罗斯拥有丰富的自然资源和雄厚的科研实力，但其经济结构不够合理，经济增长过于依赖能源产业。全球金融危机导致的石油价格暴跌，给俄罗斯经济造成了严重的冲击，也使俄罗斯深刻地认识到，应当尽快实现由能源依赖型经济向创新驱动型经济的转型。因此，俄罗斯近年来加快了发展新兴产业的步伐。

2010 年俄罗斯政府起草了《2020 年创新发展战略》并上网征求意见，经多次修改，2011 年 12 月俄罗斯正式批准了新版本的《2020

[①] 如无特别标明，本章所引用的"金砖国家"资料与数据均来自中国科技部网站"国内外科技动态"相关文章。

[②] 本章的俄罗斯部分与刘秀莲合作完成。

年创新发展战略》(Инновационная Россия-2020),对 2020 年前俄罗斯创新的目标、重点方向和国家政策做了较为明确的规划。这份文件指出,实施创新发展战略的目标是使俄罗斯经济成为创新型经济,并以此为突破口,尽快实现向创新型的经济现代化迈进。文件还设定了国家创新型经济增长战略的预期目标,一些具体指标较先前的版本有所上调。这些指标主要包括:(1)市场目标:到 2020 年,包括核能、航空技术、航天技术、特种船只建造等 5~7 个产业部门在世界高科技产品和服务市场所占的份额不低于 5%~10%。(2)研发投入目标:到 2020 年,国内研究与开发支出占 GDP 的比重应该达到 3%(较早版本为 2.4%,2009 年实际比重为 1.24%),其中,国家财政拨款不低于 45%,政府支出占国内生产总值的 1.3%(较早版本为 1.1%),私人部门的研发投入占国内研发总支出的一半以上。(3)产业与出口目标:从事技术创新的企业所占的比重达到 40%~50%;俄罗斯在全球高科技出口中所占比重从 0.3%提高到 2%;在 GDP 构成中,创新产业的总增加值从 12.7%提高到 17%~18%。(4)教育目标:2009 年在世界前 200 所大学中没有一所俄罗斯高校,到 2020 年至少有 5 所俄罗斯大学进入世界大学前 200 名。(5)专利目标:10 年后俄罗斯公民和俄罗斯公司每年在欧盟、美国和日本专利局注册的专利数量应为 2500~3000 个(2008 年为 63 个)。[①]

2. 确定关键技术和重点产业

2011 年 7 月 7 日,梅德韦杰夫签署总统令,确定了俄罗斯科技优先发展的 8 大领域以及 27 项关键技术。这 8 大领域包括:安全与反恐;纳米技术;信息与通讯;生命科学;未来尖端武器、军事和特种技术装备;自然资源合理利用;交通与航天系统;能效、节能、核技术。俄罗斯对这些重点领域的发展战略均进行了具体的规划,并实施了配套的扶持政策。俄罗斯对纳米技术非常重视,2007 年,俄罗斯设立了 2008 年至 2011 年俄联邦纳米工业基础设施国家专项计划。该计划成果斐然,政府共投入 50 亿卢布(约合 1.7 亿美元)对研发单位提

---

① Инновационная Россия — 2020. 参见俄罗斯报摘网站 2011 年 9 月 1 日.

供设备采购专款支持,初步建立起国家纳米技术网络体系。俄罗斯正在制定到 2020 年纳米工业发展构想,其重点是实现纳米技术产品的商业化和产业化,让科研成果走出实验室,使纳米技术产品的产值在 2015 年达到 9000 亿卢布(约合 300 亿美元)。在生命科学领域,俄罗斯制定了《2020 年前俄罗斯联邦制药和医学工业发展联邦计划》,加大了对医药产业的政府支持力度,2011~2015 年的首期财政投资将达到 61.5 亿卢布(约 2 亿美元)。俄罗斯在 2015 年前将重点推动医药产品创新开发中心的建立和人才培养,2015 年到 2020 年将重点开展新药品和医疗产品的研发,最终在国际医药市场上赢得一席之地。

3. 增加研究与开发投入

为了推动技术创新和新兴产业的发展,俄罗斯政府加大了研发投入的力度。2011 年俄罗斯对民用科学拨款约为 2278 亿卢布(约合 103 亿美元),较上年增长 32%,其中用于基础研究的预算增长了 9%,对应用研究的预算增加了 50%。但从俄罗斯财政部网站公布的 2012~2014 年联邦政府预算政策来看,未来 3 年联邦政府对民用科学研发的预算将会逐年下降,从 2012 年的 2547 亿卢布(约合 90.9 亿美元)下降到 2014 年的 1990 亿卢布(约合 71 亿美元)。但与此同时,联邦财政预算中支持应用研发的部分将有所增加,并主要向超级计算机与网格技术、航天与远程通信、核技术、医学与制药、节能等 5 大领域重点倾斜。

4. 建立高新技术园区

为了加速科技成果从实验室到产品的转化,推进产学研的结合,俄罗斯还设立了一批高新技术园区。2010 年 3 月,俄罗斯在莫斯科郊外的斯科尔科沃建立了创新科研中心,重点支持通信技术、生物医药、空间技术、核能和能源节约这 5 个领域的企业发展。斯科尔科沃创新园区建园以来运作良好,被誉为俄罗斯的"硅谷"。普京总理在 2011 年 4 月发表的年度政府工作报告中指出,政府已经投入 600 亿卢布建设经济特区和高新技术园区,还将继续投入 170 亿卢布。已经建成 24 个经济特区和 12 个高新技术园区,已有 670 家从事生物医学和纳米技术等领域的企业入驻园区。普京要求,俄罗斯创新产品在总产量中的比例应当不断增加,10年以后要从目前的12%提高到25%至35%。

(二)印度新兴产业发展态势

1. 以创新战略引领产业成长和经济发展

20世纪90年代以来,印度信息、制药等新兴产业的异军突起,已经成为新兴经济体技术追赶过程中的标志性事件。印度充分利用自身独特的劳动力资源禀赋,抓住了经济全球化的有利契机,将丰富的科技人力资源优势转化为高科技产业的竞争优势,使本国的新兴产业获得了快速发展。印度将创新视为经济繁荣增长的引擎和21世纪国家竞争力的源泉。为了更好地推动本国的技术创新和新兴产业的发展,2010年印度总统宣布,将2010年至2020年确定为印度的创新10年。在印度总理的建议下,印度成立了国家创新委员会,为2010~2020创新战略设计发展蓝图,以促进产业创新、教育创新和社会创新,并推动创新成果实现商业化和规模化生产,从而建立起有印度特色的包容性发展的创新体制框架。①

2. 提升研发投入规模和研发强度

随着近年来印度经济的快速发展,印度在科技研发上的投入也在不断增加。1992年印度的科技研发总支出为451亿卢比,2000年增加到1440亿卢比,2008年更是上升到3778亿卢比,即使按2000年的不变价格计算,印度2008年的研发支出也比2000年提高了近1倍。印度的研发投入在全球研发投入中所占比重也从2002年的1.6%提高到2007年的2.2%。印度科技研发支出的增长与国民经济的增长大体同步,研发强度(研发投入占GDP的比重)从1992年的0.76%逐步上升到2008年的0.88%,但这一比例较之于发达国内明显偏低,也不及中国等其他新兴经济体。2003年印度政府曾经表示要在2007年之前将整个研发支出在GDP中比重从当时的0.8%增加到2%,这一目标显然没有实现。预计印度下一个五年计划将大幅增加科技预算,以更

---

① National Innovation Council. Report to the People. First Year. November, 2011.

好地支持以创新为导向的研发活动。①

在发达国家,国内研发投入的主体是企业,而印度研发投入的主体仍然是政府,政府支持的研发支出占到了国内研发总支出的 2/3。但随着企业实力不断增强,尤其是在政府鼓励新兴产业发展政策的引导下,越来越多的社会资金流向制药产业、信息产业等技术密集型的新兴产业,使得企业的研发投入迅速增加,在国内研发总支出中所占的比重从 1991 年 14%上升到了目前的 28%。高等院校和科研机构在国内研发总支出中的占比约为 5%。从产业部门来看,研发支出最大的产业依次是:制药、交通运输、电子设备、信息产业、化工、生物技术、机械设备等。其中制药业是研发投入增加最快的行业,2000 年以来研发支出的年均增长率高达 35%。正是得益于持续的大强度研发投入,印度已成长为世界制药业大国。印度制药业 2008 年销售额约为 190 亿美元,比 1980 年增加了 60 倍。如表 3-1 所示。

表 3-1　2000~2008 年印度研发支出的变化

单位:百万卢比

年份	总研发支出（当前价格）	研发支出名义年增长率（%）	总研发支出（按 2000 年不变价格）	研发支出实际增长率（%）	研发支出在 GDP 中的比重（%）
2000	143976	15	143976	11.14	0.81
2001	161988	3	156879	8.96	0.84
2002	170382	5	160219	2.13	0.81
2003	180002	6	163037	1.76	0.80
2004	197270	10	172756	5.96	0.78
2005	216396	10	179600	3.96	0.75
2006	287767	33	229538	27.80	0.88
2007	329416	14	548954	8.46	0.87
2008	377779	15	274128	10.11	0.88

资料来源:UNESCO Science Report 2010:The Current Status of Science Around the World.

---

① UNESCO Science Report 2010:The Current Status of Science Around the World.

3. 制定优惠政策以吸引社会资本投资

新能源是印度新兴产业发展的重点领域之一。印度经济的迅速发展使得经济增长与能源短缺之间的矛盾日益凸显，印度原油的进口依存度已经高达 75%，确保能源安全成为印度经济持续发展必须解决的一个重大问题。为了更好地保障本国的能源供应，同时在方兴未艾的全球新能源产业竞争中获得一席之地，印度政府近年来实施了一系列扶持政策，并取得了明显的效果。

为了更好地推动新能源产业的发展，印度调整了政府机构，将原非传统能源部更名为"新能源和可再生能源部"，负责印度新能源的发展战略规划、政策制定和执行。印度提出了明确的新能源发展目标，2012 年可再生能源发电在印度电力需求中的比重提升到 10%，在电力构成中的比重也要达到 4%～5%。为了实现这个目标，政府推出了一系列鼓励投资的优惠政策。例如为太阳能发电项目提供财政支持，为新的光伏发电及太阳热能项目提供 30%的资金支持以及 5%的低息贷款；通过国家清洁能源基金，建立绿色银行，向各类可再生能源项目提供资金支持等。这些财政金融政策吸引了大量的社会资金投向新能源产业。彭博新能源财经（BNEF）提供的数据显示，[①] 2011 年印度可再生能源产业吸引的投资达 103 亿美元，投资增幅比上年的 68 亿美元大幅增加了 52%。其中对太阳能项目的投资为 42 亿美元，与上年的 6 亿美元相比，增幅达 600%，太阳能发电装机容量由 2010 年的 18 兆瓦增加到 277 兆瓦，预计 2012 年还会增加 500～750 兆瓦；2011 年风电领域的投资更是高达 46 亿美元，新增装机容量 2827 兆瓦，预计 2012 年将进一步增加到 3200 兆瓦。印度一跃成为 2011 年全球清洁能源投资增长速度最快的国家。

4. 鼓励跨国公司设立研发基地

近年来印度经济的蓬勃发展，使很多跨国公司充分认识到印度高素质的科技人力资源在先进技术研发领域的巨大潜力。印度政府对跨

---

① Bloomberg New Energy Finance. India saw record $10.3bn clean energy investment in 2011. 2 February, 2012.

国公司从事研发活动持开放的态度,这鼓励了越来越多的跨国公司涌入印度。目前已有包括通用电气、Intel、微软、谷歌、摩托罗拉、IBM、现代、辉瑞制药、葛兰素史克等世界著名企业在内的200多家跨国公司在印度设立研发中心。这些跨国企业雇佣着数以千计的当地技术人员,在不少新兴技术的前沿领域开展研发并取得了一系列创新成果:AMD公司的印度研发中心承担了该公司所产芯片中近一半的研发工作,位于班加罗尔的韦尔奇中心已成为通用电气公司在美国之外规模最大的设计与开发机构。印度不仅在IT技术研发领域成就斐然,随着越来越多的跨国制药巨头纷至沓来,印度还逐渐成为全球新药临床实验中心。印度不再仅仅以成本低廉的软件开发中心而闻名,它在信息产业、生物制药等新兴产业的高端技术和产品方面的出色研发能力,正在吸引着更多的跨国公司前来设立研发基地,从而推动先进技术和新兴产业的迅速发展。

(三)巴西新兴产业发展态势

1. 制定科技发展战略

巴西是拉丁美洲经济发展最快、技术能力最强的国家。为了给巴西的经济增长奠定坚实的技术基础,巴西对本国的科技发展战略和国家创新体系进行了整体规划,并于2007年公布了《巴西科学、技术和创新发展行动计划(2007~2010年)》。这个计划的内容包括:扩大和加强全国科技创新体系,促进能源、生物、航天、国防、公共安全等战略领域的创新;推动企业科技创新;促进战略领域的研发和创新;完善社会发展的科技推广和创新。为了推动科技研发和技能培训,巴西政府加大了研发投入的力度。这个计划规定,到2010年在研发和培训方面的投资要达到410亿雷亚尔(合228亿美元),使研发支出占国内生产总值的比重从2007年1.07%提高到2010年的1.5%。[1]

---

[1] 巴西制定科技创新发展行动计划. 中国(巴西)投资开发贸易中心网站. http://cbitc.mofcom.gov.cn/aarticle/guonyw/200711/20071105240922.html.

2. 重点发展新能源产业

两次石油危机对巴西经济造成了很大的冲击，为了减少对海外能源的依赖，巴西充分利用自身的优势，大力发展以生物质能为重点的新能源产业。巴西拥有丰富的土地资源和适宜的气候，甘蔗和玉米的产量分列世界第一位和第三位，发展生物质能的条件极为优越。巴西政府不断加大生物质能技术研发的资金支持力度，仅在2008～2009年间，巴西科技部在生物柴油项目就投入了4000万雷亚尔。为了鼓励全社会对生物质能的开发和应用，巴西出台了一系列法律和公共政策。2005年颁布的第11097号法律规定，巴西燃料油中必须添加一定比例的生物柴油，该比例随着年限的变化而逐渐增加，从法律颁布3年后开始实行2%的过渡性添加比例，8年后添加比例应该达到5%。除了通过法律手段对生物质能的开发应用作出强制性规定以外，巴西还出台了一系列鼓励性的公共政策，以增加新能源对社会资本的吸引力。生产生物柴油的企业可以从巴西社会发展银行获得项目资金90%的融资，种植生物柴油原料的农户也可以获得融资贷款。[①] 在巴西政府的鼓励和引导下，巴西的生物质能产业发展非常迅速，2009年巴西的乙醇燃料和生物柴油的产量分别为260亿升和16亿升，生产规模仅次于美国，[②] 乙醇燃料的出口居世界第一。

3. 民用航空工业已形成全球竞争优势

大型客机是现代制造业中产品附加值最高的高端产品之一，它融合现代高新技术于一体，不仅具有技术密集和资金密集的特点，而且具有很长的产业链，对上下游产业的拉动效应极为显著。大型客机产业的发展，对一个国家的经济增长和国家安全都会产生重大影响。美国、欧盟等发达经济体历来将大型客机产业作为重要的战略性产业加以扶持。在很长一段时间里，由于资金和技术的制约，发展中国家一直没有能力涉足民用航空工业。

巴西民用航空工业的崛起在近年来全球航空工业发展中占有重

---

① 赵刚等. 巴西大力发展新能源产业的做法与启示. 高科技与产业, 2010（1）.
② Renewable Energy Policy Network for the 21st Century. Renewables 2010, Global Status Report.

要地位。巴西民用航空工业最初还只能生产简单的教练机，在政府的扶持和企业的努力下，巴西航空工业公司已经在全球支线飞机制造领域形成了巨大的竞争优势。为了扶持以巴航为代表的本国民用航空工业的发展，巴西政府采取了一系列扶持措施，取得了积极的效果。如创设了出口融资资助计划（PROEX），通过直接融资或者利率平衡支付方式对巴西的飞机出口提供出口信贷。巴西航空工业公司以满足客户需求为宗旨，以降低飞机使用和维修成本为目标，通过自主研发和国际合作，技术能力得到了很大的提高，相继研发生产了 ERJ135/140/145 和 E170/175/190/195 两大系列的商用喷气式飞机，基本覆盖了 40~120 座级支线飞机的运力范围，成为世界上唯一一家仅用两个飞机系列就能提供支线喷气式飞机全部航程服务的制造商。巴西航空工业公司在全球支线飞机市场上奋力赶超，目前已经拥有了约 50% 的市场份额。目前，巴西航空工业公司已成为全球最大的支线客机生产商和全球第三大民用飞机生产商。

（四）南非新兴产业发展态势

1. 制定发展规划，增加研发投入

尽管南非近年来经济发展很快，并且在某些产业领域还居于世界前列，但总的来说，南非的科技基础仍然相对比较薄弱。为了促进本国的新技术研发和新兴产业发展，从而为经济的可持续发展奠定坚实的科技基础，并在某些新兴产业形成国际竞争力，南非科学与技术部近年来出台了一系列政策，对国家创新体系和优先研发领域进行了系统规划，并提出了相关政策。2002 年南非科技部出台了《南非国家研究与开发战略》，提出了推动创新、促进科技人力资源开发、建设有效的政府科技管理体制三项战略重点，为南非的科学研究与技术创新体系勾勒出整体框架，明确了重点研发的领域。[①] 在此基础上，南非不断制定新的战略规划，进一步明确了需要重点支持的关键技术领

---

① The Government of the Republic of South Africa. South Africa's National Research and Development Strategy, August 2002.

域。南非相继出台了《南非纳米技术战略》《南非生物技术战略》《2008~2018：面向知识经济的十年创新计划》《面对全球变化重大挑战的国家研究计划》《南非国家航天战略》等战略规划，并实施了一系列配套政策。为了更好地支持相关领域的技术研发，南非政府在 2010 年 11 月公布的《新经济增长路线》中提出：要不断增加对科技研发的公共和私人资本投入，使全社会研发投资占 GDP 的比重从 2007/2008 年度的 0.93%，增加到 2014 年的 1.5%，2018 年要进一步增加到 2%。同时，不断增加的研发投入也要得到相应的回报，南非每年获得的专利数也应当从 2008 年的 91 件，增加到 2014 年的 200 件。[①]

2. 以新能源产业为重点，推动新兴产业发展

南非的煤炭储量为世界第五，但国内缺乏石油资源，因此南非的电能结构以火电为主。经济增长使得电力的供求矛盾日益突出，但大量使用燃煤发电会导致环境污染和碳排放增加。为了改善本国的能源供给状况，形成合理的能源结构，南非近年来积极推进新能源产业的发展。南非在 2003 年 11 月就发布了可再生能源政策框架文件，提出了到 2013 年可再生能源满足全国能源需求总量的 4%（约 100 亿千瓦时）的发展目标。为了鼓励新能源投资，南非出台了《可再生能源保护价格》《可再生能源财政补贴计划》《可再生能源市场转化工程》《可再生能源凭证交易》以及《南非风能工程》等一系列政策措施。南非对可再生能源项目提供了不同形式的补贴，对于设在南非境内、技术实现了商业化、发电能力最小为 1 兆瓦（或者生物柴油年产量在 91.4 万升以上、生物乙醇年产量在 149.5 万升以上）的可再生能源项目，能源部可再生能源财政补贴办公室（REFSO）将给予一次性的补贴；针对可再生能源发电成本高于火电发电成本，从而使得可再生能源在上网竞价时缺乏竞争力的情况，南非能源管理局发布了《可再生能源保护价格》（REFIT），对可再生能源发电的价格实行保护性收费价格，因此，尽管垃圾填埋沼气、小型水电、风能和集热式太阳能四种可再

---

① 科技日报国际部. 2010 年世界科技发展回顾. 中国科技网.
http://www.stdaily.com/kjrb/ content/2011-01/01/content_262385.htm.

生能源发电的价格分别为 0.9、0.94、1.25、2.1 兰特/千瓦时,大大高于目前火力发电价格 0.33 兰特/千瓦时,但可再生能源的发电依然能够送入电网。这些优惠政策大大地激发了企业投资于新能源的积极性。南非还计划在北开普省阿平顿建造发电能力为 100 兆瓦的太阳能发电厂,在西开普省建造一座发电能力为 100 兆瓦的风力发电厂。这些项目的实施,有助于南非实现 2013 年可再生能源发电量达到 100 亿千瓦时的既定发展目标。

此外,南非还利用本国生物多样性资源丰富、地理纬度较高等独特优势,积极开拓生物制药、航空航天等新兴产业领域,力图在这些产业形成一定的优势。

三、主要经济体新兴产业发展的特点

(一)将新兴产业发展纳入国家战略

第一次产业革命以来的全球产业发展史表明,创新和竞争是产业演进的主要推动力量。但在技术创新速度越来越快、成本越来越高的时代,仅仅依靠企业的力量去推动一个国家的技术创新是远远不够的,政府在推动技术进步中将发挥重要作用。新兴产业具有战略性、不确定性、正外部性和复杂性的特征,容易产生市场失灵,这就为政府提供了很大的干预空间。尤其是对于新兴经济体来说,新兴产业在起步阶段,通常面临着技术研发能力不足、国内产业部门配套能力欠缺、国内市场容量有限等不利情况,市场机制不能充分发挥资源配置的作用,政府干预的积极作用可能更为明显。

为了促进本国的技术创新和新兴产业发展,以期在未来的全球经济竞争中占据有利位置,无论是美国、欧盟和日本等发达经济体,还是中国、俄罗斯、巴西和印度等新兴经济体,都不约而同地将新兴产业的发展上升到国家战略的高度,美国提出了《国家创新战略》,欧盟提出了《欧洲 2020 战略》,日本提出了《新增长战略》;一些新兴经济体也先后提出了未来的科技和产业发展规划,如中国的《国务院关于加快培育和发展战略性新兴产业的决定》，俄罗斯的《2020 年创新发展战略》，印度的《走向更具包容性和创新性的印度》，巴西的《巴西科学、技术和创新发展行动计划》，南非的《南非国家研究与开发战略》等。这些国家不仅颁布纲领性文件对新兴产业的发展进行系统规划，还出台了一些配套的政策措施，用于鼓励和扶持新技术的开发和新企业的成长。

（二）重点发展的新兴产业主要集中在新能源等领域

新技术的发展会催生一批新兴产业，并带动关联产业的发展。因此，每一次在经济系统中引入重大的新技术，总会带来新一波的经济增长，实现经济质的变化与飞跃。如果能够认识到新技术发展的可能路径和新产品的市场前景，围绕着正在孕育中的革命性技术进行持续的投资，一旦技术创新取得重大突破，新的技术和产品将不仅会取代原有的技术和产品，而且还能够创造新的市场，形成新的产业。因此，各国纷纷选择具备重大技术潜力和市场前景的关键技术和新兴产业进行扶持，以期在未来的全球产业格局变化中占得先机。尽管在选择需要突破的关键技术和需要发展的新兴产业时，不同国家会根据本国的实际情况作出各自的选择，但节能环保、清洁能源和生命科学等领域成为各国共同关注和选择的领域。从表 3-2 不难看出，新能源和低碳环保产业成为各国竞相发展的重点产业领域，这表明，以高耗能、高碳排放和高污染为特征的传统经济发展方式已经对全球经济的可持续发展构成了严峻的挑战，向低能耗、低碳和低污染的经济发展方式转型已经成为世界各国的共识。而生命科学的进步能够有效控制疾病，提高人们生活的质量，因而也备受各国政府的重视。

表 3-2　不同国家重点扶持的新兴产业

国家 产业	美国	英国	德国	俄罗斯	日本	韩国	中国
新能源	√	√	√	√	√	√	√
低碳环保	√	√	√	√	√	√	√

续表

产业 \ 国家	美国	英国	德国	俄罗斯	日本	韩国	中国
生命科学与健康护理	√	√	√	√	√	√	√
信息与通信	*	√	√	√	*	√	√
纳米技术与新材料	√	*	*	√	*	*	√
高端制造业	√	√			√		√
新能源汽车	*	*	√		*	√	√
空间技术	√	*		√	*		*
文化产业					√	√	
其他产业	√		√		√	√	

注：标"√"的为近年来有关国家在政府发布的推动创新和发展新兴产业的纲领性文件中提出的优先发展的重点技术和新兴产业领域，标"*"的为这些文件中虽然提及，但没有单独作为大类列出，而是包含在前述重点领域之中的技术和产业领域。

资料来源：根据美国《国家创新战略》、英国《新产业，新就业》、德国《德国 2020 高技术战略》、俄罗斯《俄罗斯联邦科学、技术和工程优先发展领域》、日本《产业结构远景》、韩国《新增长动力规划及发展战略》、中国《国务院关于加快培育和发展战略性新兴产业的决定》等相关文件整理得出。

（三）增加研发投入，夯实创新基础

为了推动技术创新和新兴产业发展，各国纷纷在科技研发方面投入巨资，在科技领域展开激烈的竞赛。根据著名的美国 BATTELLE 研究所发布的《2012 全球研发投入展望》，按购买力平价计算，2011 年世界各国在研发上的总投资大约为 1.33 万亿美元，比上年增加 6.5%。美国仍然保持世界第一研发大国的地位，2011 年其研发投入达到4272亿美元，超过了位居其后的中国、日本和德国研发投入的总和，占全球研发投入的32%。随着"金砖国家"的崛起，全球科技研发投入的格局正在发生重大的变化。尽管日本和欧洲研发投入总体规模一直相对稳定，但"金砖国家"研发投入的持续大幅增加，使得日本和欧洲在全球研发投入中所占比重近几年一直缓慢下降。在"金砖国家"中，中国研发投入的增长最为迅速，按购买力平价计算的研发费用总额每年都以10%左右的速度在增加，从2010年的1493亿美元增加到2011年的1749亿美元。印度的研发投入增加也很快，从2010年的325亿美元增加到2011年的380亿美元，增幅为16.9%。俄罗斯、巴西和南非的研发投入也在逐步增加，2011年研发投入分别达到275亿美元、249亿美元和53亿美元。由于"金砖国家"研发投入持续大幅地增加，使得它们在全球研发投入中所占比重也在持续上升。中国在全球研发投入的占比从2010年的12%上升到2011年的13.1%，超过日本成为研发投入的世界第二。尽管"金砖国家"的研发投入增加很快，但与发达经济体相比，其研发投入占本国GDP的比重仍然偏低，中国只有1.6%，其他"金砖国家"占比更低，如表3-3所示。这表明，随着"金砖国家"经济的持续增长，其研发投入的规模仍然存在很大的增长空间。

表3-3 2010～2012年全球主要国家的研发投入规模及增长率

类别	2011年研发投入全球排名	国家	2010年研发支出总额（按购买力平价计算，10亿美元）	2010年研发支出占GDP比重	2011年研发支出总额（按购买力平价计算，10亿美元）	2011年研发支出占GDP比重	2012年研发支出总额（按购买力平价计算，10亿美元）	2012年研发支出占GDP比重
发达经济体	1	美国	415.1	2.83%	427.2	2.81%	436.0	2.85%
	3	日本	148.3	3.44%	152.1	3.47%	157.6	3.48%
	4	德国	82.9	2.82%	87.9	2.85%	90.6	2.87%
	5	韩国	49.0	3.36%	52.7	3.40%	56.4	3.45%
	6	法国	47.4	2.21%	49.2	2.21%	51.1	2.24%
	7	英国	39.3	1.81%	40.7	1.81%	42.4	1.84%
	10	加拿大	25.9	1.95%	27.0	1.95%	28.6	2.00%

续表

类别	2011年研发投入全球排名	国家	2010年研发支出总额（按购买力平价计算，10亿美元）	2010年研发支出占GDP比重	2011年研发支出总额（按购买力平价计算，10亿美元）	2011年研发支出占GDP比重	2012年研发支出总额（按购买力平价计算，10亿美元）	2012年研发支出占GDP比重
新兴经济体	2	中国	149.3	1.48%	174.9	1.55%	198.9	1.60%
	8	印度	32.5	0.80%	38.0	0.85%	41.3	0.85%
	9	巴西	23.9	1.10%	27.5	1.20%	30.0	1.25%
	11	俄罗斯	22.9	1.03%	24.9	1.05%	26.9	1.08%
	28	南非	4.9	0.93%	5.3	0.95%	5.5	0.95%

资料来源：BATTELLE. 2012全球研发投入展望.

（四）调整科技人力资源政策，吸引更多的科技人才

雄厚的科技人力资源是科技进步和新兴产业发展的必要条件。随着全球主要经济体在科技研发和新兴产业发展方面的投资不断加大，科技人力资源的国际竞争也日趋激烈。按照美国国家科学基金会的预测，2012年美国在科学和工程领域的就业缺口将达200多万人。为了保持科技领先地位，美国除了通过不同层次的教育体系培养大量的科技人才之外，还不断加大从其他国家引进科技人力资源的力度。为了留住本国的科研精英并吸引更多的国外专家，欧洲国家也对青年科技人员的研发创新活动进行大力资助。自2008年以来，欧洲研究理事会通过实施"青年才俊计划项目"，已累计向2200多名优秀青年科技人才提供了研发资助。科技人力资源的国际竞争加剧了新兴经济体的人才外流。在科学和工程领域，美国向外国科技人员发放的临时工作签证主要是H-1B签证。据美国国家科学基金会发布的《2012科学和工程指标》披露，2009年获得H-1B签证的外国就业者中，39%来自印度，10%来自中国；在获得博士学位并拥有H-1B签证的外国就业者中，29%来自中国，16%来自印度。如图3-3和图3-4所示。

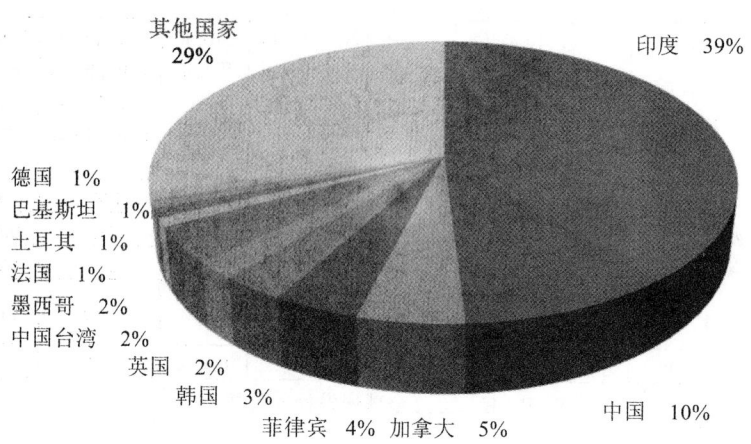

图 3-3 2009 财年获得美国 H-1B 签证的外国就业者的国别来源

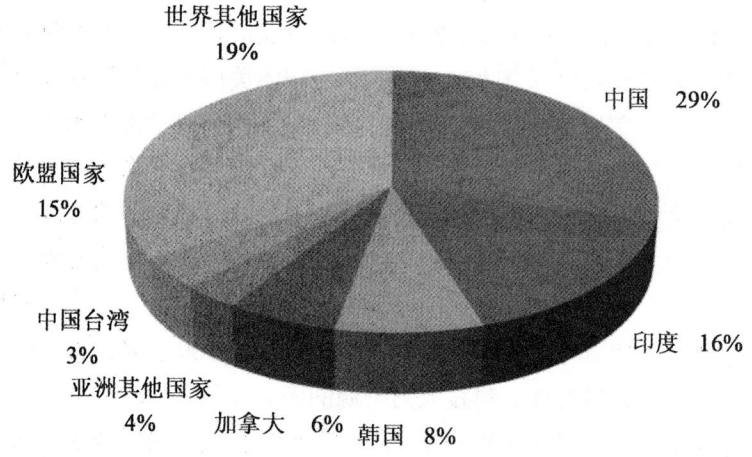

图 3-4 2009 财年获得美国 H-1B 签证的博士学位获得者的国别来源

资料来源：美国国家科学基金会. 2012 科学和工程指标.

人才流失的状况迫使新兴经济体不断改善科研环境和激励政策，以鼓励科技人才留在本国。2010 年俄罗斯政府设立了总额为 120 亿卢布（约合4亿美元）的高校科研专项计划，用如图于鼓励俄高校与外国科学家开展联合研发工作，以充分利用国外高级智力资源。为了吸引国际顶尖人才参与南非的科研工作，提升南非的科研水平，南非提出了"首席科学家计划"，在全球范围内招揽顶级科技人才。在首席科学家5年的任期内，每年可以获得250～300万兰特（约合37～44万美元）的政府资助。南非目前已经设立了92个首席科学家席位，未来将扩展到210个席位。在大力引进外国专家的同时，"金砖国家"也在教育上加大投入。按照《巴西科学、技术和创新发展行动计划（2007～2010年）》的要求，巴西从2008年开始将硕士生和博士生的奖学金额度上调20%，将科学和工程类学生从9.5万名增加到16万名，以吸引更多的学生申请高级学位。而作为世界科技人力资源大国的印度，不久前也出台了包括设立塔塔科技创新奖金、允许科学家可以在研发项目中按贡献进行提成、可以从企业收取科技咨询费等措施，以减少人才外流。面对新兴产业日新月异的发展和科技人力资源供求状况的变化，世界主要经济体都在调整科技人力资源政策，力图不断完善科技人力资源的培养和利用状况，以人才培养、引进和使用为核心的**教育与科技人力资源战略**正日益得到各国的重视。

（五）政府营造良好的创新环境，公私联手促进新兴产业发展

在长期的发展过程中，发达经济体已经形成了一个有利于创新的制度环境，但它们仍然在不断审视现有机制中不利于提高创新效率的因素，并针对存在的问题提出系统的解决方案，期待改善创新生态，吸引更多的资源向创新领域集聚。正如欧盟在《欧洲2020战略旗舰计划：创新型联盟》中所指出的，在后危机时代，欧洲必须打破"一切照旧"的发展模式，要将创新作为压倒一切的政策目标。专利制度改革能够促进创新型企业的发展，使知识产权成为发达经济体企业竞争优势的源泉之一。美、欧、日都在积极推动专利制度的改革。2011年9月16日，奥巴马签署了《美国发明法案》，这是《美国专利法》

实施近60年来最重大的一次改革。美国专利审核的平均时间将从35个月压缩至20个月，使更多被积压的专利变成市场价值和就业机会。为降低欧盟企业在各国申请专利时的重复投入，欧盟也在积极推进解决单一专利问题，争取在2014年授予第一个欧盟专利。各国都在努力探索产学研结合的最佳方式，美国将设立若干个创新中心，为科学家和企业家共同开展创新提供机会，加快科技成果从实验室到市场的进程。欧盟委员会于2012年2月底通过决定，推出新的加强欧盟创新公私伙伴关系（EIPs）行动计划，以整合教育、研究和创新"知识三角"。尽管发达经济体遭受了金融危机的重创，但由于它们对创新的高度重视，技术创新和商业模式创新依然非常活跃，正在孕育着新的技术革命和产业革命。

（六）遵循新兴产业发展规律，提供更加有效的政策支持

从发达经济体扶持新兴产业发展的政策措施来看，政府根据新兴产业发展的特点和规律，从供给和需求两个方面对新兴产业的发展给予激励。在供给激励方面，通过向技术和产品的供给者提供技术研发和产品开发补贴、统一技术标准等方式，降低企业技术创新和技术转化的成本和风险。为了激励私营部门加大研发投入，美国奥巴马政府一直在呼吁将研发和实验支出的税收抵扣制度进行简化和永久化，并提议将抵免扩大20%。在促进新兴产业实现规模化生产的名义下，发达经济体还积极推动相关领域国际标准的制定和应用。2011年11月，美、欧、日达成协议，将在联合国世界车辆法规协调论坛（UN/WP29）框架下合作推进电动汽车国际标准。新兴产业行业标准的制定和实施，不仅能够推动新产品的产业化，还能使发达经济体通过制定产业标准牢牢控制价值链的高端。

在需求激励方面，通过加大公共采购力度、产品应用示范、向消费者提供各种形式的消费补贴等需求鼓励措施，激发新产品和新技术的市场需求，为新兴产业提供更大的市场空间。为了启动电动汽车市场，美国能源部提供了9980万美元，实施了电动汽车和充电设施示

范推广项目"EV项目",在美国11个主要城市部署11210个充电器(站),并为车主免费入户安装充电器。为鼓励消费者购买电动汽车,美国先是推出了返税政策,根据汽车排量不同,购车者在年终报税后可获得2500~7500美元的税收返还。目前又简化了返税手续,在购车时由销售商直接返还给消费者,从而有效地启动了电动汽车的市场。

四、技术创新与第三次工业革命

(一)三次工业革命的分期

近年来,国内外关于第三次工业革命的讨论不断升温。杰里米·里夫金的《第三次工业革命》、彼得·马什的《新工业革命:消费者、全球化以及大规模生产的终结》等著作以及《经济学人》杂志的专题报告《第三次工业革命:制造业与创新》都引起了各国政府与学者广泛的关注。工业革命通常是指这样一种经济现象,即随着工业部门内出现持续的大规模技术创新,不仅使全社会的劳动生产率产生了前所未有的增长,而且使社会生产的组织形式发生了根本性的变革。[1] 尽管对于第三次工业革命的内涵、特点和趋势还存在着争论,但一个不难观察的事实是,以现代科技为依托的先进制造技术已日趋成熟并正在得到广泛应用,这将在很大程度上改变制造业的要素组合和生产方式,并导致全球生产格局的调整,进而对国家间的产业竞争优势产生重大影响。

学术界关于工业革命的轮次和分期有着不同的观点,即便在目前热议第三次工业革命的学者中也存在着分歧。杰里米·里夫金将作为工业革命基础的新能源与新型通信技术的结合视作分期的标准。第一次工业革命起源于英国,随着蒸汽机的发明和广泛使用,以及煤炭的应用和印刷技术的普及,机器大生产取代了手工作坊,极大地推动了

---

[1] 参见 H.J.哈巴库克,M.M.波斯坦. 剑桥欧洲经济史(第6卷). 经济科学出版社,2002:259~260.

社会财富的增加。第二次工业革命始于 20 世纪的前十年，电信技术和燃油内燃机的结合使人类进入了大规模生产的时代。目前正在进行的第三次工业革命则建立在新能源与互联网有机融合的能源互联网基础之上，能源互联网与数字化制造的结合将为未来的低碳化经济和个性化生产开辟广阔的前景。《经济学人》则以生产方式的变革作为分期标准。第一次产业革命导致机器生产取代了手工制作。在第二次产业革命中，流水生产线的发明和应用使规模化生产成为主流的生产方式。方兴未艾的制造业数字化正在推动第三次工业革命。建立在人工智能、纳米材料和互联网基础上的制造技术变革将颠覆传统的生产方式，大规模生产将让位于小批量、个性化的生产。

关于工业革命分期的争论还在持续，但越来越多的现象表明，当今世界正处于新科技革命的时代，一些重要科技领域显现出发生革命性突破的先兆，第三次工业革命已经初现端倪。

（二）第三次工业革命的新特征

持续的技术进步为第三次工业革命奠定了坚实的基础。第三次工业革命并不是制造技术的局部突破或者某些生产设备的重大更新，它是制造业综合技术进步的集中体现。近三十年来，在快速成型、人工智能、纳米材料、清洁能源等关键技术领域不仅发生了一系列革命性的技术变迁，不同领域的重大技术之间也在相互影响和深度融合，使先进技术的产业化应用逐渐成熟并不断完善，正在推动着制造业的整体性变革。与前两次工业革命相比，第三次工业革命表现出了一些新特点，其核心特征是工业化与信息化的深度融合、从工业文明向生态文明的转型，这主要体现在以下几个方面。

1. 生产工艺数字化

传统的生产工艺是将原材料切削成各种零部件，然后组装成最终产品，而第三次工业革命中的生产工艺变革则简化了复杂的制造流程，实现了从产品设计到制造的数字化。以 3D 打印技术为例，它通过电脑软件设计出产品，并借助 CAD 计算机辅助设计对产品数据进行处理,形成数字切片,其原理类似于将一个立体物品切成薄薄的切片,最后通过"分层加工,叠加成型"的添加制造工艺,快速生产出成型产品。

2. 制造过程智能化

智能制造技术是推动第三次工业革命的关键技术之一,引领未来制造业的发展方向。随着人工智能、机器人等技术的不断成熟,未来工厂的自动化生产线将由新型传感器、智能控制系统和工业机器人所操控。这不仅能够提高生产过程的稳定性,具有人工智能的控制系统还能够感知和检测生产系统并全方位监控生产过程,对所有产品进行严格的质量管理,使产品瑕疵和质量缺陷降到最低。制造过程的智能化将极大地节约劳动力的使用,但对劳动者的素质提出了更高的要求。

3. 工业日趋绿色化

自人类进入工业文明时代以来,社会生产力获得了极大释放,但随之而来的资源能源消耗和生态环境恶化对可持续发展也构成了严峻的挑战。随着各类环保技术、节能减排技术的突破,以及资源回收与再利用的循环经济模式在工业领域的广泛应用,环保因素和资源效率正在重塑现代工业的生产制造模式,以低能耗、低排放和低污染为特征的绿色制造已经成为第三次工业革命的一大亮点。

4. 新能源应用网络化

新能源与互联网技术的结合所形成的能源互联网将从根本上改变现有的能源利用格局。第二次工业革命时期的能源利用以电气化为特征,在特定的地区集中发电并通过大型电网进行分配。随着第三次工业革命的推进,分布式发电技术能将每一座建筑物转化为微型发电厂,就地收集和使用可再生能源;储能技术的发展和能源互联网的搭建,使建筑物生产的富余能源得以储存并通过能源互联网实现共享;陆地交通运输工具也将转向插电式以及燃料电池动力汽车,还可以通过共享电网平台完成汽车的充电。能源互联网有利于解决人类面临的能源困境,并推动经济的可持续发展。

（三）第三次工业革命对全球制造业生产方式的影响

1. 生产制造模式从大规模生产转向个性化定制生产

在第二次工业革命初期，以福特制为代表的大规模生产方式使工业生产的规模经济效应得到了充分发挥，尽管这种生产方式能以相对低廉的价格满足主流市场需求，但由于产品系列相对单一，难以满足消费者的个性化需求。随着日本经济的崛起，以丰田公司为代表的大规模定制生产方式开始大行其道，它利用柔性生产系统实现产品的模块化设计和精益生产，最终以合理的价格为偏好不同的消费者提供功能和结构有一定差异的产品系列。而第三次工业革命中应运而生的可重构制造系统和快速成型技术则能够满足更加个性化的市场需求。可重构制造系统自身就具有模块化的特点，通过对生产设备构件的重新组合，能及时调整制造系统的工序、工艺和产能，迅速生产出功能和结构有较大差别的产品系列。而快速成型技术的普及则能满足极端个性化的消费者需求。大规模定制和个性化生产相结合的新生产模式既可以实现批量生产带来的成本节约，又能使消费者享有更加多样化的产品选择。

2. 生产组织方式从工厂化转向网络化

在传统的生产模式下，企业将产品的制造过程进行分解，由不同的生产工序完成不同的零部件生产，最后进行产品组装，这一系列复杂的生产流程必须依托开阔的工厂来完成空间布局。第三次工业革命推动的 3D 打印技术与互联网的结合，使产品制造能够摆脱空间的束缚。企业根据用户需求设计出产品原型，并通过互联网在全球范围内采购零部件，同时获取所需要的各类协作服务，最终完成个性化定制和社区化生产。这种基于互联网的协同生产模式实现了社会制造网络的无缝链接，使生产组织方式从工厂式的集中生产让位于网络化的社会生产，大大缩短了传统制造业的产业链，提高了生产效率。

3. 产业组织形态从大企业主导的产业链转向中小企业的网络集聚

在大规模生产方式下，大企业成为产业组织形态的主体，众多的中小企业依附于以大企业为核心的全球产业链，在特定的地理空间上形成产业集群。随着个性化定制和社会化生产的不断发展，分散合作式的商业模式将变得更为普遍，产业组织形态也将发生相应的变化。快速成型技术的普及将使得制造业的门槛大大降低，中小企业不再为大规模投资和专用性资产所困惑，可以借助互联网来构建虚拟的产业集群，甚至能组建微型跨国公司，迅速整合各种社会资源，通过小批量、低成本的方式提供独特的定制产品，更快更好地满足消费者的个性化需求。第三次工业革命将推动中小企业与大企业分庭抗礼的市场竞争新格局的形成。

五、新兴产业的发展对未来全球产业格局的影响

（一）新兴产业将重塑产业发展格局

当前，科学技术正以前所未有的速度发展，大大促进了新兴产业的快速成长。在科技进步的推动下，建立在节能环保技术、清洁能源技术、生物技术、信息技术、新材料技术和先进制造技术等高新技术基础之上的一批新兴产业部门正在脱颖而出。目前信息技术产业已经发展成为新的主导产业，新能源产业群和生物技术产业群正在孕育过程之中。随着新兴产业的迅猛发展，在不远的将来会形成一个以新能源与环保产业、信息产业、生物技术产业及相关高科技产业为新经济增长点的产业发展新格局。

新兴产业的发展会导致传统产业的产业链重构，对传统产业造成很大的冲击。例如，如果电动汽车逐渐普及，传统汽车制造领域长期形成的以发动机、变速箱和车载电子设备为核心的产业链将受到挑战，越来越多的供应商将会加入到以动力电池、驱动电机和电子控制领域为核心的新产业链中。但新兴产业的发展并不必然意味着传统产业的消亡，新兴产业有着很强的渗透性。随着清洁能源、低碳环保和信息技术的不断成熟，这些技术会向其他产业部门扩散，对这些产业的渗透和带动效应日益增强。如果传统产业部门利用新技术的支持，

对工作流程和组织结构进行改造，开展广泛的流程创新、产品创新和商业模式创新，那么就有可能提高要素组合的产出效率，改善产品和服务的质量，最终与新兴产业一起，共同推动实现建立在低碳环保基础上的可持续经济增长。

（二）强化发达经济体在全球价值链中的优势地位

发达经济体的跨国企业已经构筑了一个遍及全球的国际生产网络，并处在全球产业链的高端。国际生产网络的快速扩张，使发达经济体的大型制造企业将低附加值的生产制造环节转移到具有比较优势的发展中国家，自己则专注于研发、管理、财务运作和营销等价值增值环节具有相对竞争优势的核心业务。从表 3-2 可以看出，发达经济体不仅都在大力发展低碳环保、生命科技和信息技术等重点领域，还根据各自的技术优势，分别在空间技术和高端制造业等领域寻求突破，一旦这些新兴产业成长为发达经济体的主导产业，国际分工和全球产业格局也将随之发生重大变化。随着关键技术的不断创新，处于技术前沿的发达经济体的企业有条件率先利用这些新技术，不断提高要素组合的效率，强化发达经济体在各个产业中高附加值环节上的优势，并进一步将低附加值的环节向新兴经济体和发展中国家转移，从而继续占据国际产业竞争的制高点。在汽车制造业领域这一趋势已经初露端倪，发达经济体专注于混合动力汽车、电动汽车等新能源汽车关键部件的研发，传统汽车的零部件和装配业务向中国等新兴经济体转移的步伐正在加快。

（三）为新兴经济体向价值链高端跃迁提供了机遇

近年来，新兴经济体充分利用了经济全球化的机遇，利用本国的资源禀赋优势承接国际产业转移，经济得到了快速的发展，并成为带动全球经济实现复苏的重要力量。但由于受到旧的国际分工格局的影响，新兴经济体的产业部门普遍处于产业链下游的低附加值环节，向产业链上游发展困难重重。新兴产业的兴起使新兴经济体有机会在技术研发和产业发展上与发达经济体站在同一条起跑线上，为新兴经济体改变在全球价值链中的位置提供了难得的机遇。经过多年的迅速发展，新兴经济体的研发能力和产业配套能力都有了长足的进步，在某些技术领域还处于国际前沿，这也使它们具备了发展新兴产业的条件。目前，主要的新兴经济体都在从各自的技术优势和未来的市场需求出发，加快在新技术开发和新兴产业发展中的布局。中国在七大战略性新兴产业，俄罗斯在空间技术、生物技术、纳米技术等领域，印度在信息技术、空间技术、核能技术等领域，巴西在航空技术、海洋工程、生物质能等领域都取得了一定的进展，为实现产业升级奠定了良好的基础。

六、对中国战略性新兴产业发展的思考[①]

（一）政府营造创新环境，市场引领产业发展

处理好市场与政府的关系，对于新兴产业的成长是至关重要的。战略性新兴产业的形成和演进，表现出与传统产业迥异的路径和特征。面对新兴产业发展中技术与市场的不确定性，政府能够发挥关键的作用，这一点已经被全球新兴产业发展的实践所证实。政府通过实施符合新兴产业发展规律的政策，引导创新要素向符合未来产业发展方向的领域集聚。随着新兴产业的逐渐成熟和市场扩张，会吸引本国的经济资源向这些产业部门流动，从而推动新兴产业成长为主导产业和支柱产业，而这些产业部门的产业关联效应和技术溢出效应又会带动整个产业结构的升级。

尽管如此，政府在新兴产业发展中的作用也不能被过分夸大。在人类需求日趋多样化和技术创新日趋复杂化的背景下，新兴产业技术路径的演化和主导产品的形成只能是通过市场机制和竞争过程最终实现，政府在其中可以起到很大的作用，但政府的决策代替不了市场

---

① 本部分与冯晓琦合作完成。

选择。从主要国家已经颁布的推动技术创新和新兴产业发展的纲领性文件来看，其政策着力点主要在促进技术创新和推动新技术的商业化应用上，对可能产生的基于革命性技术的产业部门一般称之为"新兴产业"，① 并不冠以"战略性"的称谓。因为新的产业部门能否成长为具有战略意义的主导产业，起决定作用的因素是市场选择而不是政府的认定。演化经济学的研究已经表明，在新兴的技术领域，通常会涌现出大量竞争性的技术方案，哪一种技术路线最终成为主流技术并影响相关新兴产业的形成和演进，取决于市场竞争。即便在新兴技术领域挑选出的主导产业，其未来的前景也是不确定的。日本就是前车之鉴。日本在经济追赶时期，曾经通过"挑选主导产业"并加以扶持的选择性产业政策，推动了不同阶段主导产业的有序更替，从而促进了产业结构的高级化。而当日本跻身于全球产业发展和技术创新的前沿之后，寻找下一代主导产业的努力就失去了方向。由于对技术发展前沿的判断失误，日本政府主导的第五代计算机研究虽然投入了巨大的人力物力，但最终因为与市场发展趋势背道而驰，不仅无功而返，而且延误了日本信息产业的发展。对于在新兴产业成长过程中政府和市场的功能定位，美国政府的认识显然更加深刻。《美国创新战略》中就明确指出，民间部门是创新和新产业的引擎，政府的作用是支持创新系统，主张通过市场化的方式推动技术创新和新兴产业发展。

我们认识到，在中国发展战略性新兴产业的过程中，政府除了为关键技术的研发提供资助和以需求补贴的方式去启动市场之外，更应当主要致力于提供鼓励创新的制度安排，如建立和完善为新兴产业提供融资的多层次资本市场，大力发展各层次的教育和人力资源培训，加大知识产权保护的力度，使企业能够在一个相对宽松的经济环境中开展创新活动，让一些勇于创新的企业和充满冒险精神的企业家率先对所面临的经济环境约束作出反应，并通过创造性的技术革新或者生产组织方式创新，改变生产经营过程中的要素组合方式，从而在市场

---

① 各个国家对"新兴产业"没有统一的明确定义，美国和英国的官方文件使用的词汇是 New Industries，日本称作"新成长产业"，中国则称之为"战略性新兴产业"。

竞争中获得先机。先行者的成功会通过示范效应和模仿效应逐渐扩散，最终使创新企业的技术和组织方式成为经济中的主流。

（二）合理选择关键领域，大力支持技术创新

改革开放以来，中国的产业部门获得了巨大发展，企业的技术能力取得了长足的进步。但与国际先进水平相比，中国的技术水平仍然存在着较大差距。制造业关键技术的自给率较低，一些高技术含量的关键设备基本上依靠从发达国家进口；绝大部分制造业企业技术开发能力和创新能力薄弱，原创性技术和产品数量不足。大力发展战略性新兴产业，有利于显著地提升我国的自主创新能力，从而在新一轮的全球产业竞争中把握先机。

在扶持新兴产业发展的过程中，政府应当遵循产业成长规律，合理选择支持产业发展的关键环节和领域。新兴产业是技术创新所驱动的产业，在推动新兴产业发展的诸多因素中，技术进步是决定性的因素。技术进步依赖知识积累和人力资本投资，技术、知识的创新和人力资本投资都具有很强的外部性，能够使生产呈现出规模收益递增的趋势。技术进步是创新型企业在追求利益最大化的过程中自主最优选择的结果，一切有利于创新活动的努力都有利于新兴产业的发展。因此，政策目标应当始终围绕着技术创新这个新兴产业发展最重要的环节。在推动新兴产业发展的问题上，政府既无必要、也无能力去承担产业发展的全部责任，而应当通过政府有限的研发资金的导向作用，吸引产业部门和金融部门向具有潜力的技术领域进行投融资。

政府对研发活动的资金支持也应当体现明确的导向性，主要的支持领域应当集中在基础研究和产业发展的共性技术领域。这一点在发达经济体中已经表现得尤为明显。从发达经济体的研发投入结构来看，政府是基础研究、重大关键技术、共性技术等研发活动的重要资助者，企业等私人营利性机构才是科技研发经费的主要提供者和研发活动的主要承担者。通常认为，由于创新技术具有正的外部性，一旦技术通过某些渠道外溢，模仿者的蜂拥而至将使企业通过创新实现的

垄断租金很快丧失。由于企业成本和社会收益的不对称，因此企业家将不会有足够的热情去开展创新。而近年来的研究则表明，技术创新其实可以分为共性技术创新和私人技术创新（Tassey，2005）。新兴产业的形成离不开共性技术创新，由于共性技术通常具有技术复杂、投入成本巨大、正外部性明显等特点，从而导致社会投资的不足，这才是政府的研发资金应当真正扶持的领域。在基础研究和共性技术研发的组织方式上，政府可以鼓励产学研之间以及企业之间组建技术创新联盟，整合各方的研发力量，共同开展重大项目的技术攻关。在共性技术创新取得重大突破的前提下，企业为寻求更多的获利机会，会不断地自发推动私人技术创新，市场最终会选择最能适应市场需求的技术和产品，从而推动新兴产业的成长。在技术创新领域，政府不应当设定技术路线，而应当鼓励企业去积极探索多元化的技术路线和产品，由市场来完成对技术和主导产品的生存检验。

（三）认识新兴产业发展规律，有序促进新技术的产业化

新技术的商品化和新产品的产业化是新兴产业发展中非常重要的环节。从实验室的新技术转变为被市场所接受的新产品，这是新技术产业化过程中"惊险的一跃"。从发达经济体新兴产业发展的历程来看，在新兴产业发展的早期阶段，由于产业内还没有形成占主流的主导产品，企业之间的竞争是产品竞争，不同企业竞相推出基于多样化的技术路线的新产品，由市场来决定产品的应用前景。在这个阶段，由于技术创新和产品创新非常频繁，商业模式也不成熟，为了避免巨大的投资风险，新技术和新产品的产业化规模一般不会很大。只有当市场选择出主导技术之后，新兴产业发展才会进入稳定增长阶段，企业竞争的重点也随之从产品竞争过渡到成本竞争。在这个阶段，只有既具有技术优势又具有规模经济和成本优势的企业才能在市场竞争中生存和壮大。

但从中国近年来战略性新兴产业的发展来看，在《国务院关于加快培育和发展战略性新兴产业的决定》颁布之后，各地掀起了大力发

展战略性新兴产业的浪潮。地方政府对新兴产业的投资回报率产生了很高的预期,但由于对新兴产业成长规律的认识不够深入,还是按照发展传统产业的思路去引进大项目和推动企业规模扩张,结果形成了地区间的趋同性投资。为了推进本地区新兴产业的发展和产业结构的升级,一些地方政府通过提供廉价土地和政府补贴等方式,将大量稀缺资源导向技术并不成熟的新兴产业,通过优惠政策引领了大规模的投资,形成了大大小小的各类新兴产业园区,最终导致相关产业产能严重过剩。太阳能和风能产业在 2010 年还被作为新能源领域的新兴产业加以扶植,在 2012 年却被列为需要制止盲目扩张的产业。这些产能过剩的项目大多集中在价值链低端的装配环节,对推动前沿技术创新并无实质意义。这种基于技术引进和规模扩张的新兴产业发展模式,背离了提升技术能力、实现技术赶超、推动产业升级的出发点,又回到了投资驱动 GDP 增长的老路上。

从产业技术的发展状况来看,中国大力发展的七大战略性新兴产业大都处于产业发展的早期阶段,普遍存在技术变革剧烈、市场需求有待引导等问题,现阶段不仅需要通过包括财政补贴、贴息贷款、研发投入税收抵免等手段,大力扶持创新型中小企业的发展,鼓励企业开展新技术和新产品的研发与商品化,积极推动企业商业模式的创新;还要通过产品应用示范、购买新产品补贴等需求侧补贴的方式,让更多的消费者去使用新技术和新产品,激发对新产品和新技术的市场需求,为新产品大规模的市场推广创造良好的条件。

(四)通过新兴产业的渗透,推动传统产业升级

当前,中国经济的可持续发展越来越多地受到劳动力、资源和环境等内外部因素的约束,通过调整经济结构、推动产业升级来实现经济发展方式的转变,已经成为全社会的共识。在寻找经济增长新源泉的过程中,新兴产业引起了广泛关注。发展新兴产业的积极意义,不仅仅在于它可以引领未来产业的发展方向,更显著的是可以提升中国的自主创新能力,进一步增强中国产业的国际竞争力。从中国现实的

产业结构来看，通过新兴产业的渗透作用，实现传统产业内的优化升级，其积极意义可能并不亚于产业间的升级。

传统产业是相对于新兴产业而言的构成既有产业体系的主要产业部门。改革开放以来，劳动密集型产业已经成为中国在国际市场上最具竞争力的产业部门，以重化工业为代表的资本密集型产业的市场竞争力也有了显著增强。在未来较长的一段时期，传统产业仍将是中国经济增长的依托和开拓国际市场的主力。不可否认，随着国内外经济环境的急剧变化，这些传统产业正面临着新的挑战，但传统产业仍然存在着很大的发展空间。传统产业提供的产品与人们的日常生活息息相关。随着人们收入水平的不断提高，以及政府扩大内需政策的不断落实，将会为传统产业创造更多的差异化的市场机会。从这个意义上讲，只有夕阳产品和夕阳技术，而没有夕阳产业。只要传统产业中的企业能够提供优质的产品和服务，满足某一个细分市场的需求，它就有生存和发展的空间。

尽管传统产业部门竞争优势尚存，但其整体上处于全球产业链的低端是不争的事实。传统产业要想更好地应对经济环境变化的挑战，就必须利用先进技术，提升产业动态竞争能力，尽快实现产业内的优化升级。从这个意义上讲，中国新兴产业的发展，实际上为传统产业升级提供了有力的技术支撑。随着清洁能源、低碳环保和信息技术等新兴产业向传统产业的不断渗透，将有利于实现传统产业与新兴产业的有机融合，从而推动传统制造业和服务业加速转型为先进制造业和现代服务业，进一步提升中国产业整体的国际竞争力。

主要参考文献

1. Battelle. 2012 Global R&D Funding Forecast.
2. BIS. Building Britain's Future - New Industry. New Jobs, 2009.
3. Council of Economic Advisers. Economic Report of the President, 2011，2012.

4. European Commission. Europe 2020: A strategy for smart, sustainable and inclusive growth. Brussels, 3.3.2010.

5. Federal Ministry of Education and Research, Ideas, Innovation. Prosperity. High-Tech Strategy 2020 for Germany, 2010.

6. Joint Research Centre and Research Directorates-General of the EuropeanCommission. The 2012 EU Industrial R&D Investment Scoreboard.

7. Matt Hourihan. Federal R&D in the FY 2013 Budget An Introduction. http://www.aaas.org/spp/rd/rdreport2013/13pch01.pdf.

8. National Economic Council. Council of Economic Advisers, and Office of Science and Technology Policy. A Strategy For American Innovation: Securing Our Economic Growth and Prosperity. February 2011.

9. The European Wind Energy Association. Wind in power: 2011 European statistics. February 2012.

10. The German Solar Industry Association. Development of the German PV Market, 2011.

11. National Science Board. Science and Engineering Indicators 2012.

12. The Government of the Republic of South Africa. South Africa's National Research and Development Strategy, August 2002.

13. Bloomberg New Energy Finance. India saw record $10.3bn clean energy Investment in 2011. 2 February ,2012.

14. Renewable Energy Policy Network for the 21st Century. Renewables 2010. Global Status Report.

15. Tassey, G. Underinvestment in Public Good Technologies. The Journal of Technology Transfer. 2005（30）: 89-113.

16. UNESCO ,UNESCO Science Report 2010: The Current Status of Science around the World.

17. National Innovation Council. Report to the People. First

Year, November, 2011.

18. 内閣府政策統括官. 平成24年度科学技術関係予算案 の概要について.

19. 産業構造審議会. 日本産業構造ビジョン概要（全体版）, 2010.

20. H.J.哈巴库克，M.M.波斯坦. 剑桥欧洲经济史（第6卷）. 经济科学出版社，2002.

21. 巴西制定科技创新发展行动计划, 中国·（巴西）投资开发贸易中心网站.
http://cbitc.mofcom.gov.cn/aarticle/guonyw/200711/20071105240922.html.

22. 陈敬全，俞阳，张超英，高洪善，韩军. 欧洲2020战略旗舰计划：创新型联盟（上）. 全球科技经济瞭望（第26卷），2011（4）.

23. 黄群慧，贺俊. 技术经济范式转变："第三次工业革命"与中国工业发展战略调整. 中国工业经济，2013（1）.

24. 杰里米·里夫金. 第三次工业革命. 中信出版社，2012.

25. 李晓华，吕铁. 战略性新兴产业的特征与政策导向研究. 宏观经济研究，2010（9）.

26. 任洪涛. 美国电动汽车的发展现状及目标. 全球科技经济瞭望（第26卷），2011（5）.

27. 万军，冯晓琦. 全球视角下的中国新兴产业发展模式探讨. 江西社会科学，2012（5）.

28. 万军，刘秀莲. 金砖国家新兴产业发展及其比较. 金砖国家发展报告2012. 社会科学文献出版社，2012.

29. 万军. 第三次工业革命对我国的影响及应对策略. 国开行课题研究报告，2013.

30. 万军. 发达经济体新兴产业发展的态势、特点及其启示. 中国市场，2012（8）.

31. 万军. 国外新兴产业发展的态势、特点及影响. 世界经济黄皮书2010. 社科文献出版社，2011.

32. 万军. 战略性新兴产业发展中的政府定位：日本的经验教训及

其启示.科技成果纵横,2010(1).

33.赵刚等.巴西大力发展新能源产业的做法与启示.高科技与产业,2010(1).

34.中国科技部网站"国内外科技动态"相关文章。

35.中国社会科学院工业经济研究所课题组.第三次工业革命与北京制造业战略转型.研究报告,2012.

第四章 后危机时代全球汽车产业市场格局的变化[①]

汽车工业被公认为是一个具有高度产业关联性的产业,几乎可以决定着一个国家的工业化程度。金融危机重创了发达国家的汽车制造业,加速了全球范围内汽车产业转移的步伐,在很大程度上改写了全球汽车业的版图。为了更好地应对资源、环境和气候变化的挑战,世界主要的汽车生产国正在新能源汽车领域展开激烈的竞争,以图在重塑未来全球市场格局的竞赛中掌握先机。

一、金融危机以来全球汽车业发展的总体特征

(一)全球汽车业已经开始从衰退走向复苏

金融危机对实体经济的严重冲击,在汽车产业得到了非常明显的体现。随着金融危机的不断蔓延,流动性短缺使得消费信贷萎缩,人们收入水平有所下降,失业人口逐渐增加,这一切直接导致对汽车的需求锐减,从而给汽车生产带来沉重打击。2009 年,全球汽车生产形势整体下滑,世界汽车总产量为 6098.7 万辆,比上年大幅下降 13.5%。面对全球性的金融危机,各国政府采取了一系列的措施,努力推动包括汽车业在内的实体经济的复苏,并取得了明显的效果。2010 年全球

---

① 与冯晓琦合作完成,原载《世界经济年鉴 2011~2012 年》,经济科学出版社,2012 年。
本章引用的数据除特别注明出处之外,均来自中国汽车工业协会、国际汽车制造商协会、日本汽车工业协会网站。

汽车生产形势整体好转，总产量为 7761 万辆，同比增幅高达 25.8%，已超过金融危机前 2007 年的 7142 万辆，达到历史最高水平。其中乘用车和商用车的增幅分别为 22.2%和 38%，商用车的增幅明显高于乘用车。

（二）亚太地区汽车业占据全球汽车总产量的半壁江山

席卷全球的金融危机不仅重创了全球汽车业，也改变了汽车业的版图。在金融危机影响最严重的 2009 年，全球汽车业整体下滑，其中北美、欧洲等区域的下降幅度较大，同比分别下降了 32.3%和 17.7%，但亚太地区的汽车生产情况相对要好于其他地区，该地区产量仅比上年减少了 0.7%。此消彼长的结果是亚太地区的汽车产量占全球产量的比重首次突破 50%，达到了 51%。在全球汽车业整体复苏的 2010 年，北美地区的汽车产量由于从谷底回升，因而增幅最大，比上年增长了 38.65%，但亚太地区的汽车生产情况依然良好，产量增幅为 28.8%，占全球总产量的比重继续攀升，从上年的 51%上升到 53%，占据全球汽车生产的半壁江山。受不断升级的欧洲主权债务危机的影响，欧洲汽车产量增幅在全球主要汽车生产地区中排列最后。

亚洲汽车业的迅速发展也体现在从全球汽车企业排行榜的变化中。在 2011 年 7 月份美国《财富》杂志公布的世界 500 强排行榜中，有 20 家汽车企业上榜。丰田继续蝉联世界最大企业，但其在 500 强中的排名较上一年有所下滑，从 2010 年第 5 名下降至 2011 年的第 8 名。从上榜企业的区域分布来看，亚洲汽车企业的数量依然超过了欧洲和北美，从 2009 年的 6 家增加到了 2010 年的 11 家，2011 年依然保持有 11 家，这进一步凸显了亚洲汽车业的进步。如图 4-1 所示。

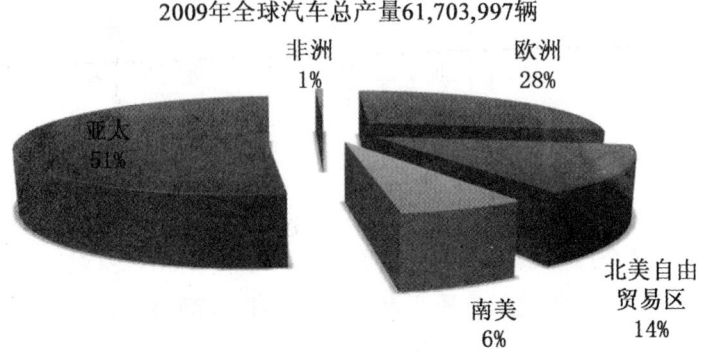

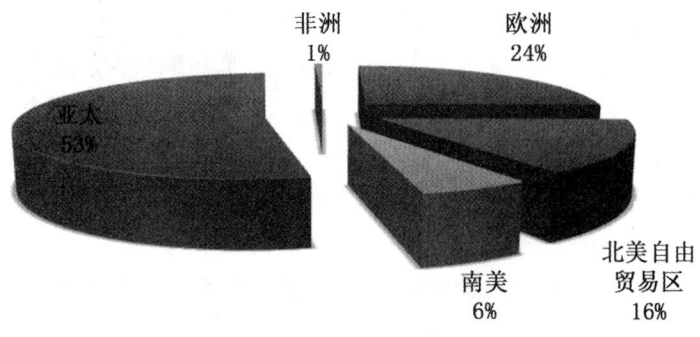

图 4-1 2009~2010 年全球汽车总产量及各地区汽车产量在全球总产量中的比重

资料来源：国际汽车制造商协会（OICA）。

（三）新兴经济体汽车市场规模首次超过发达国家

在本次金融危机中，新兴经济体受到的冲击要小于发达国家，以中国、巴西、印度等金砖国家为代表的新兴经济体迅速走出危机的阴影，并拉动全球经济走向复苏。在这个过程中，新兴经济体的汽车市场也迅速发展，据汽车调查公司 FOURIN 的调查显示，2010 年"金砖四国"汽车销量占全球总销量的比重达到35.4%，加上东欧、东南亚、中东、非洲等地区，新兴经济体汽车销量占全球销量的比重达到了51.1%，第一次超过了发达国家。中国汽车企业的崛起是金融危机以来全球汽车业最引人注目的事件。在汽车工业调整和振兴政策以及下调乘用车购置税等一系列汽车消费政策的刺激下，2009年中国汽车业历史性地首次荣登世界产销量第一的宝座。2010年中国汽车市场购买力依然旺盛，拉动汽车产能继续扩张。全年汽车产量高达1826.5万辆，比上年增加32.4%，不仅蝉联全球第一大汽车市场，而且创造了世界汽车生产史上年产量的最高记录。如图4-2所示。

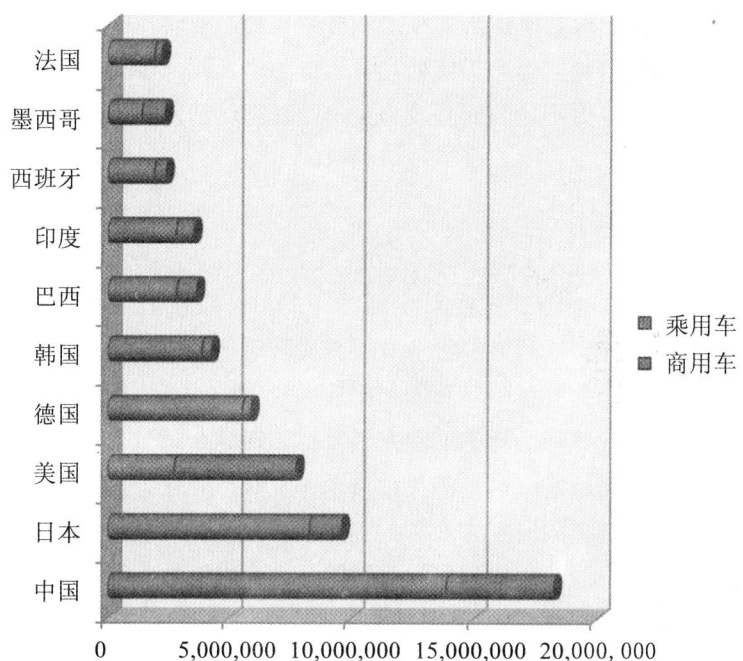

图4-2　2010年全球主要汽车生产国的产量（单位：辆）

资料来源：国际汽车制造商协会（OICA）。

（四）全球汽车业的产业转移不断加速

随着经济全球化的逐步深化，发达国家的大型汽车企业基于其全球价值链，把不同的生产环节、分销网络、供应链管理以及研发、运营中心在全球范围内进行合理配置。全球汽车业的产业转移在金融危机前就已经在进行，金融危机进一步加速了这一进程。汽车及零部件的制造和组装业务环节向市场潜力巨大、产业配套能力较强、生产成本较低的国家和地区转移，以中国为代表的金砖国家成为承接全球汽车产能转移的重点区域。但发达国家汽车企业转移的只是低附加值的生产制造环节，自己则专注于研发、管理、财务运作、营销等价值增值环节以及具有相对竞争优势的核心业务。作为产业转移的承接者，新兴经济体的汽车业整体上仍然处在价值链的中低端，产品技术含量不高和技术创新能力不足的问题较为突出，真正赶超发达国家尚待时日。

（五）新能源汽车的研发方兴未艾

传统的经济发展方式已经对全球经济的可持续发展构成了严峻的挑战，向低能耗、低污染的经济发展方式转型已经成为世界各国的共识。传统汽车业是大量消耗石油和排放二氧化碳的典型行业，亟待通过技术创新实现低能低耗的产业发展目标。在这个背景下，各国争相投入巨资，推动新能源汽车的关键技术开发和产业化。美国、日本和中国在新能源汽车的研发方面各具优势。目前正在开发的车用新能源包括电荷燃料电池、生物质能等。其中，动力电池技术取得了一系列重要的技术突破，使得电动车成为新能源汽车技术研发的重要方向。世界银行的一份研究报告估计，到 2025 年全球电动汽车的销量将会达到年度新车销量的 10%，并将导致汽车产业的价值链发生显著的变化。

二、美国汽车业开始走出低谷

(一)金融危机给美国汽车业造成沉重打击

美国被称为"车轮上的国家",它是世界上汽车普及率最高的国家,多年来一直蝉联世界汽车产销量第一。尽管从产业竞争的最终结果来看,汽车工业表现为寡头垄断的市场结构,但从实质上来看,汽车工业是一个典型的竞争性行业。纵观百年来世界汽车产业发展史,各国汽车产业都经历了一个从群雄并起到寡头对峙的市场格局演变。20世纪初,美国的各类汽车企业有2000多家,经过几十年激烈的市场竞争,最终形成了通用、福特、克莱斯勒三家寡头垄断美国市场的格局。

相当长的一段时间里,通用、福特、克莱斯勒这三家总部均位于底特律的汽车企业一直主导着美国的汽车市场。在最为风光的时代,三家企业曾经占有美国市场90%以上的市场份额。但从20世纪80年代开始,随着亚洲和欧洲汽车企业的相继进入,美国汽车市场的集中度开始发生变化,三大企业的市场占有率不断下降。2009年对美国汽车工业来说是灾难性的一年。在金融危机的冲击下,这一年美国的轻型汽车销量同比降幅高达21%。尽管美国政府提供了巨额的救助资金,但通用、克莱斯勒这两大巨头还是相继申请破产保护。继美国第三大汽车制造商克莱斯勒于2008年4月申请破产保护后,通用汽车公司于2009年6月1日正式申请破产保护,并不得不从纽约证券交易所退市。硕果仅存的福特公司也被迫通过出售沃尔沃等旗下著名品牌断臂求生。在2009年的美国汽车市场上,丰田、本田、日产、现代等亚洲汽车企业的总销量超过了三大汽车企业,底特律三大汽车企业的市场份额跌至40%左右。如图4-3所示。

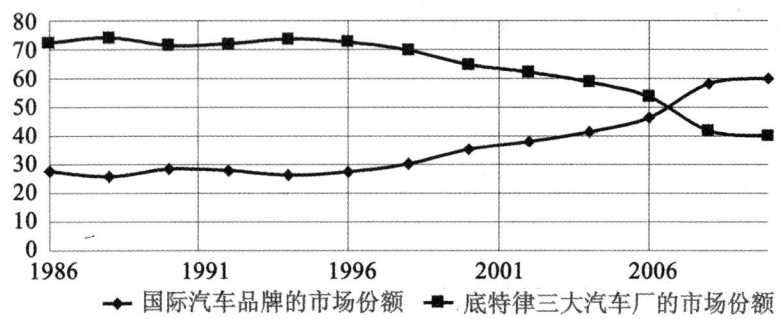

图 4-3 三大汽车制造商所占美国汽车市场份额的变化（1986~2009 年）（单位：%）

资料来源：美国汽车研究中心。

（二）"大企业病"是美国汽车业衰落的主要原因

事实上，自 20 世纪 90 年代以来，导致三大汽车公司陷入财务困境的结构性问题已经在潜滋暗长。以长期雄踞世界产量第一的通用汽车公司为例，通用汽车公司将汽车工业的规模经济发展到了极致，过大的规模反而拖累了通用汽车竞争力的持续提升。就在通用汽车不断扩张经营规模的过程中，以市场反应迟钝、决策效率低下、管理机制僵化、资源使用分散等为特征的"大企业病"也在持续地侵蚀着公司的肌体。90 年代的低油价，使油耗较高的 SUV 和轻型卡车在美国的销售盛极一时，这些利润丰厚的车型曾经让通用汽车获得了极高的利润，因而完全忽视了国际油价逐渐攀升的趋势。尽管通用汽车曾经在 70 年代的石油危机中备受冲击，但它显然没有吸取历史的教训，对市场环境的可能变化反应迟钝，不仅没有及时研发和储备低油耗的车型，对于代表汽车产业未来发展方向的新能源汽车更是重视不够，反而将相对节能的小型车市场拱手让给了日韩企业。随着近年来石油价格的大幅攀升，通用汽车昔日的畅销车型严重滞销，市场份额急剧下滑，从 10 年前约占美国市场的 33% 急剧下降到 2009 年的 22%，企业的销售收入也因此倍受影响。通用汽车旗下拥有八个知名品牌，但不同品牌对企业市场份额和财务业绩的贡献相去甚远,而通用汽车对这些品牌及其销售渠道一直进行着大致相同的人、财、物力的投入,平铺资源其实就是最大的浪费。通用汽车的人力成本控制更是长期为外界所诟病。强势的汽车工人联合会使通用汽车削减工资的谈判一直举步维艰,巨额退休金和医疗保险更是让企业不堪重负,在日韩企业的竞争面前完全丧失成本优势。通用汽车的这些"大企业病"曾经被长期的汽车市场繁荣所掩盖,而金融危机和油价暴涨使市场环境突然间出现较大的变化,企业的结构性缺陷立刻就暴露无遗,使通用汽车迅速坠向了财务困境的深渊。当马车制造商杜兰特先生在 1908 年建立通用汽车公司的时候,他或许没有想到,仅仅二十多年后,这家公司就成为了全世界最大的汽车制造企业;他更不会想到,这家多年雄踞《财富》世界 500 强之首的大企业,在喜庆百年寿诞后的第二年,就因为内忧外困而不得不沦落到要求政府援助甚至申请破产保护的窘境。通用汽车公司的这些问题在克莱斯勒和福特两家公司也不同程度地存在,从而降低了美国汽车业的市场竞争力,使它们在与成本控制能力较强的亚洲汽车企业的竞争中处于劣势。

(三)刺激政策推动美国汽车业出现强劲复苏

在经历了灾难性的 2009 年之后,随着政府刺激政策的推动和消费者信心的回升,2010 年美国的汽车产量开始止跌回升。2010 年美国的汽车产量为 776.14 万辆,同比增幅高达 35.4%,增幅名列全球第一。其中,乘用车产量为 273.1 万辆,商用车产量为 503.03 万辆,商用车产量排名全球第一。在 2010 年的美国汽车市场上,尽管三大汽车企业的市场份额较上年略有回升,但丰田、本田、日产、现代等亚洲汽车企业的总销量仍然高于三大汽车企业。

2010 年美国汽车业最重要的事件莫过于通用汽车公司重新鸣锣上市。通用汽车公司在 2009 年就完成了破产重组程序,成立了新通用汽车有限公司。新公司剥离了非核心品牌,只保留了"雪佛兰""凯迪拉克""别克"和"GMC"四个汽车品牌。凭借在中国市场上的强劲表现,新通用汽车公司在 2010 年前三个季度连续盈利,这为通用汽车公司重新上市奠定了良好的基础。通用汽车公司在 2010 年 11 月中旬重启 IPO 并大获成功,这意味着这家曾经长期雄踞世界产量第一宝座的美国汽车业巨头重返华尔街。但新通用公司能否真正东山再起,仍有待于进一步观察。

三、日本汽车业复苏受阻

(一)金融危机以来的日本汽车业发展情况

汽车业是日本的支柱产业之一,日本汽车素以质量优良而著称。以持续改善、零库存和精益生产为特征的丰田生产方式,对全球汽车产业乃至整个制造业的发展产生了深远的影响。在 20 世纪 80 年代,价廉物美而又节油的日本汽车源源不断地出口到海外,日本汽车产量一度跃居全球之首。但泡沫经济的破灭和高成本削弱了日本汽车企业的竞争力,导致越来越多的汽车企业赴海外投资办厂。进入 21 世纪以来,随着美国汽车工业的衰落,日本汽车产业重振雄风。丰田汽车公司的产量超过通用汽车公司,成为全球最大的汽车公司。从 2006 年开始,日本的汽车产量连续三年名列世界第一。

国际金融危机对日本的汽车工业同样产生了严重的影响,欧美汽车市场需求萎缩和日元升值打击了日本的汽车生产。据日本汽车工业协会提供的数据,自 2008 年以来,日本汽车产量连续 2 年出现下降,2009 年的累计产量约为 793 万辆,比上年减少 364 万辆,同比下降幅度为 31.5%,为自 1966 年以来的最大降幅。汽车出口业绩也严重下滑,2009 年的出口量仅为上年的 53.8%。随着全球经济的回暖,2010 年日本的汽车产量大幅增加,2010 年的产量为 962.6 万辆,比上年大增 21.3%,在全球汽车产量排行榜上的位置仅次于中国。但从 2010 年第四季度开始,日本的汽车生产又开始下滑。2011 年 3 月日本大地震导致的电力不足,进一步恶化了日本汽车业的生产形势。截至 2011 年 7 月,日本国内的汽车生产数量已经连续 10 个月同比下降。日本大地震对日本汽车业的供应链造成的冲击，还影响了日本在海外投资的汽车企业的关键零部件供应，导致海外工厂的产量下降。

（二）丰田"召回门"事件对日本汽车业的影响

对于正在努力走出金融危机阴影的日本汽车业来说，近两年却始终被质量问题和召回事件所困扰。其中影响最大的当属丰田汽车的"召回门"事件。全球最大的汽车制造商——日本丰田汽车公司，一度面临着前所未有的品牌危机和信任危机。因为脚垫、油门踏板等方面存在严重的安全隐患，丰田汽车已在全球范围内累计召回了近千万辆汽车。素以质量优良著称的丰田公司之所以近年屡屡被质量问题所困扰，与其过快的规模扩张和过度的成本控制不无关系。

1. 丰田汽车的"召回"事件

在美国这样一个有着严格的汽车安全标准和消费者保护制度的国家，汽车召回是一件再平常不过的事情。事实上，2009年丰田汽车在美国就进行了多次召回，而起初并没有引起太多的关注。但一起严重的交通事故改变了丰田的命运。2009年8月，加利福尼亚高速公路巡警马克·赛勒在驾驶一辆雷克萨斯车出行时，因车辆故障导致全家不幸遇难。经过事故调查，丰田公司于9月29日向美国国家公路交通安全管理局提交召回申请，理由是"汽车内可移动地板垫可能卡住油门，从而引发交通事故"。此次召回涉及丰田与雷克萨斯两大品牌的380万辆汽车，召回规模之大在丰田汽车的发展史上是前所未有的。但没有人会想到，丰田公司更大规模的汽车召回会接踵而来。

"脚垫门"风波尚未完全平息，"油门踏板"又给丰田公司带来了更大的麻烦。2010年1月21日，丰田公司宣布，由于油门踏板存在设计缺陷，在极个别情况下可能导致车辆突然加速引发危险，因而召回美国市场上8种型号的汽车，总数约230万辆。几天以后，丰田决定暂停在美国销售8种召回型号的汽车，同时将临时关闭部分生产线。1月底，丰田公司宣布由于油门踏板问题，召回在中国市场销售的7.5万余辆RAV4车型，在欧洲也将召回180万辆丰田车。这表明，丰田汽车的召回范围已经从北美市场迅速扩大至中国和欧洲市场，并有可能向其他地区继续蔓延。此后，丰田又在美国和日本召回27万辆存在刹车系统故障隐患的混合动力车普锐斯。短短半年时间，丰田公司在全球范围内的大规模召回数量已逾800万辆，超过其2009年的全球销量。此次丰田公司的汽车召回因召回数量之多，因而成为汽车发展史上单次召回规模之最。

2. 丰田公司规模扩张战略的代价

作为日本制造业的杰出代表，丰田公司在七十多年的发展历程中曾经创造了无数辉煌，丰田生产方式曾被世界各大汽车企业争相效仿。这样一家全球汽车业的标杆企业为何会突然陷入产品质量的泥潭呢？究其原因，有以下几点：

（1）快速扩张战略的隐患

虽然丰田公司早已成为全球汽车业中最具核心竞争力的企业之一，但直到20世纪90年代，丰田公司一直遵循着稳健的企业发展战略。从21世纪初开始，丰田公司的发展战略发生了很大的转变，实施了在全球范围内迅速扩张的战略。2002年丰田汽车占全球市场份额约为10.7%，丰田公司当时的管理层设定了2010年占据世界汽车市场15%份额的奋斗目标，丰田公司开始在全球市场快速扩张。

为了更快地扩张市场规模，丰田公司开展了大规模的海外投资。丰田海外工厂数量也从1990年在14个国家的约20家工厂，迅速增加到目前在26个国家的近50家工厂。从2001年以来，丰田的生产能力以每年增加50万辆的速度急剧增加。这种建立在数量扩张基础上的企业战略确实取得了一定的效果，2008年丰田公司的全球销量终于超过了雄踞榜首七十余年的通用汽车公司，一举成为了全球最大的汽车生产企业。

正如丰田公司现任社长丰田章男在接任社长时所言："我认为我们拓展业务以满足全世界消费者需求的做法没有错，但我们的扩张超出了理应范围。"丰田公司虽然如愿以偿地成为了全球汽车业的老大，但它在追求规模经济的同时，却不知不觉地放弃了作为立身之本的丰田生产方式的精髓。丰田生产方式不仅将产品的开发设计和制造过程的每一个环节都有机地结合起来,还在保证产品质量的前提下提供极大的生产灵活性。在构成丰田生产方式的诸要素中,人无疑是最重要的因素。只有在员工的操作能力和处置能力不断提升,工作积极性和主动性得到鼓励的情况下,丰田生产方式的效能才能充分体现,"持续改善"和"精益生产"才能得以实现。因此,丰田生产方式根植于以人为本的理念和特定的企业文化之中,是难以简单移植的。在丰田公司最近几年的海外扩张过程中,由于企业发展速度过快,超过了人才培养、人才成长的速度。随着海外工厂的纷纷投产,在当地招收的大批新员工并没有得到充分的培训,建立在员工主动发现并处置问题之上的"持续改善"因而难以实现,这些无疑为产品质量的下降埋下了伏笔。事实上,在丰田全球销量迅速增加的 2005 年至 2008 年间,因产品质量导致的召回事件就屡有发生,而这一次的召回风波不过是快速扩张后遗症的集中爆发。

(2) 过度成本控制对质量管理的侵蚀

追求安全和质量一直是丰田汽车多年来最重要的经营理念。然而,在全球扩张的过程中,为了在激烈的产品竞争中取得更大的优势,丰田公司在成本控制上下足了功夫。正如丰田章男在向中国消费者道歉的时候所承认的:"相对于以前来讲,我们长期以来一直秉持的一些造车理念,从顺序上来说可能出现了一些变化。从我们创业以来,关于汽车制造和生产方面我们所坚持的优先顺序来说,第一位应该是产品安全,第二位是质量,第三位是数量。还有一点就是关于成本方面,成本绝对是放在后边的。"近年来丰田公司在实施规模扩张的同时过于注重成本控制,偏离了丰田公司的经营主旨,反而毁坏了丰田公司的竞争优势。

1999 年,丰田公司推出了"面向 21 世纪的成本竞争力计划"(CCC21),大规模削减企业成本,其目标是连续 3 年将成本削减的幅度控制在平均 30%的水平。

这种成本压力很快转嫁到零部件供应商,迫使他们也降低生产成本,因而零部件的耐用性和偏差容忍度都得不到有效的保证,导致了产品质量的不确定性。随着汽车生产进入"模块化"时代,丰田也顺应产业发展的潮流,实行了多种车型共用平台、多种车型共用若干模块的"通用产品平台"生产体制。2005年丰田提出了"价值创新计划",通过将多个零部件组合成标准组件,并淘汰不必要的部件,从而降低零部件成本。这样的做法本来无可厚非,但在过度压缩成本从而影响零部件质量的背景下,一旦某一个共用模块出现质量问题,就可能导致多个车型同时出现质量问题,这一次丰田旗下不同品牌同时出现召回现象,就可能与此有关。

(3) 原有的零部件供应体系受到冲击

丰田公司在长期发展过程中,与零部件供应商之间形成了独特的"紧密的供应商管理体系"。丰田公司将供应链管理视为企业内部产品开发与生产系统的延伸,通过控股和参股部分零部件供应商等方式,形成了多层次的零部件供应体系。对于体系内的零部件供应商,丰田企业会与之长期持续交易,有时候还会以确认图方式和无检查交货方式将零部件开发与生产进行整体外包。体系内的零部件供应商与丰田公司形成了共生共荣的长期合作关系,它们深刻地理解丰田生产方式,能够围绕汽车新产品的开发进行相关零部件的设计和生产,在质量控制和制造工艺上非常符合丰田汽车的需要。丰田生产方式的成功很大程度上是建立在这种独特的供应商管理体系之上的。

在丰田汽车的全球扩张过程中,通常也会将这种供应商管理体系带到海外。但随着丰田公司海外扩张速度的加快,体系内的核心零部件供应已经不能满足海外工厂产能扩大的需求,丰田公司不得不寻求与更多的体系外供应商合作。这些新加入的供应商在短期内很难像体系内的供应商那样全面了解丰田生产方式的内涵,导致了丰田公司产品质量管控能力的下降。此次闹得沸沸扬扬的油门踏板风波,其供应商正是一家体系外的零部件制造商CTS。

3. 丰田汽车召回风波的影响

随着丰田公司不断地宣布汽车召回,丰田公司对消费者的态度以及丰田汽车的安全性、质量可靠性开始广受质疑。美国国会众议院能源和商务委员会、监督和政府改革委员会,以及参议院的商业、科学和运输委员会先后举行了三场听证会,就丰田公司是否刻意隐瞒召回等问题，对包括社长丰田章男在内的丰田公司部分高级管理人员进行了质询。美国消费者也纷纷拿起了法律武器。据美联社发布的一项调查显示，美国消费者对丰田提起至少 89 起集体诉讼，索赔金额可能超过 30 亿美元。

美国官方对丰田公司的调查仍在进行，越来越多的法律诉讼也已经排上了日程，丰田汽车的召回风波短期内难以平息。受召回事件的影响，丰田公司的销售额急剧下滑，市场占有率也不断下降。2010 年 1 月，美国新车销量同比增长了 6.3%。丰田汽车因大规模召回而暂停主力车型销售，同比下降了 15.8%，销量仅为 9.88 万辆，自 1999 年以来在美国单月销量首次跌破 10 万辆。不仅如此，丰田汽车在消费者心目中的地位也一落千丈。跟踪汽车残余价值与品牌价值的汽车租赁指南（Automotive Lease Guide）公司对美国消费者进行的调查发现，多年在汽车质量榜上高居榜首的丰田品牌，现在在主流品牌中仅排第六位。丰田汽车公司苦心经营几十年才建立起来的质量安全可靠、零缺陷的产品形象，就因为这一系列的汽车召回事件而毁于一旦。如何重塑品牌形象，恢复消费者的信心，成为了丰田公司的当务之急。同时丰田危机也给日本汽车企业敲响了警钟，使它们在未来的全球扩张中更加稳健，以维护和提高日本汽车的品牌竞争力。

四、中国汽车业迅速崛起

（一）近年来中国汽车产业取得了长足的进步

改革开放以来，中国的汽车工业发展很快。尽管金融危机对全球汽车市场造成严重冲击，但中国政府及时推出的刺激政策，使中国的汽车产业异军突起，2009 年中国的汽车产销量历史性地双双突破 1000 万辆，一跃成为世界第一汽车大国。2010 年汽车产销量继续保持在 1000 万辆以上，蝉联全球第一。汽车产业已经成为我国重要的支柱产业。

金融危机以来，中国汽车产业的发展呈现出以下特点：

1. 汽车产销量双双问鼎世界第一

面对金融危机的冲击,中国政府迅速推出十大产业振兴规划,其中最先出台的就是汽车产业调整和振兴规划。此后,政府又相继推出下调乘用车购置税、下乡补贴、以旧换新等汽车消费政策,这些政策极大地刺激了国内市场需求,旺盛的市场需求激发了汽车企业的生产热情,汽车产量随之大幅增加,汽车市场呈现产销两旺的繁荣景象。根据中国汽车工业协会的统计数据,2008 年全国汽车产销分别为 929.92 万辆和 938.1 万辆,2009 年突破千万级大关,分别达到 1379.10 万辆和 1364.48 万辆,2010 年进一步增长到 1826.47 万辆和 1806.19 万辆,产量占到全球总产量的近 1/4。2011 年上半年,尽管同比增速有所放缓,但中国汽车的累计产销量仍分别高达 915.60 万辆和 932.52 万辆。如图 4-4 和图 4-5 所示。

随着汽车业的迅猛发展,它在增加就业、拉动内需等方面的作用越来越明显,在国民经济中的支柱地位愈加凸显。据工业与信息化部统计,2010 年,我国汽车产业实现工业总产值 4.34 万亿元,占国民经济总产值的 6.13%。直接相关产业的从业人员超过 4000 万人,占全国城镇就业人数的 12%以上。汽车行业税收 9500 亿元,占全国税收的 13%。汽车产业对国民经济发展起到了重要的引领和支撑作用。

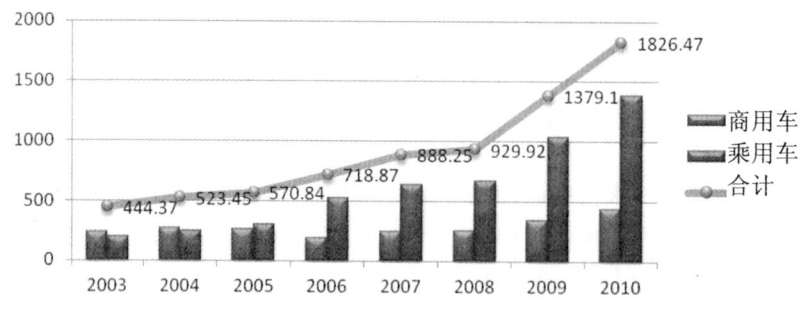

图 4-4 2003~2010 年的中国汽车产量(单位:万辆)

资料来源:中国汽车工业协会。

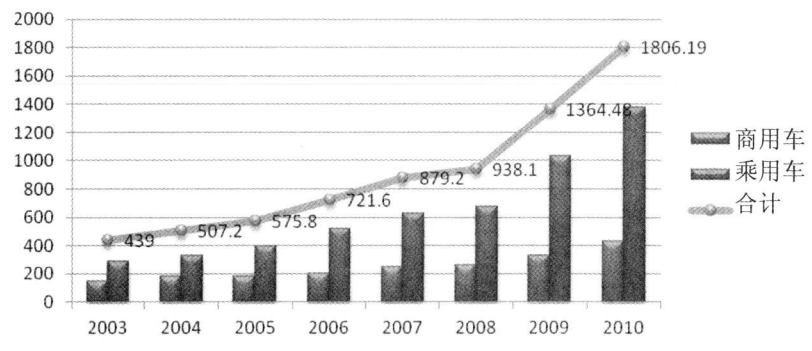

图 4-5　2003~2010 年的中国汽车销售量（单位：万辆）

资料来源：中国汽车工业协会。

2. 中国成为跨国汽车企业最重要的市场

在金融危机的冲击下，发达国家的汽车市场出现了不同程度的萎缩，与此同时，中国的汽车市场却在不断扩张，这使得跨国汽车企业极其重视中国市场，其在中国市场的表现已经成为影响总体经营业绩的关键因素，许多外资品牌在中国市场的销量都超过本土市场。在 2010 年的中国汽车市场上，通用汽车销量达到 235 万辆，成为中国市场上首家汽车销量突破 200 万辆的外资汽车企业，通用汽车公司在中国市场上的良好业绩为其重返华尔街奠定了坚实的基础；大众汽车的销量超过 151 万辆，比上年增长 36%；福特汽车公司销量同比上升了 40%，达到 58.2 万辆；丰田汽车公司在中国销售了 84.6 万辆，超过了其年初制定的 80 万辆的销售目标；日产汽车公司的销量达到了 102.3 万辆，其在中国市场的销量首次超过美国市场，中国成为日产公司在全球最大的汽车市场。

3. 自主品牌汽车取得长足进步

近两年汽车市场的繁荣给自主品牌企业提供了难得的机遇，它们充分利用了国家鼓励小排量乘用车的政策，通过产能的扩张，迅速地实现了企业的规模经济。自主品牌汽车依靠持续的技术改进和出色的成本控制能力，综合品质有了很大的提高，在中低端汽车领域里获得了很大的成功，并开始向中高档汽车领域延伸。2010年乘用车自主品牌已有211个，其中轿车103个，较2005年增长了196%。在国内市场上，自主品牌汽车的市场占有率超过了50%，其中乘用车占有率为45.6%，轿车占有率为30.89%，商用车的占有率则高达88.2%。尽管2011年上半年中国汽车市场的增长幅度放缓，但自主品牌汽车的发展状况尚好。据中国汽车工业协会统计，上半年自主品牌轿车销售152.69万辆，同比增长5.07%，占国产轿车销售总量的30.81%，在中国轿车市场上依然是三分天下有其一。

自主品牌汽车还成为中国汽车拓展海外市场的主力。截至2011年，奇瑞汽车公司已建成了17个海外生产基地，产品远销80多个国家和地区，累计出口量达到50万辆，奇瑞汽车公司占据了中国轿车出口的半壁江山。2009年吉利汽车公司收购世界知名品牌沃尔沃，通过吉利集团的整合，沃尔沃汽车已经连续六个季度实现盈利。2011年上半年，沃尔沃全球销量同比增长20%，超过23万辆，营业利润达到12亿瑞典克朗（约合人民币11亿多元），这个成绩更加使得国际汽车界对中国自主品牌企业刮目相看。

4. 产学研联手抢占新能源汽车制高点

在世界各国大力发展低碳经济的背景下，汽车产业也正处在重大技术革命的前夜。中国高度重视新能源汽车的发展，已经将发展新能源汽车上升为国家战略。《国民经济和社会发展十二五规划纲要》明确提出，要大力发展包括新能源汽车在内的战略性新兴产业，推动重点领域跨越发展。新能源汽车产业重点发展插电式混合动力汽车、纯电动汽车和燃料电池汽车技术。在政府的引导下，国内产学研联合开发新能源汽车核心技术，并取得了一系列技术突破。为了推动新能源汽车的产业化，从2009年开始，中国还启动了"十城千辆"节能与新能源汽车示范推广应用工程，计划用3年左右的时间，每年在10座城市进行大规模试点，每个城市推出1000辆新能源汽车开展示范运行。目前新能源汽车示范推广城市已经扩大到25个，54家汽车生产企业的190个车型已被列入推荐车型目录。中国在新能源汽车领域已经与发达国家站在同一起跑线上。

（二）中国汽车业存在的问题及发展前景

尽管中国的汽车产业近年来取得了巨大的成就，但中国汽车工业的深层次问题仍没有得到有效的解决。

1. 单纯追求规模扩张的倾向依然存在

汽车工业是一个规模经济效应非常巨大的产业部门，但规模经济只是汽车企业生存和发展的基本条件，决定其长远发展的还是企业的竞争力。近年来，中国汽车工业的产能增加很快，长期困扰中国汽车业的规模不经济的问题已经有了很大的改观。在政府的大力扶持下，中国的汽车公司纷纷通过投资设厂和海外并购的方式力图打造世界级的大型企业。但一些汽车企业还没有意识到需要及时弥补技术和品牌方面的不足，依然沿着产能扩张的老路在继续前行，有的企业甚至立下了在 2025 年以前成为世界最大的汽车生产商的誓言。过度注重产能的扩张，确实可以在短期内形成一些制造能力巨大的企业，但过大的规模却有可能拖累企业竞争力的持续提升，通用汽车的破产和丰田汽车的召回事件就是前车之鉴。

2. 技术能力有待于进一步提高

改革开放以前，中国的汽车企业基本上在一个相对比较封闭的环境中进行生产和研发。为了尽快缩短与世界先进汽车生产国之间的技术差距，自 20 世纪 80 年代以来，中国汽车工业采取了以引进国外技术为主的技术学习模式。很长一段时间里，中国汽车工业的技术进步是通过合资模式下的"引进—消化—吸收"方式实现的。合资模式不仅可以迅速获得单纯依靠国内技术力量所无法提供的技术能力，而且可以减少研发中的不确定性带来的风险，缩短研发周期，使新产品上市时间大大提前。良好的市场绩效使合资模式存在着报酬递增和自我强化的机制，在进入新的产品领域或者实现技术能力升级时，合资企业仍然倾向于从合资外方直接获得技术援助，而不是通过自主开发形成独立的技术创新能力。由于中国不具备汽车产品的创新能力，以整车装配为特点的中国汽车工业只能处在跨国公司全球价值链的最低端，只能获得汽车产业巨大价值增值中较低的附加值。随着中国汽车企业对自主创新的重视，汽车工业的研发能力有了长足的进步，但技术来源复杂、产品开发不成体系、核心技术研发存在瓶颈的中国汽车企业，仍然没有完全摆脱技术依赖。如果缺乏自主开发的先进技术作支撑，企业将很难屹立于世界产业巨头之列。

3. 自主品牌的认同度还不尽人意

中国汽车工业是世界汽车业的后起之秀，这固然使中国汽车业拥有了后发优势，可以学习发达国家的管理经验，引进先进技术，从而少走弯路，后来居上。但不容否认的是，作为产业的后进者，中国汽车业也有着与生俱来的后发劣势。中国的汽车企业，尤其是自主品牌企业，在品牌、技术、质量等方面与国际先进水平还有着很大的差距。品牌是中国汽车工业最大的短板。由于种种原因，合资企业在中国汽车工业大行其道，自主品牌企业在市场的夹缝中艰难求生。虽然经过不懈的努力，自主品牌汽车实现了产品的不断升级，市场份额有了很大提高，品牌影响力也有所增强。但我们不得不承认，虽然国内汽车市场对自主品牌的关注度很高，而实际的产品销售状况仍然未尽人意，存在着"叫好不叫座"的问题。现阶段中国汽车企业在品牌问题上的努力更应该着眼于创立品牌并提升其价值，中国汽车业塑造自主品牌之路依然任重而道远。

进入21世纪以来，中国的汽车市场连续多年出现了井喷式的增长，汽车这个"改变世界的机器"已经开始进入寻常百姓家。尽管如此，中国只是刚刚迈进汽车社会的门槛，我国汽车保有量水平仍然不到世界平均水平的30%。从长远来看，随着中国经济的持续增长和人均收入的不断提高，中国汽车市场的容量还有很大的扩展空间。如果中国的汽车企业能够抓住市场繁荣的有利时机，努力提高产品质量和售后服务质量，制定并实施可行的品牌升级战略和技术开发战略，在生产制造体系、质量保证体系、技术创新体系、供应链管理体系和售后服务体系的建设方面投入更大的精力，密切跟踪全球汽车技术和市场发展的前沿，创新发展思路，力争在一些具有独特优势的领域取得大的突破，那么中国就有可能从汽车业大国跻身汽车业强国。

主要参考文献

1. Center for Automotive Research. Contribution of The Automotive Industry to The Economies of All Fifty States and The United States. April 2010.
2. Klepper, Steven. The capabilities of new firms and the evolution of the US automobile industry. Industrial and Corporate Change, Oxford University Press, 2002, 11(4).
3. 藤本隆宏. 能力构筑竞争：日本的汽车产业为何强盛. 中信出版社，2007.
4. 国务院发展研究中心课题组. 我国汽车产业在全球汽车产业格局中的地位和趋势. 国研网，2008-2-3.
5. 国务院发展研究中心课题组. 以电动汽车为突破口实现我国汽车产业的升级与跨越. 国研网，2009-7-20.
6. 万军. 世界产业数字地图2010. 科学出版社，2010.
7. 万军. 丰田汽车召回风波及其启示. 当代世界，2009（4）.
8. 冯晓琦，万军. 世界汽车工业. 世界经济年鉴2011～2012年. 经济科学出版社，2012.
9. 中国汽车工业协会、国际汽车制造商协会、日本汽车工业协会网站。

第五章 合资模式与中国汽车工业的技术依赖[①]

改革开放以来，为了尽快缩短与世界先进汽车生产国之间的技术差距，中国汽车工业采取了以建立合资企业为主的技术学习模式。然而，"以市场换技术"的产业技术政策并没有取得预期的效果。中国的汽车工业与战后日本的汽车工业几乎同时起步，比韩国汽车工业的建立还要早十年。今天日本、韩国的汽车工业已经拥有了国际竞争力，并成为本国重要的出口部门，而中国在加入世贸组织之时，汽车工业仍然作为"幼稚工业"被保护着。中国汽车工业之所以缺乏竞争力，技术能力低下是其中一个重要原因。本章试图利用一个技术学习与技术能力形成的分析框架，来剖析中国汽车工业形成技术依赖的原因。

一、技术学习与技术能力的形成

技术通常是指把投入转化为产出的具体生产流程以及在实施这种转化中采用的构成这些活动的知识和技能的总和（金麟洙，1998）。技术是由显在知识（Public knowledge）和缄默知识（Tacit knowledge）构成的。显在知识能够以资本货品、教科书、操作手册、专利、工程图纸、设计方案和其他技术文件等形式存在，尽管它也包含了创造知识的个人和组织的独特经验，但它作为一种可编码化的知识，能够通过技术交流、技术培训、技术贸易以及外国直接投资等方式得到广泛的传播和扩散。缄默知识是存在于特定组织的专有知识，通常以组织

[①] 本章部分内容发表于《生产力研究》2006年第10期。

惯例与特定团队集体经验和技能的形态存在（纳尔逊和温特，1982）。不同组织的缄默知识源于组织演进中的集体学习过程，由于不同组织在成长过程中所面临的环境变化和所需要解决的问题千差万别，由此组织在成长过程中需要不断地对显在知识进行学习、理解并创造新的显在知识。在这个集体学习过程中，由于不同组织内部结构和外部环境的差异所决定的具有组织特征的独特的缄默知识也不断积累。由于不同组织成长过程的差异性，导致依赖于过去的机会和市场经验而形成并积累的、以组织为载体的缄默知识是难以模仿和复制的。企业在成长过程中为了应对各种挑战而不断地学习，并在持续的学习中将通用的显在知识与组织独有的缄默知识有机结合起来，使企业的知识存量不断积累，表现为企业技术能力的不断提高，并最终具备创新能力（贾根良，2004）。

上述分析表明，企业"技术能力"就是企业在持续的技术变革过程中，选择、获取、消化吸收、改进和创造技术并使之与其他资源相整合，从而生产产品和服务的累计性学识（或知识）（安同良，2004）。它包括生产能力、投资能力和创新能力。其中，生产能力包括维护现有设备运作、原材料控制、制定生产计划、质量管理、故障处理、工艺和产品调整等生产管理能力；投资能力是能够扩大生产能力和建立新的生产设备的能力；创新能力则是指创造和实施新技术的能力，包括为获取具有商业价值的知识而进行的基础研究和应用研究，以及将这些知识转化为新产品、新工艺和新服务的研发（金麟洙，1998）。对后发工业国的企业来说，这三种技术能力的形成具有阶段性，通常最先形成的是生产能力，然后是投资能力，创新能力是企业技术能力的最高阶段。

技术能力并不是自动形成的，它依赖于企业持续性的有效的集体学习过程。技术学习是指企业利用各种知识来源形成技术能力的学习行为和学习过程。后发工业国企业的技术学习来源一般分为三种：（1）从国外引进技术进行学习。发达国家作为技术创新的先行者，一般也是技术贸易的输出国。后发工业国的企业可以通过国际贸易进口凝聚着先进知识的资本货品，或者通过购买技术许可证等技术贸易，或者利用外国直接投资带来的技术转移,或是通过商业性的展览、培训、信息交流,或者通过大众媒体以及学术交流等渠道从国外获得先进的技术或者知识。(2)从国内公共科研机构、商业组织或者其他渠道进行学习。本国的高等院校、科研院所以及上下游企业都可以为企业提供新的知识来源。(3)企业内部的学习。它包括"干中学""用中学"等能够提高生产能力、投资能力的学习和"研发中学"等能够提高创新能力的学习。"干中学"和"用中学"发生在生产制造过程中,通过长期地或强化性地使用某项技术,能够进一步加深对该项技术功能和特性的理解,不断提高生产技能,并在此基础上形成投资能力。"研发中学"发生在企业的研究与开发领域,研发活动不仅能够产生具有商业价值的新知识和新产品,而且能够提高消化、吸收和利用现有知识的能力,从而能使企业的技术能力在特定的技术进步方向上得以提高。

应该说,来自国内外的各种技术学习渠道只是为企业技术能力的积累和提高提供了足够的信息和知识来源,只是企业形成创新能力的必要条件。如果企业没有技术学习和技术创新的决心与动力,没有在技术学习上投入高强度的持续性努力,企业的技术能力一般停留在生产能力,至多形成投资能力,很难形成技术创新能力。企业生产能力的形成并不困难,通过引进设备并对设备的使用进行必要的培训,企业的生产者一般都会形成基本的生产技能,经过反复的"干中学"和"用中学",劳动者的生产技能会越来越熟练,表现为学习曲线的不断下降和企业劳动生产率的提高。投资能力是扩大生产能力和建立新的生产设备的能力,它是长期的生产能力,建立在短期生产能力之上。一般而言,经过一段时期生产能力的积累,企业逐渐会形成投资能力。而创新能力的形成路径与生产能力和投资能力的形成路径则大不相同。引进的技术是技术先进国企业充分利用显在知识和缄默知识的智慧结晶。其中体现的显在知识比较容易被技术引进企业所理解,但缄默知识只附着于特定的组织之中,是难以把握的。对于后发工业国的企业来说,创新能力的形成只能是在自主研发的过程中,逐渐理解相关技术和产品的技术原理与设计理念,掌握设计方法、制造方法、关键技术和工艺诀窍，形成自己的缄默知识，通过不断地模仿性创新，最终能够设计出具有自主知识产权的新产品和新工艺。如图 5-1 所示。

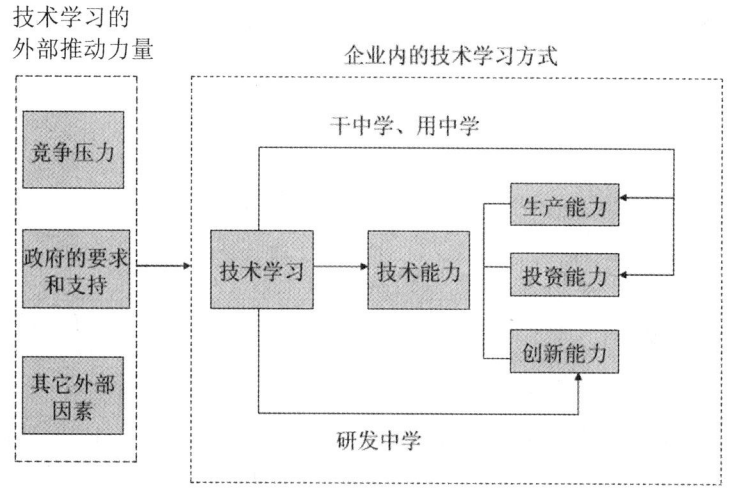

图 5-1　企业技术学习与技术能力提高的外部激励因素和内在机制

二、技术学习与后发工业国的汽车产业成长

由于汽车工业强大的关联效应及其对经济增长的推动作用，二战后一些后发工业国先后涉足汽车工业，试图建立起既具有独立性又具有国际竞争力的汽车产业。日本和韩国成功地实现了这一目标，目前已经成为世界第二和第六大汽车生产国。巴西、墨西哥、西班牙、南非、泰国等也先后形成了大规模的汽车制造能力，成为汽车业跨国公司全球战略布局中的重要生产基地。世界银行考察了一些后发工业国汽车工业发展的经验教训后，以技术引进和技术进步为主线，总结出了汽车工业产业发展的四个阶段（参见表 5-1）。

表 5-1　后发工业化国家汽车产业发展的四个阶段

技术	国内能力	产品	市场	产业结构
第一阶段　　封闭环境中的进口替代				
技术落后，通常与当时世界先进水平有20~30年的差距	整车和零部件都由国内自制	产品设计简单落后，质量低劣，成本高昂，通过进口限制和政府补贴保护国内企业	国内市场以国产汽车为主，也有少量特殊用途的车辆需要进口	不成规模的分散产业结构，降低成本还没有成为产业发展的推动力量
第二阶段　　引进国外技术：装配技术能力的发展				
国内汽车业从国外引进技术，最初技术进口的重点是发展装配能力	通过CKD和SKD发展国内技术能力。但国内还不具备生产重要零部件和特殊原材料的能力，仍需进口	产品设计和质量提高，但仍落后于国际水平，产品的可靠性、安全性和售后服务尚不完善	规模不大并且受保护的国内市场以国产汽车为主，但先进技术、重要总成和某些整车仍需进口	装配活动的经济规模是4万辆，产业内的领先者能达到这一规模，产业结构仍然散、乱
第三阶段　　大规模生产和制度建设：生产技术能力的发展				
引进技术的重点转向零部件部门和上游产业	国内企业掌握了现有车型的生产技术，实现了大部分零部件的国产化，质量、安全性和售后服务网有了很大发展，但产品技术和特殊零件仍需进口	产品设计虽然简单但已经开始与时代同步，但与世界水平仍有数年差距，新车型不多，企业开始综合考虑产品生产、质量、安全性和售后服务网络等问题	随着国内经济增长，汽车市场规模开始扩大。随着企业实现规模经济和生产效率提高，车价快速下降	整车的经济规模上升到15万辆至30万辆，小企业被淘汰，产业结构逐渐形成寡头垄断格局

续表

技术	国内能力	产品	市场	产业结构
第四阶段　产品设计的创新：产品技术的发展				
随着自主开发能力的提高，技术引进越来越少	国内企业已具备产品创新、企业发展和市场销售能力	产品质量达到世界先进水平，新车型的不断推出既有必要也有可能	国内企业产业具备国际竞争力，参与国际竞争，不再需要产业保护	随着R&D和产品开发的成本增加，企业生产规模增加到1～200万辆。寡头垄断格局形成

资料来源：World Bank. China industrial Organization and Efficiency Case Study: The Automotive Sector. Report No.12134-CHA，December 31，1993.

　　后发工业国在汽车工业发展之初，国内的技术能力远远落后于当时的世界先进水平。技术水平的初始状态决定了后发工业国汽车工业都是从引进发达国家的生产技术（主要是装配技术）和设备，并进口各种零部件进行组装，通过CKD和SKD在"干中学"和"用中学"逐渐形成生产能力。从国外的经验来看，后发汽车工业生产国从技术先进国家引进技术发展本国技术能力的模式一般可分为两种：一是采用购买资本货品和技术许可证等技术贸易的方式引进技术，然后消化吸收引进的技术并逐渐形成创新能力；二是引进外资，由跨国公司提供生产技术和设备，在东道国投资建立汽车厂引进车型进行生产。第一种模式的代表是日本和韩国。20世纪50年代初期，在日本通产省的大力支持下，日产、五十铃等日本汽车厂商通过技术贸易的方式有计划地从欧洲引进轿车生产技术，并进口散件开始组装轿车。仅仅过了十年时间，日本企业就完全掌握了汽车生产的核心技术，并创造性地发明了后来风靡世界的"精益生产方式"和"下请制"。70年代的第一次石油危机使以省油为特色的日本汽车迅速占领世界市场，汽车工业成为日本最大的出口部门。韩国汽车工业的诞生也得益于通用公司和福特公司的装配技术输出。经过从模仿到创新的艰难历程，韩国汽车工业逐渐具备了自主开发能力，生产出了具有自有品牌的成本低廉的汽车，成为国际汽车产业中的后起之秀。尽管由于产业部门的初始状态决定的企业技术学习来源具有共同特点，但其他的后发汽车工业生产国的技术发展路径与日韩两个东亚国家完全不同。巴西、墨西哥、西班牙、加拿大、泰国等国家的技术引进是通过跨国公司的直接投资来实现的。跨国公司在这些国家设立了大规模的汽车制造基地，生产的汽车主要供给这些国家和周边国家的汽车市场。这些国家形成了很强的整车装配能力，由于当地政府的国产化要求，也形成了具有一定规模和技术能力的零部件配套体系，但这些国家的汽车企业基本不具备新车型和重要零部件的独立研发能力，为了与时俱进地提高汽车工业的技术水平，就需要不断地向跨国公司购买新产品的相关生产技术，对发达国家的汽车工业产生了很强的依赖性。与通过技术贸易实现的技术转让模式相比，通过引进外资实现的技术转让更容易产生对国外技术的依赖性。

三、合资模式与中国汽车工业技术升级的路径选择

中国改革开放之初，汽车工业是在非常落后的情况下开始对外开放的，国内技术能力低下，国家对汽车产业的投入也严重不足，中国汽车工业不仅需要引进先进技术，也需要相当数额的资金投入。从汽车主管部门和国内汽车企业来看，通过鼓励外国跨国公司和国内有实力的汽车企业共同建立中方控股的合资企业，不仅能够引进先进的生产技术，而且还能借助外方的直接投资解决汽车工业发展的资金问题。这一点在1994年出台的《汽车工业产业政策》中表达得很清楚。"国家鼓励汽车工业企业利用外资发展我国的汽车工业"（第二十七条），有资格与中国企业建立合资公司的跨国公司不仅应当"拥有独自的产品专利权和商标权""具有产品开发技术和制造技术"，还必须"具有足够的融资能力"（第二十八条）。产业政策的设计者显然并不希望外国资本控制中国的汽车工业，在《汽车工业产业政策》中也设定了一些条款对外国直接投资的股权比例和子公司数量进行限

制,"生产汽车、摩托车整车和发动机产品的中外合资、合作企业的中方所占股份比例不得低于50%"(第三十二条),"外国(或地区)企业同一类整车产品不得在中国建立两家以上的合资、合作企业"(第二十九条)。但是,利用外国资本发展汽车工业的合资模式一旦被官方认可,就会活跃地复制自身,而不以产业政策的限制意志为转移。轿车工业率先走上了合资之路,中国轿车工业"三大三小两微"八家定点生产企业有七家是通过合资方式建立起来的,唯一一家通过购买技术许可证的方式建立起来的轿车企业天津夏利在艰难地支撑了十几年后,也于2001年与日本丰田成立了合资公司。从轿车工业开始,中国汽车工业的其他生产企业也先后选择了合资之路。

诺思指出:"人们过去作出的选择决定了其现在可能的选择。"[①]中国汽车工业技术引进的合资模式,在选择之初可能是由当时汽车工业的初始条件决定的具有偶然性的选择。但这种技术学习模式会产生了很强的路径依赖,对合资企业技术学习的过程和技术能力的形成产生深刻的影响。路径依赖是指某种制度安排或者某项技术因偶然性事件的影响,一旦出现,在先发优势的作用下,通过规模效应、学习效应、协作效应和适应性预期等因素的共同影响,使这种制度安排或技术不断地自我强化,最终挤占其他或许是更优的制度安排或技术的生存空间。通过合资模式,合资企业不仅可以迅速获得单纯依靠国内技术力量所无法提供的技术能力,而且可以减少研发中的不确定性带来的风险,缩短研发周期,使新产品上市时间大大提前。良好的市场绩效使合资模式存在着报酬递增和自我强化的机制,在进入新的产品领域或者实现技术能力升级时,合资企业仍然倾向于从合资外方直接获得技术援助,而不是通过自主开发形成独立的技术创新能力。

对于合资汽车企业来说,它通过对国外合作伙伴提供的车型进行国产化,曾经在一定程度上推动了中国汽车工业的技术学习和技术能力的提高,但国产化政策也有很大的局限性。国产化本身并不是目的,而是一种通过引进先进技术来开展技术学习,进而提高企业技术能力

[①] 诺斯. 经济史中的结构与变迁. 上海三联书店、上海人民出版社, 1994.

的手段。国产化工作是针对引进的特定车型而展开，其内容是以国产的零部件替代进口的零部件。国产化对中国汽车企业技术能力的作用主要体现在汽车的生产能力上，囿于引进车型的限制，与国产化相关的研发不需要多少创造性，而整车的自主开发则需要充分发挥设计人员的想象力，从根本上改变一个企业的设计理念和产品意识，因此国产化并不能必然导致整车设计开发能力的提高。国内主要汽车生产企业将大量的人力、财力和物力都投入到国产化过程中，甚至技术开发机构的主要职能也从自主开发设计新产品转变为引进车型的国产化服务，使企业的自主创新和自主研发能力日益萎缩。汽车技术的输出方出于竞争战略的考虑，转让的车型一般是处在产品生命周期的成熟期甚至是衰退期即将在国际市场上被淘汰的车型。德国大众公司在向上海大众转让桑塔纳轿车车型后，就在本国将这个产品淘汰了。曾经位列"三大三小"之列的广州标致在高度保护的中国汽车市场上都难以立足，就是因为其转让的车型实在太落后，连没有多大选择余地的国内消费者都不认可。因此，国内企业围绕引进车型的国产化开展的技术学习固然有利于企业技术能力的提高，但针对落后于国际主流技术水平的车型进行的国产化工作，会将国内企业的技术水平始终锁定在某种落后的状态之下，形成"引进车型－国产化－原车型被淘汰－再引进－再国产化"的闭锁路径。

　　跨国公司在中国投资的目的是充分利用中国的区位优势和资源禀赋，以形成全球范围内最优的资源配置效果。在跨国公司的战略布局中，它在中国投资的合资企业具备生产能力就可以了，不要求它们具备独立的创新能力。相反，这些当地子公司形成创新能力的努力必然会增加企业的研发支出，从而减少跨国公司的利润，这不符合它的利益需求，因此，除非出于某种战略利益的考虑，跨国公司在东道国的子公司建立自主创新能力的努力是不被鼓励甚至是被限制的。比如，中国目前最大的汽车合资公司——东风汽车有限公司投资 3.3 亿元人民币在广州设立了乘用车研发中心，但合资外方日产公司明确表态：该研发中心只是日产全球研发体系中的一部分，不会独立研发车型。设立研发中心的目的在于研究将日产车型全盘照搬到国内后的生产及配套的国产化问题,至多再根据国内的需要进行一定的适应性改进研发。① 在一些研究者看来,中国汽车工业并不具备技术优势,放弃耗资巨大的自主研发,借重跨国公司的研发力量,充分利用中国的劳动力优势发展汽车装配业务是符合中国比较利益的明智选择。因为这样做并不影响汽车工业在中国国民经济中的重要位置,跨国公司主导的汽车工业发展也是推动中国经济增长和扩大居民就业的重要因素,未来汽车产品的出口也将极大地繁荣中国的出口贸易。但我们不能不承认另外一个事实,如果中国不具备汽车产品的创新能力,以整车装配为特点的中国汽车工业只能处在跨国公司全球价值链的最低端,仅能获得汽车产业巨大价值增值中较低的附加值。

不可否认,中国汽车产业的技术水平与国外先进水平有不小的差距。但中国汽车业已经形成了比较完备的零部件供应链体系,骨干企业通过长期积累也形成了一定的研发能力,这些企业的研发部门通常就是产业级的技术创新平台。如果过于倚重合资模式,跨国公司出于其全球竞争战略的考虑,通常会强化合资企业的生产功能,削弱乃至取消合资企业的研发功能,这种战略安排对于研发能力不太强的中小企业来说影响并不大,但对于曾经是行业排头兵的骨干企业将产生重大影响。国内以汽车业市场换技术的结果表明,国内骨干企业完成合资以后,企业研发部门的职能被大大削弱,即使没有被撤并,其职能也通常从新产品、新技术或新工艺的自主研发,沦落为国外产品和技术的市场适应性研发或者重要生产设备的改良和维护,附着在这些企业研发部门的承载着相关行业几十年技术积累和开发经验的行业技术研发平台的地位大大降低,甚至化作乌有,这将会严重削弱行业的自主创新能力。如果"以市场换技术"政策不着眼于提高中国优势企业的技术创新能力和核心竞争力,只是被动地参与跨国公司主导的全球生产体系建设,有可能使中国沦为发达国家中低端产品的生产加工基地。按照世界银行的标准来判断,技术依赖型的技术进步模式已经将中国锁定在汽车产业发展的第三阶段,如果不打破这种路径依赖,升入第四阶段将遥遥无期。

企业技术能力形成的初始状态以及竞争优势的形成途径,对不同

---

① 宁平. 合资企业漠视技术队伍 自主研发渐成海市蜃楼. 中国经营报,2004-5-11.

类型企业技术能力成长路径的选择会产生很大影响。政府寄予厚望的某些大型汽车企业已经被路径依赖锁定在合资模式之中，它们对企业自主开发和创新能力的建设缺乏足够的信心和坚定的决心。打破路径依赖的唯一希望来自激烈的市场竞争以及竞争压力下企业创新能力的建设。在加入WTO前夕，中国放松了对汽车工业的准入限制，奇瑞、吉利、长城等一些新企业获得汽车生产许可证。尽管这些企业的经营机制比较灵活，但由于它们起步较晚并且规模不大，不仅难以获得跨国公司的投资，也不容易依托国内大企业。它们形成技术能力的唯一途径只能是通过技术贸易引进生产设备和生产工艺。对于这些企业来说，要想尽快形成生产能力，并向市场提供具有一定技术含量且具有相对成本优势的产品，构建企业的竞争优势，就必须努力了解和熟悉所引进技术的操作流程和操作技能，进而理解技术诀窍，在此基础上最终开发出适合中国市场需求的质优价廉的产品，因此对于企业的技术学习提出了更高的要求。由于在跨国公司和国内大企业的夹缝中生存，迫使这些企业形成了强烈的技术学习愿望和较强的消化吸收能力，不仅投入巨资开展自主研发，而且与国外的专业设计公司开展联合研发，它们正在通过高强度的"干中学"和"研发中学"形成包括创新能力在内的技术能力。奇瑞在不到3年的时间里自主研发出成本极低的3个平台、4个系列车型；吉利通过与意大利汽车项目集团和韩国大宇株式会社的技术合作进一步增强了自己的研发实力，并在市场上站稳了脚跟。[①] 这些企业已经通过生产能力和创新能力的形成和提升，在中国汽车市场上争得了立足之地。有理由相信，自主开发这种有利于形成核心竞争能力的行为方式将在这些企业的成长历程中得以保留并反复强化，最终将使这些企业的技术能力呈现螺旋式的上升。

市场竞争最大的风险和最大的魅力都来自未来的不确定性，我们无法准确预测十年以后中国汽车市场的寡头垄断者究竟是谁，但我们可以肯定，如果其中还有本土企业，那么它们一定是具有自主创新能

---

① 武卫强. 自主品牌 第三势力轮廓初现. 中国青年报，2004-4-7.

力并且拥有自主品牌的企业。

主要参考文献

1. World Bank. China Industrial Organization and Efficiency Case Study：The Automotive Sector. Report No.12134-CHA，December 31，1993.

2. 保罗·高. 中国汽车产业再出发. 麦肯锡季刊，2002（1）.

3. 安同良著. 企业技术能力发展论——经济转型过程中中国企业技术能力实证研究. 人民出版社，2004.

4. 冯晓琦，万军. 技术学习与技术能力的提高：后发工业国技术进步的一个分析框架. 生产力研究，2006（10）.

5. 贾根良. 演化经济学. 山西人民出版社，2004.

6. 金麟洙著. 刘小梅，刘鸿基译. 从模仿到创新——韩国技术学习的动力. 新华出版社，1998.

7. 刘世锦. 中国汽车产业 30 年发展中的争论和重要经验. 管理世界，2008（12）.

8. 路风. 走向自主创新：寻求中国力量的源泉. 广西师范大学出版社，2006.

9. 纳尔逊，温特. 经济变迁的演化理论. 商务印书馆，1997.

10. 诺斯. 经济史中的结构与变迁. 上海三联书店，上海人民出版社，1994.

11. 宋泓，柴瑜，张泰. 市场开放、企业的适应和学习能力以及产业发展模式转型——中国汽车产业案例研究. 管理世界，2004（8）.

12. 宋泓，柴瑜. 依靠外资与自立发展：中国汽车产业发展的战略对比分析. 中国社会科学院世界经济与政治研究所工作论文，2008.

13. 万军. 外资并购与提高企业自主创新能力. 中国社会科学院国情调研报告，2008.

第六章　谁来确定优胜者——汽车产业兼并重组政策反思[①]

改革开放以来，中国的汽车工业取得了长足的进步，2009年产销量历史性地双双突破1000万辆，一跃成为世界第一汽车大国。尽管如此，中国汽车产业仍然存在着诸多不足，尤其是"小、散、乱"的产业组织结构至今仍未得到根本改善。自20世纪80年代以来，政府部门不断出台相关产业政策，力图扶持汽车企业做大做强，提高产业集中度，改善产业组织结构，但收效并不明显。国家工业与信息化部在近期又将出台促进汽车企业兼并重组的指导意见，试图通过政府的指引，使汽车产业充分集中优势资源，淘汰落后产能，全面提升产业竞争力。这个出发点无疑是好的，但多年来政府主导的汽车产业重组屡屡无功而返，这一次能奏效吗？本章试图对这个问题进行探讨。

一、产业集中度不高是中国汽车工业的痼疾

长期以来，产业组织合理化问题是困扰中国汽车工业发展的主要问题。改革开放以前，我国除西藏、宁夏以外，其他省、市、自治区都建立了汽车制造厂，由于投资分散，造成企业规模极其不经济，平均建一个厂仅需250万元的投资。从20世纪80年代开始，由于国内市场上汽车产品严重供不应求，使得各地争相投资汽车工业，特别是技术壁垒相对较低的轻型汽车装配业，地方政府对汽车工业竞相投资使国内汽车厂商数量急剧增加。尽管原国家计委和机械部多次出台有

[①] 本章原载《经济要参》2009年第63期。

关文件，试图加强宏观调控，严格控制乱上汽车项目和盲目扩大调控，但收效甚微。中国汽车工业的整车装配企业数量不断增加，成为世界上整车生产企业数量最多的国家（参见表6-1）。90年代末，在实现产业升级和推动重化工业化的旗帜下，中国汽车工业又出现了新一轮的建设热潮。目前，全国有27个省市拥有汽车生产企业，有22个省市在当地经济发展规划中将汽车工业作为本地的支柱产业。

表6-1 我国汽车工业整车生产企业数量

年份	1980	1985	1990	1992	1993	1995	2000	2005	2006	2007
企业数量	56	114	117	124	124	122	118	117	117	117

资料来源：2004年《中国汽车工业年鉴》，第395页；2008年《中国汽车工业年鉴》，第465页。

与发达国家相比，中国汽车工业的产业集中度确实太低。目前我国有2646家汽车企业，117个整车厂[①]（汽车企业包括整车企业和零部件企业，本章提及的汽车企业仅指整车企业），从1993年到2008年，中国汽车工业的CR3即最大的三家企业在行业中所占比重从未超过50%，最低时只有34.3%。直到2008年，中国汽车工业的CR3仍然只有48.76%（参见表6-2）。而美国底特律三大汽车厂在鼎盛时期的市场份额高达98%，日本、德国、意大利、法国等汽车工业发达国家的CR3都在80%以上。

表6-2 中国汽车工业的生产集中度（CR3） （单位：%）

年份	1993	1994	1995	2000	2007	2008
CR3	37.3	34.3	40.3	44.8	48	48.76

资料来源：夏大慰等，《汽车工业：技术进步与产业组织》，上海财大出版社，2002年，第223页。其中2007年、2008年的数据是笔者根据中国汽车工业协会有关数据进行整理而得。

---

① 2008年《中国汽车工业年鉴》，第465页。

汽车工业是一个资本和技术密集的行业。从国外的经验来看，在这样一个投资规模巨大、进入壁垒很高的产业部门，能够生存并且顺利运营的整车企业数量极少。面对中国汽车工业整车企业数量众多，产业集中度长期低下的问题（参见表 6-3），人们不由要问：为数众多的汽车企业是怎样突破进入壁垒的呢？那些达不到规模经济的汽车企业为什么能够在市场竞争中长期生存呢？

表 6-3　2007-2008 年中国前 20 家主要汽车企业销量与市场占有率　（单位：辆）

名次	企业名称	2007 年	占有率（%）	2008 年	占有率（%）
1	上海汽车工业（集团）公司	1646892	18.73	1720650	18.34
2	第一汽车集团	1435977	16.33	1532923	16.34
3	东风汽车集团	1137255	12.94	1320606	14.08
4	重庆长安汽车股份有限公司	857693	9.76	861377	9.18
5	北京汽车工业控股有限责任公司	694074	7.89	771639	8.23
6	广州汽车工业集团有限公司	513495	5.84	525979	5.61
7	奇瑞汽车股份有限公司	380817	4.33	356093	3.80
8	华晨汽车集团控股有限公司	300518	3.42	285242	3.04
9	哈飞汽车工业集团	243079	2.76	223802	2.39
10	浙江吉利控股集团有限公司	219512	2.50	221823	2.36
11	安徽江淮汽车集团有限公司	208261	2.37	207585	2.21
12	比亚迪汽车有限责任公司	100126	1.14	170882	1.82
13	长城汽车股份有限公司	118917	1.35	127310	1.36
14	中国重型汽车集团	100619	1.14	112017	1.19
15	江西昌河汽车股份有限公司	107699	1.23	111476	1.19
16	重庆力帆汽车有限公司	24006	0.27	78002	0.83
17	陕西汽车（集团）有限责任公司	68089	0.77	75228	0.80
18	山东凯马汽车制造有限公司	65140	0.74	67600	0.72
19	四川南骏汽车有限公司	47059	0.54	55825	0.60
20	庆铃汽车(集团)有限公司	39000	0.44	43527	0.46

资料来源：中国汽车工业协会、平安证券研究所。

二、汽车产业组织结构不合理的根源在于政府的过度介入

从现代产业经济学来看,进入壁垒是决定市场结构的重要因素。进入壁垒的存在与否以及高低程度决定了新厂商进入一个产业的难易程度,它能够对产业内的竞争程度、企业行为及市场绩效产生很大影响。产业经济学中哈佛学派的代表人物贝恩认为,进入壁垒就是和潜在的进入者相比,现有厂商所享有的有利条件,这些条件是通过现有厂商可持久地维持高于竞争水平的价格又没有导致新厂商的进入而反映出来的。由于进入壁垒的存在,潜在进入者不能像完全竞争条件下那样自由进出,导致产业中的竞争不如完全竞争条件下那样充分,使在位企业的平均成本高于完全竞争条件下该产业的长期均衡价格。进入壁垒的高度可以用二者的差额来衡量,这一差额越大意味着进入壁垒越高,产业内垄断势力越强,竞争就会更加不充分。贝恩将进入壁垒归结为三种类型:(1)绝对成本壁垒。由于在位厂商拥有先进的生产技术,或者掌控着重要的经济资源,它的生产成本比新厂商要低得多。在位厂商的绝对成本优势增大了新厂商进入的难度。(2)规模经济壁垒。所谓规模经济是指当某一产品的产量越多时,其长期平均成本会越低。对于新厂商而言,因为进入初期无法迅速形成规模经济,成本必然高于在位厂商,因而造成进入障碍。(3)产品差别壁垒。在位厂商通过长期的广告宣传活动,使得消费者对在位企业提供的某些品牌或商标的产品具有特殊偏好。新厂商不得不投入大量销售费用以改变消费者的偏好,这就构成了新厂商的进入障碍。在贝恩看来,一个产业的进入壁垒越低,潜在生产者进入越容易,那么市场竞争就会越激烈,否则反之。因此,进入壁垒的高度与产业内竞争的强度有很强的关联性。施蒂格勒不同意贝恩的结构性进入壁垒理论,他认为:"进入壁垒是一种生产成本(在某些或某个产出水平上),这种成本是打算进入这一产业的新厂商必须承担,而已在该产业内的厂

商无须承担的。"[1]按照这一定义,规模经济、必要资本量和产品差异化等结构性因素并不是构成进入壁垒的要件,因为在位厂商和潜在进入者都必须面对同样的规模经济条件,都必须满足必要资本量的要求。按照施蒂格勒的处理方法,只有当设计、广告等产品差异的成本对潜在进入者而言更高时,产品差异化才能构成进入壁垒;否则,产品差异只可能是规模经济的一个来源。在施蒂格勒看来,政府只有通过颁发营业执照等管制手段限制进入才是真正有效的进入壁垒。鲍莫尔对进入壁垒的理解与施蒂格勒大同小异,他认为进入壁垒就是"新进入厂商所需花费的成本,而已在厂商无需承担的成本"[2]。在一个进退无障碍的"可竞争"市场里,如果政府对企业的进入退出并不加以行政干预,那么就不存在真正的进入壁垒。尽管不同的学者对进入壁垒的内涵和构成因素存在着不同的见解,但这些经济学家们都认为,无论形成进入壁垒的原因是结构性的还是管制性的,进入壁垒的存在会影响资源配置的过程,降低市场运行的效率,并导致社会福利的损失。

从发达国家的经验来看,汽车工业是结构性进入壁垒和管制性进入壁垒都存在并且很高的产业。汽车工业的必要资本量(厂商进入市场时所需最低限度投资额)数额巨大。由汽车工业的技术经济特征导致的规模经济更是构成了新厂商难以逾越的进入障碍。英国人马克西和西尔伯斯通对英国汽车工业的长期平均成本进行研究发现,随着产量扩大,单位成本呈现下降趋势。当年产量由1000辆增加到5万辆时,单位成本下降40%。随着生产规模的扩大,单位成本继续大幅下降。当年产量从5万辆增加到10万辆时,单位成本下降15%;当年产量从10万辆增加到20万辆时,单位成本下降20%;此后随着产量的继续扩大,单位成本下降的速度逐渐趋缓,生产能力达到100万辆以后,产能增加不再导致单位成本的下降,由于此时单位成本已经降低到了极限,此时的生产规模就是最小经济规模(MES)。他们据此

---

[1] 施蒂格勒. 产业组织与政府管制. 上海三联书店,1996:69.

[2] Baumol,W. J, et al. Contestable Markets and the Theory of Industry Structure. New York:Harcourt Brace Jovanovich, 1982: 282.

绘制了反映汽车工业规模经济的著名的马克西－西尔伯斯通曲线。除了上述结构性壁垒以外，为了保障汽车产品能满足安全、环境保护、节约能源和防盗等社会公众利益的要求，发达国家普遍实行了汽车产品的型式认证制度，构建了一道政府管制壁垒。汽车厂商在推出一款新车型之前，必须由政府部门指定的认证机构对车辆性能进行严格的检验，未经认证或未通过认证的车型不得生产和销售。

但是，结构性进入壁垒在中国汽车工业中基本是无效的。从规模经济壁垒来看，由于我国长期实行抑制汽车消费的错误政策，使中国汽车市场的需求增长未能实现与 GDP 增长同步，有限的市场容量制约了汽车企业的规模经济，我国大部分汽车企业至今也未能实现规模经济。但是在中国加入 WTO 之前，国内汽车工业处在一个高关税和价格管制的市场环境中，高昂的汽车价格保证了即使未能实现规模经济的汽车企业也有生存空间。因此，在中国的汽车工业中，规模经济壁垒对潜在进入者的阻吓作用并不大。至于绝对成本壁垒和产品差别壁垒的作用就更小了。由于中国的汽车工业技术水平远远落后于国外，即使国内的大企业也缺乏自主开发和创新能力，仍需要不断地从国外引进新技术和新车型。因此，任何潜在进入者只要有渠道从国际汽车技术市场获得生产技术和工装设备，就能够轻易地绕过绝对成本壁垒和产品差别壁垒。可见，结构性进入壁垒不足以构成我国汽车工业的进入壁垒。

管制性进入壁垒对于中国汽车工业的影响则要做具体的分析。随着中国的经济增长不断加速，国内对汽车的需求也不断增加。市场容量的快速扩张给汽车工业的迅速发展带来了巨大的机会。在改革开放以来的行政性分权中，地方政府逐渐拥有了一定的财力和投资审批权，为了促进本地区的经济发展，地方政府常常将财政性资金投入一些市场前景好、投资回报率较高的项目中去，在诸多的投资项目中，汽车工业是一个很好的选择。因此，从 20 世纪 80 年代中期开始，一些省市和某些部委争相进入轻型汽车生产领域，使中国汽车的整车生产数量剧增。为了实现生产能力有序扩张的产业组织政策目标，中国政府汽车主管部门曾经通过汽车产业政策设置了一系列以管制为特征的市场进入壁垒。但产业政策精心构筑的进入壁垒在中央与地方政府的博弈中不断被突破。从本质上讲，管制政策是政府为了实现某种特定的社会经济目标而采取的对市场准入、产品价格、生产数量等采取的限制性措施，其对象是被管制产业中的企业。中国的汽车工业，国有企业占有绝对比重，绝大部分汽车生产企业都是由各级政府出资建立的。对于潜在进入者的市场准入限制，实际上就成为了对拟投资汽车业的地方政府或者中央部委的限制。那些对于企业可能有效的投资限制，在政府之间的博弈中就很难产生太大的约束作用，因为有很多办法可以突破管制型的进入壁垒，比如，通过将汽车整车项目化整为零，在地方政府的管理权限内自行审批，以此绕过国家计委的投资审查。还有的部委或者地方政府利用政府部门之间复杂的人脉网络和业务关系开展各种公关工作，以说服主管部门同意。

如果地方政府最终绕过汽车产业政策的管制壁垒，成功地在当地建立了汽车企业，出于地方利益的考虑，地方政府通常会采取一系列地方保护主义措施，将统一的国内汽车市场分割为区域性市场，在产业政策形成的行业性垄断之外，又构筑起对本地汽车企业进行保护并对外地汽车企业及其产品实行歧视性的区域行政垄断的樊篱。由于地方政府的贸易保护和市场分割而形成的"诸侯经济"，不仅使汽车企业面对越发狭小的市场空间，更加减弱了实现规模经济的激励，而且使汽车工业内优胜劣汰、公平竞争的市场环境的形成受到很大限制。在一个缺乏竞争的环境中，小规模、低技术的企业可以与具有一定经济规模和技术水平的企业同时共存，缺乏效率的企业不能退出，效率较高的企业难以发展，这种灾难性局面演变下去，最终结果将会导致"劣币驱逐良币"的逆向选择。

三、政府主导的历次汽车产业重组收效甚微

改革开放以来，产业组织结构过于分散的问题始终是汽车工业主管当局极为关注并下大力气解决的问题，政府不断出台相关产业组织

政策，试图解决"小、散、乱、差"等痼疾。早在1982年，国务院在《关于严格控制固定资产投资规模的补充规定》中，就将对汽车工业的投资列入控制项目范围之列。1988年国务院在《关于严格控制轿车生产点的通知》中决定，除第一汽车制造厂、第二汽车制造厂和上海大众汽车有限公司三个轿车生产基地和北京、天津、广州三个轿车生产点外，一律不准再建新的轿车生产线。1992年颁布实行的《关于加强汽车行业宏观管理的暂行办法》也规定：汽车行业编制统一行业规划，严格固定资产投资项目立项审批，实行汽车企业目录管理，定期公布生产企业和产品目录等。1994年的《汽车工业产业政策》更是将汽车工业的产业组织问题放到了最重要的位置。①1994年《汽车工业产业政策》开篇就指出，制定该政策的宗旨之一就是要"促进产业组织的合理化，实现规模经济"。为此，国家将"促进汽车工业投资的集中和产业的重组，重点解决生产厂点多、投资分散；审批项目乱；重复引进低水平产品；定点厂建设及国产化速度慢（即散、乱、低、慢）的问题""1995年底前，国家不再批准新的轿车、轻型车整车项目"。由于1994年的产业政策在实际中没有发挥预期效应，1997年7月国务院24号通知再度强调，要严格控制各地区和部门从局部利益出发，未经批准上新项目的行为。此后，政府有关部门继续通过一系列产业组织政策和行政性干预手段，对汽车工业过于分散的市场结构开展长期治理，但始终没有达到预期效果。

在中国汽车工业管理当局看来，通过各种经济和行政的手段组建中国汽车工业的"国家队"，使之成为具有国际竞争力、能够与跨国公司一争高下的大型企业集团，是提高产业集中度、改善产业组织结构的有效手段之一。为此，1994年的《汽车工业产业政策》在第二条就设定了明确的扶优扶强目标：（1）"在'八五'期间，重点扶植国家已批准的整车和零部件项目尽快建成投产，为下一步加快发展我国汽车工业创造条件"。（2）"在本世纪内，支持2~3家汽车生产企

---

① 在20世纪八九十年代，各政府部门制定了许多产业政策，但针对特定产业部门的比较系统的产业政策只有1994年颁布的《汽车工业产业政策》。

业（企业集团）迅速成长为具有相当实力的大型的企业，6-7家汽车生产企业（企业集团）成为国内骨干企业……使同一类汽车产品产量居国内前三家企业的销售量在国内市场占有率达到70%以上。与此同时，引导大型企业与骨干企业实行"强强联合"。(3)"在2010年以前形成3～4家具有一定国际竞争力的大型汽车企业集团和3～4家大型摩托车企业集团，实现自主开发、自主生产、自主销售、自主发展，参与国际竞争"。那么，政府又是如何识别优胜者，对优胜者又给予何种扶持呢？1994年的《汽车工业产业政策》第十条列出了"具有独立的产品、技术开发能力和一定生产规模及市场占有率的生产汽车、摩托车及其零部件"的优胜者标准，声称将予以重点支持，并在第十二条详细列举了给予优胜者包括税收、贷款、上市、国外融资等在内的多种奖励政策。

1994年产业政策中体现的集中投资、规模经济的思路在此后国家制定的一系列汽车工业发展规划中得到了进一步的强调。《汽车工业"九五"规划纲要》指出，"在产业政策指导下，国家将集中资金建设重点项目，地方、部门、外商也必须将资金转向国家支持的重点项目，从而使投资集中度和生产集中度出现重大变化""加大汽车工业投资力度，对于有积极性投资于汽车工业的地方、部门和外商，必须与符合产业政策的要求和承办条件的企业集团，以产权为纽带共同建设"。《汽车工业十五规划》中提出的组织结构目标是："到2005年形成2～3家具有一定国际竞争力的大型汽车企业集团，初步建成与国际接轨的汽车销售与售后服务体系，其产品国内市场占有率超过70%，并有部分出口。"这一提法与1994年产业政策大同小异，略有变化。与以前的汽车产业政策不同的是，《汽车工业"十五"规划》明确宣布了政府确定的优胜者名单，"要以一汽、东风、上汽集团为基础，加快行业战略性重组，培育2～3家主业突出、核心能力强、拥有自主知识产权、具有较强国际竞争力的大型企业集团，成为在竞争、开放条件下自主发展我国汽车工业的中坚"。

即便是2009年国务院办公厅下发的《汽车产业调整和振兴规划》，其思路也没有大的变化。这个规划提出了汽车产业整合的2年目标，要求通过兼并重组，形成2~3家产销规模超过200万辆的大型企业集团，培育4~5家产销规模超过100万辆的汽车企业集团，产销规模占市场份额90%以上的汽车企业集团数量由目前的14家减少到10家以内。同时，进一步明确指出，鼓励一汽集团、东风集团、上汽集团、长安集团4家企业在全国范围内进行兼并重组，鼓励广汽集团、北汽集团、奇瑞集团和中国重汽集团4家企业在地区范围内进行兼并重组。产业重组规划目标表明了政府对于提高产业集中度、实现汽车产业组织结构优化升级的期望，但它依然没有摆脱政府选择优胜者的思路。除了原有的一汽、东风、上汽三家集团以外，长安汽车集团也有幸被钦定为第一集团的优胜者之一。

改革开放以来的汽车工业发展历程表明，政府通过确定优胜者的方式来改善产业组织结构的努力一直收效甚微。为了确保产业组织政策目标的顺利实现，必须"确立少厂点、大批量生产体制和少数大型企业间有序竞争的市场结构"。为了防止潜在进入者对中央扶持企业和定点生产基地的冲击，保证汽车工业生产能力的有序扩张，政府曾经实行了管制性市场准入制度，通过定点生产方式，由指定企业从事特定产品的生产，比如中型卡车由一汽、二汽定点生产，指定一汽、二汽、上海大众为轿车生产基地，后来这一定点基地又扩展到北京吉普、天津汽车、广州标致、重庆长安和贵州云雀，这就是轿车生产中著名的"三大三小两微"。但市场竞争的结果常常与政策设计者的期望相左，广州标致、贵州云雀等政府确定的部分定点生产企业不知所终，一批非国有、非定点的企业逐渐壮大并取得市场优势地位。目前在中国市场上能够代表自主品牌与跨国企业展开激烈角逐的，并不是政府钦定的三大汽车公司，而是奇瑞、吉利、比亚迪等当时甚至都没有获得生产许可证的企业。

在汽车产业政策的设计者看来，企业具有国际竞争力的一个前提条件就是拥有巨大的规模经济，但是仅仅依靠市场竞争实现优胜劣汰，从而达到产业集中的周期太长，因此有必要通过政府推行的合理化的产业组织政策抑制过度竞争，通过"扶优扶强"推动大企业的迅速成长。在这样的产业政策设计思路之下，政府鼓励或者默许的公共垄断就成为合法的经济存在。事实上，这种政府为了迅速提高产业竞争力而鼓励的企业垄断往往破坏了竞争机制正常运转不可或缺的市场结构，如果没有经过国内市场激烈竞争的严峻考验，本国的企业在国际市场上很难具有竞争力。由于政府保护和扶持下企业规模的扩张并不是以企业核心竞争能力的同步提高为前提，在放松市场准入导致市场竞争加剧的情况下，这些人为扶持的企业"国家队"的脆弱性就充分暴露出来，最终在激烈的市场竞争中处于不利境地。

四、完善汽车产业兼并重组政策的思考

中国的汽车产业政策曾经设计了一个理想的产业组织结构目标：中国的汽车市场份额由少数几家具有相当经济规模的大型国有汽车企业分享，产业政策设计者还试图通过市场准入限制等一系列行政手段来实现这一目标。应当说，汽车产业政策的目标模式并没有错，问题在于，它将产业成长的结果当成了产业政策的起点，而忽略了最关键的市场竞争过程。尽管从产业竞争的最终结果来看，汽车工业表现为寡头垄断的市场结构，但从实质上来看，汽车工业是一个典型的竞争性行业。纵观百年来世界汽车产业发展史，各国汽车产业都经历了一个从群雄并起到寡头对峙的市场格局演变，主导市场格局演进的真正推动力量是市场机制而不是政府干预。20世纪初，美国的各类汽车企业有2000多家，经过几十年激烈的市场竞争，最终形成了通用、福特、克莱斯勒三家寡头垄断美国市场的格局（Klepper，2002）。日本和韩国在汽车工业发展过程中曾经推行过汽车产业政策，但现在有越来越多的证据证明日本汽车工业国际竞争力的形成应当归功于激烈的国内市场竞争；而韩国国内汽车市场虽然缺乏竞争，但韩国汽车工业发展之初就参与到国际市场竞争中，是市场竞争而不是产业政策成就了日韩的汽车业。国外汽车工业发展的成功经验表明，离开了市场竞争，汽车工业不可能获得真正的发展，更谈不上形成合理的产业组织结构。

一般而言，在市场经济体制中，当市场机制基本能够发挥资源配置作用时，就应当充分利用市场竞争所产生的优胜劣汰效应来推动产业成长。对于汽车这种竞争性行业而言，过多的有特定指向的扶持性政策反而会强化现有的利益格局，扭曲市场机制的作用。因此，为了更加有效地推动企业兼并重组，整合要素资源，提高产业集中度，实现汽车产业组织结构优化升级，汽车产业兼并重组政策应当包含以下因素：

1. 兼并重组的驱动力应当以市场作用为主、政府引导为辅。在日本经济高速增长时期，通产省曾经认为，企业具有国际竞争力的一个前提条件就是拥有巨大的规模经济，但是仅仅依靠市场竞争过程、通过优胜劣汰实现产业集中的周期太长，因此有必要通过政府推行的合理化的产业组织政策抑制过度竞争，通过"扶优扶强"推动大企业的迅速成长，进而优化产业组织结构。基于上述考虑，在进行汽车产业发展规划时，通产省曾经考虑将国内的汽车生产企业整合为批量车集团、特殊汽车集团和小型车生产集团三大集团，但这个期待批量生产效果的集约化设想被批评为"违背当时汽车工业发展方向的行为"，[①]最终未能付诸实施。政府通过"拉郎配"式的产业重组和经济联合，确实可以在短期内人为拼凑出一些总资产规模较大而实际上并无竞争优势的企业集团。那些没有经过市场激烈竞争的严峻考验，仅仅依靠垄断地位坐享其成的企业在国际市场上很难具有竞争力。从长期看，市场机制将通过竞争过程有效地发挥资源配置作用。如果国家以政策或者立法的方式为市场竞争提供制度保障，企业间的竞争将自动进行"生存检验"，筛选出适合生存的优胜者，没有效率的企业将被迫退出市场，最有效率和成本最低的企业将继续存在并不断成长。

2. 在兼并重组中要对民营企业一视同仁。从《汽车产业调整和振兴规划》的行文来看，政府鼓励的兼并重组，仍然是国资控股的汽车企业间的重组，与民营企业无涉。尽管中国的各级决策者逐渐认识到

[①] 日本通商产业省通商产业政策史编纂委员会. 日本通商产业政策史（第十卷）. 中国青年出版社，1994：255.

了汽车产业作为主导产业的重要性，但很少有人认识到汽车产业其实是一个极为典型的竞争性行业，汽车工业发达的国家寡头垄断型市场结构无一不是通过长期的市场竞争优胜劣汰而形成的。在一个竞争性产业里，微观经济主体的制度基础是以非国有经济为主导的多元化的产权结构。国外汽车产业的发展历程也证明了国有企业并不是发展汽车产业有效的企业组织形式。由于传统思维方式的影响，国内的汽车产业政策始终将机制最灵活、最富有创造精神的民营企业排斥在整车生产领域之外，民营汽车企业的生存和发展空间极其狭窄，很难打破国有企业对汽车生产的垄断。因此，兼并重组政策不仅要鼓励有条件的民营企业参与重组，而且要从各项政策上给予其与国有控股企业同样力度的支持。

3. 在推动重组的过程中要注意协调好各地方政府的利益。中国的大型汽车企业大多由各级政府直接或者间接控股，推动跨区域的重组不可避免地会与地方利益产生冲突。汽车企业不仅能够为所在地贡献可观的 GDP 和税收并带动就业，还往往被当地视为实现了产业升级的标志，没有一个地方政府会心甘情愿地让渡其在汽车企业的所有权。正如前文所分析的，中国汽车工业目前的产业组织结构与地方政府的过度参与密不可分。解铃还须系铃人，如何协调好重组方与被重组方所在地方政府之间的利益关系，将是决定产业重组能否真正推动并顺利实施的关键因素。

主要参考文献

1. Baumol,W.J, et al. Contestable Markets and the Theory of Industry Structure. New York:Harcourt Brace Jovanovich, 1982.

2. Klepper, Steven. The capabilities of new firms and the evolution of the US automobile industry. Industrial and Corporate Change 2002,11(4): 645-666.

3. 李洪. 中国汽车工业经济分析. 中国人民大学出版社，1993.

4. 日本通商产业省通商产业政策史编纂委员会. 日本通商产业政策史（第十卷）. 中国青年出版社，1994.

5. 施蒂格勒. 产业组织与政府管制. 上海三联书店，1996.

6. 夏大慰等. 汽车工业：技术进步与产业组织. 上海财大出版社，2002.

7. 赵英主编. 中国产业政策实证分析. 社会科学文献出版社，2000.

8. 相关年份《中国汽车工业年鉴》。

第七章　近年来全球大型民用飞机产业市场格局与竞争态势[①]

大型民用飞机（Large Civil Aircraft，LCA）是指载客能力100座以上的或者喷气式民用运输机，以及由其改造而成的空间容量相等的民用货物运输机。[②] 大型民用飞机是现代制造业中产品附加值最高的高端产品之一，它融现代高新技术于一体，不仅具有技术密集和资金密集的特点，而且具有很长的产业链，对上下游产业的拉动效应极为显著。大型民用飞机产业的发展，对一个国家的经济增长和国家安全都会产生积极影响，因而长期以来受到不少国家尤其是发达国家的重视，美国、欧盟等发达经济体一直将大型民用飞机产业作为重要的战略性产业加以扶持。近年来，随着巴西、中国等新兴经济体纷纷进入大型民用飞机产业，使这一领域的市场竞争日趋激烈。

大型民用飞机有多种分类标准，既可以按照载客量，也可以按照航程。通常按照座级的不同，将其分为干线飞机和支线飞机，通常前者是指100座级以上的飞机，后者是指100座级以下的飞机。

[①] 本章主要内容原载于《世界经济年鉴（2011~2012年）》，经济科学出版社，2012年。
[②] Office of Aerospace and Automotive Industries. International Trade Administration of U.S. Department of Commerce: Flight Plan 2008: Analysis of the U.S. Aerospace Industry, March 2008.

一、全球干线飞机市场竞争格局

（一）全球干线飞机市场已经形成了双寡头垄断

从大型民用飞机产业成长的过程来看，产业发展之初伴随着大量的企业进入，先行者的成功会通过示范效应和模仿效应逐渐扩散，最终使创新企业的技术和组织方式成为经济中的主流，这种变化影响到产业层面和需求层面，就会导致原有技术范式和商业模式的解体，以及新的技术范式和商业模式的形成。经过一个时期以后，具有技术优势或者成本优势的企业会在竞争中处于有利位置，一些缺乏竞争力的企业会退出大型民用飞机产业，生产要素进一步向优势企业集中，优势企业的生产规模不断扩大，成本不断降低，产品更具竞争力，市场份额不断增加，最终形成几家寡头分享大型客机市场的格局。这种寡头垄断型市场格局是建立在规模经济基础之上的。

美国是航空工业的发祥地，1903年莱特兄弟设计的飞机使人类第一次实现了飞向蓝天的梦想。在空中客车公司诞生之前，全球大型客机市场主要被美国公司所占领，即便是空中客车公司已经凭借A300在市场上初步站稳脚跟的1985年，全球市场份额的83%仍然被美国企业拥有，其中波音公司就拥有50%以上的市场份额（Keith Hayward,1988）。当时美国国内的大型客机市场主要被波音公司、麦道公司和洛克希德公司三家公司所垄断。波音公司基本专注于大型客机的开发和生产，而后两家公司则兼有军用飞机和民用飞机业务，以军用飞机业务为主。从1975年到1996年，波音和麦道两家公司合计的市场份额始终在90%以上，属于高度寡占型市场。洛克希德公司与麦道公司在主力机型L1011和DC10的市场竞争中两败俱伤，导致洛克希德公司在20世纪80年代初期最终退出大型客机市场，专注于开发军用飞机。麦道公司的市场份额也逐步下降，从1975年的62.1%下降到19%，而波音公司的市场份额则从1975年的62.1%上升到1996年的81%。麦道公司在本国的波音公司和欧洲的空中客车公司形成的市场竞争面前只有招架之功。1996年底，波音公司以133亿美元的价格兼并了麦道公司,新的波音公司成为美国唯一的生产民用大型飞机的企业。

欧洲的航空工业技术历来并不逊色于美国,最早的喷气式飞机就是英国德·哈维兰公司发明的。在20世纪五六十年代,欧洲大型客机企业的数量要多于美国。虽然欧洲各国争相发展大型民用飞机产业,但单个国家的市场容量毕竟有限,不足以保证本国的飞机制造企业实现规模经济效应,过度分散的市场使得欧洲孕育不出能够与美国企业相抗衡的大型客机企业。欧洲国家痛定思痛,最终认识到只有实现欧洲航空工业的联合,才有可能与美国大型客机企业分庭抗礼,空中客车公司应运而生。尽管空中客车公司是全球大型民用飞机产业的后进者,但它得到了法国、德国、英国和西班牙等欧洲主要航空工业大国政府的鼎力支持,使公司一起步就站在了一个较高的起点上。欧洲航空工业的联合使空中客车公司拥有比较先进的大型民用飞机研发和生产技术,以及遍及欧洲的供应链,再加上公司股东所在国政府以"启动援助金"为名的直接补贴,使得空中客车公司很快具备了挑战在位企业的要素条件。空中客车公司在成立之初并不具备与美国公司正面交锋的能力,只能切入美国公司生产的飞机尚未覆盖的市场空白点,针对这些细分市场,推出质量、性能和价格都具有竞争力的新机型。空中客车公司成功实施了"瞄准市场空白点"的市场策略和大量采用新理念、新设计和新技术的创新战略,相继推出了A300、A310和A320等成功机型,尤其是A320更是赢得了市场的热烈欢迎。

波音公司在兼并麦道公司之后,忙于企业之间的整合。由于两家企业一家是以民用飞机为主业,一家是以军用飞机为主业,企业文化存在很大差异,这给企业整合带来了很大的困难。再加上当时波音公司订单饱满,公司急于提高交付量,而企业的生产线和供应链不能适应企业迅速增产的需要,反而影响了波音公司的交付。空中客车公司趁机进一步扩大了自己的市场份额,1999年空中客车公司的订单首次超过波音公司;2003年开始,空中客车公司的飞机交付量超过了波音公司。从订单量、交付量等指标来看,目前空中客车公司仍暂时处于领先状态。

受国际金融危机影响，2009年波音和空客接到的新订单均出现大幅下降。波音公司接到的飞机总订单为263架，而2008年总订单为662架。全球经济衰退使订单取消量大幅增加，公司净订单为142架；2009年空中客车公司获得的总订单数为310架，按目录价格计算价值349亿美元，净订单数为271架，价值303亿美元，占全球100座以上飞机市场份额的54%。波音和空客的交付数与上年持平或有所增加，波音公司全年共交付飞机481架，比上年增长28%。其中，交付的主要机型为737型，全年交付372架。空客共交付498架，创造了该公司年度民用飞机交付量的最高纪录。其中主要为A320系列飞机，交付量为402架。

随着商用航空市场的复苏，2010年两家公司获得的净订单数都大大超过了年初的预期。波音公司接到的飞机净订单数为530架，其中最受欢迎的机型是B737，其净订单量达到486架；2010年空中客车公司获得的总订单数为644架，净订单数为574架。在波音和空客的净订单中，销售的主力机型分别是B737和A320，均为单通道飞机。空客公司所获新订单数仍然高于波音公司，再度蝉联第一。在交付数方面，空客依然高于波音。波音公司全年共交付飞机462架，比上年略有减少。其中，交付的主要机型为737型，全年交付376架；空客共交付510架，较上年增加2%，创造了该公司年度民用飞机交付量的最高纪录。

1960～2009年，全球大型民用飞机产业市场格局的变化如图7-1所示。

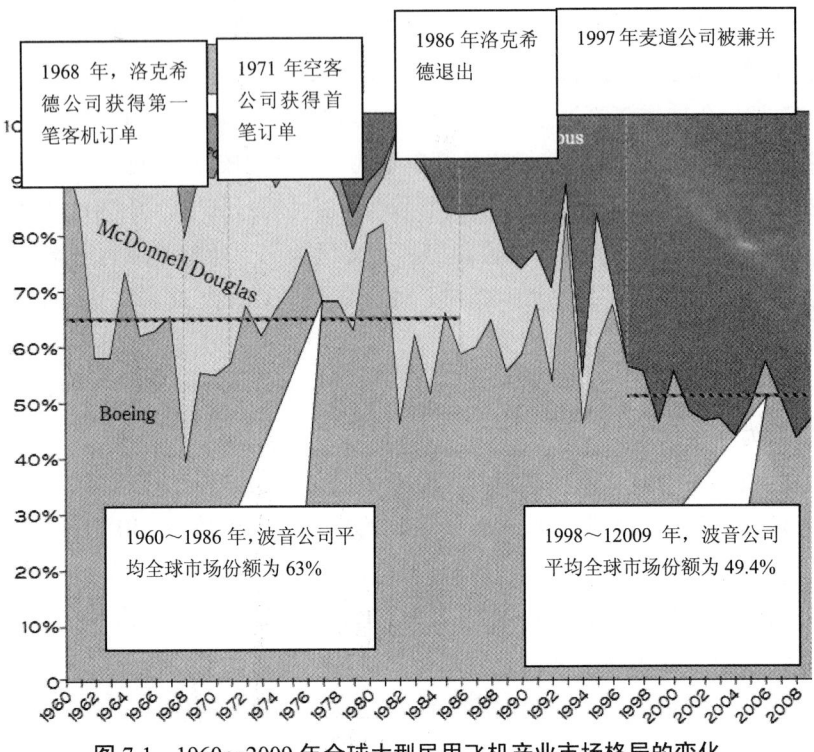

图 7-1 1960~2009 年全球大型民用飞机产业市场格局的变化

资料来源：Loren Thompson. European Aircraft Subsidies. A Study of Unfair Trade Practices. www..Lexingtoninstitute.org.

大型民用飞机产业是进入壁垒很高的产业。大型民用飞机产业的必要资本量数额巨大，由大型民用飞机产业的技术经济特征导致的规模经济更是构成了新厂商难以逾越的进入障碍。全球大型客机市场每年的市场容量只有 600 多架，这个市场规模只能容纳 2~3 家大型客机企业。大型民用飞机产业的学习效应非常明显，但由于市场空间的限制，对于大部分后进企业来说，它们不像汽车产业那样可以通过大规模的产品生产来实现学习曲线的下降，从而达到降低生产成本的目的。从大型民用飞机产业的发展史来看，能够实现销售量在 300 架这一盈亏平衡点的机型并不多，这使得后进企业与在位企业相比，很难形成成本优势。不仅如此,由于客机是一种特殊的交通运输工具,对安全性和经济型有着很高的要求,大型客机企业生产的系列产品只有经过长时间的应用,才能证明其安全和优越的性能,时间的考验也给后进企业构成了很大压力。因此,几十年来不少国家都曾经尝试过进军大型民用飞机产业,但成功的后进者寥寥无几。尽管目前俄罗斯的图波列夫航空科学技术联合体、伊留申航空联合体以及雅科夫列夫实验设计局联合股份公司也在进行大型民用飞机的研制和生产,但产品数量较少,并且尚未取得欧美国家的适航证,无法向世界主要经济体出口。因此,目前全球的干线飞机市场事实上被美国波音公司和欧洲空中客车公司所瓜分,成为典型的双寡头市场。

(二)波音公司和空中客车公司之间的市场和技术竞争依然十分激烈

尽管目前全球大型民用飞机产业已经形成了双寡头市场格局,但波音和空中客车这两大寡头之间的产品和技术竞争不仅没有减弱,反而在所有的机型上都出现了激烈的竞争。波音公司凭借 B747 系列飞机,长期雄霸 350 座级以上的巨型客机市场,为了抢占这一市场,空中客车公司已着手研制可载客 500 人以上的 A380。A380 在设计中大量采用最新技术,新型复合材料在 A380 创新机翼设计中占 25%的比重,使 A380 成为更高效节能的飞机。A380 在设计中高度重视环保技术的应用,每位乘客每公里二氧化碳的排放量仅为 75 克。A380 的全双层宽体机舱设计和先进技术的应用使得该机型的舒适性和经济型非常突出。面对空中客车公司的挑战,波音公司也推出过 B747-500X/600X 计划进行对抗,但经过对未来民航运输市场的预测,波音最终还是放弃了发展巨型客机的计划,转而集中精力发展 200~250 座级的客机,推出了波音 787 梦想飞机。波音 787 的市场定位就是要与空客 A330 竞争,从而稳固甚至扩大波音公司最为重视的 200~250 座级的竞争优势。在其他的机型系列,波音和空客也形成了针锋相对的竞争态势。

在全球大型民用飞机产业发展的过程中,美国企业始终位于技术创新的前沿。对 20 世纪 60 年代以来波音公司形成的专利技术研发重点的跟踪研究表明,波音公司始终瞄准行业关键技术和前沿技术开展研发,并将研究成果综合运用到新机型中,使自己始终保持着技术领先优势(参见表 7-1)。经过多年的激烈竞争,波音公司在美国大型民用飞机产业中实现了一统天下。但为了更好地应对来自空中客车公司的挑战,波音公司继续不断加大研发强度,并不断将最新航空技术应用到新的产品中,使波音飞机更环保、更舒适、更经济。

表 7-1　不同年代波音公司研发的专利技术热点领域

年代	专利技术热点
20 世纪 60 年代	机身领域
20 世纪 70 年代	控制系统和机翼
20 世纪 80 年代	合成材料
20 世纪 90 年代	空天产业
21 世纪初	移动平台建设、卫星通讯系统以及复合结构等领域

资料来源:栾春娟,曾国屏. 波音公司技术轨迹探测及其启示. 工业技术经济,2011(6).

2001 年以来,全球航空运输业经历了"9·11"恐怖袭击和全球金融危机造成的两次大的行业衰退,对大型民用飞机产业也造成了很大冲击,这在波音公司的净订单和交付量的波动及销售收入的变化中得到了明显的体现。但从波音公司的研发投入情况来看,无论是研发费用总额还是研发强度(研发费用在销售收入中的占比)来看,波音公司的研发投入都呈现不断上升的趋势。其中,2009 年的研发投入高达 6.51 亿美元,是 2001 年的 3.56 倍;研发强度也从 2001 年的 3.33%增加到 2009 年的 9.51%,如表 7-2 所示。

表 7-2 2001~2009 年波音公司研发投入数据 （单位：10 亿美元）

年份	2001	2002	2003	2004	2005	2006	2007	2008	2009
销售收入	58.2	54.1	50.5	52.5	53.6	61.5	66.4	60.9	68.3
研发投入	1.94	1.64	1.65	1.88	2.21	3.26	3.85	3.77	6.51
研发强度（%）	3.33	3.03	3.27	3.58	4.12	5.30	5.80	6.19	9.51

数据来源：波音公司历年年报。

正是得益于研发投入的不断增加，近年来波音公司在技术创新中取得了一系列成就。这集中体现在波音787梦想飞机中。波音787在新型发动机、轻型复合材料、更高效的系统和先进的气动性能四个领域采用了最先进的技术，它们共同提高了波音787的整体性能。尤其是包括机身和机翼在内的主体结构有一半采用复合材料，使波音787成为有史以来第一款采用复合材料主体结构的大型客机。复合材料的应用可大大减轻飞机的重量，使之与同级别飞机相比，节省20%的燃油，具有更好的燃油效率和环保性能，并大大提升了飞机的经济性，有利于航空公司节约燃油成本，提高经营效率。由于先进技术的广泛使用，这款新机型实现了中型飞机尺寸与大型飞机航程的良好结合，受到了航空公司的广泛欢迎。根据波音公司提供的数据，截止到2009年12月15日试飞成功，波音787梦想飞机已经收到了全球57家客户的878架飞机订单。

与通常的行业后进者不同，空中客车公司在进入大型民用飞机产业的时候，已经具备与某些在位企业大体相似的要素条件，特别是技术能力，与在位企业不相上下。空中客车公司充分发挥这一优势，不断加大研发投入的力度，将更多的先进技术应用到新机型中，从而增强产品的竞争力。从表7-3不难看出，2001年空中客车公司的研发投入为9.4亿欧元，到2009年增长到35.7亿欧元，10年增长了近3.8倍；空客公司的研发强度2001年为4.56%，2009年增加到8.56%，增加了近 1 倍。

表 7-3　2001~2009 年空中客车公司的研发投入与研发强度

（单位：10 亿欧元）

年份	2001	2002	2003	2004	2005	2006	2007	2008	2009
销售收入	20.5	19.5	19.3	20.2	22.2	26.0	25.2	27.5	41.7
研发投入	0.94	1.07	1.82	1.73	1.66	2.03	2.18	2.21	3.57
研发强度（%）	4.56	5.49	9.42	8.58	7.47	7.83	8.63	8.05	8.56

资料来源：欧洲宇航防卫集团历年年报。

从开发第一种机型 A300 开始，空中客车公司不断创新设计理念，将新技术融入到新机型中，以提升产品的经济性、舒适性和环保性，其中有些技术的应用对大型民用飞机产业产生了深远影响，并成为行业的主流设计。自从第一架飞机问世以来，飞机驾驶就沿袭着与汽车相似的操纵方式，驾驶员通过手或者脚来完成飞机的起降。在 A320 的开发中，空中客车公司使用了电传驾驶技术，完全颠覆了传统的操纵方式，飞行员无需手拉脚蹬来引导飞机的起降，只需轻按一个按钮，飞机就能自动完成一系列复杂的动作。这项技术刚推出时曾经在航空运输界引起过很大的争议，但事实证明电传操纵技术不仅安全可靠，而且更易于维修。这一技术在随后开发的空中客车系列产品中被广泛应用，也被波音公司用于波音 777 等新机型中。此外，空中客车公司实现的全家族飞机通用性的设计也广受市场欢迎。在电传操纵技术的基础上，空客公司设计出通用驾驶舱，使空中客车所有型号的飞机驾驶舱都有着类似的布局，从而节省了航空公司在接收新机型时，驾驶员和维修师参加培训的时间，大大提高了培训效率。在空中客车 A380 的设计中，空客公司更是使用了大量的最新技术，玻璃纤维增强铝材料等复合材料得到了广泛应用，与传统铝材料相比，新型复合材料重量轻、强度高、抗疲劳特性好，维修性能和使用寿命也得到大大改善；

首次采用了复合材料碳纤维制成的连接机翼与机身的中央翼盒。此外，在 A380 的组装中，用激光束焊接技术替代了铆钉焊接法，使飞机机翼与机身之间的连接更加安全可靠。不断的市场创新和技术创新，使空中客车公司在市场上获得了巨大的成功。空中客车公司已经拥有了超过 310 家客户/运营商，自 1974 年首次投入运营以来，交付 6700 多架飞机，占稳了全球大型客机市场的半壁江山。1997～2010 年波音公司和空中客车公司的市场份额变化情况如图 7-2 所示。

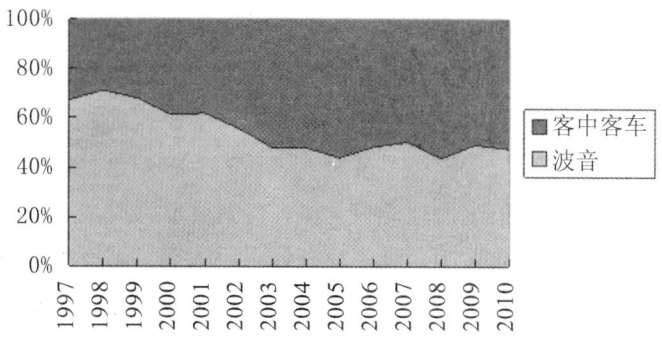

图 7-2　1997 年以来波音公司和空中客车公司的市场份额变化（%）

资料来源：根据波音公司和空中客车公司历年交付量绘制。

（三）国际合作已经成为大型客机生产的主流方式

大型客机的研发与生产是一个非常复杂的系统工程，没有一家大型客机企业能够完成所有的部件生产。大型民用飞机产业经过多年的发展，已经形成了一套行之有效的主制造商—供应商的生产体系和供应链体系。这个体系大体分为三个层级，波音公司和空中客车公司等主制造商处于供应链的顶端，主要从事研发、总装和关键部件的生产，发动机、机体和记载设备分系统的生产则由相应的一级供应商承担，一级供应商又将其中的部分工作转包给二级零部件供应商。主制造商与不同层级的供应商一起，构成了大型民用飞机产业的生产体系。随着全球化的不断深入，大型客机企业逐渐建立起遍及全球的供应链。大型民用飞机产业形成国际生产网络，大大提高了研发和生产效率，使生产要素在全球范围内达到更高层次的合理配置。

随着大型客机研发成本的不断增加，主制造商与供应商之间的关系开始出现由承包关系向风险合作伙伴关系转变的趋势。在新机型的开发中，主制造商主要负责总体设计、重要零部件生产和最后的总装，分系统的研发和生产由有实力的供应商来完成。主制造商与供应商之间形成共同开发、风险共担、利益共享的风险合作伙伴关系。由于主制造商在资金融通、技术研发、人力资源、市场网络和产品信誉等方面具有综合优势，因此，国际生产网络中形成了以主制造商为核心、全球范围内供应商之间相互协调与合作的产业组织框架。在波音 787 项目中，波音公司只承担 35%的机身设计、生产与总装份额，其余部分则由其他国家和地区的企业来承担，其中日本承担 35%的份额。在空中客车 A380 的研发中，空中客车公司只承担了部分工作量，其余由风险合作伙伴去完成，从而降低了研发成本，加快了研发进度。国际生产网络使大型民用飞机产业全球协作的广度和深度均达到了一个新水平。主制造商和供应商一起，成为产业技术进步主体，共同决定着大型民用飞机产业技术进步的方向。通过这种方式，欧美国家的主制造商基本掌握了大型民用飞机产业的全球生产网络，控制着全球大型民用飞机产业的发展和调整的方向，从而进一步增强了在大型民用飞机产业领域的国际竞争力。在未来一段时间里，全球大型民用飞机产业的竞争仍将是以波音公司和空中客车公司为主导的市场与技术竞争格局。

二、全球支线飞机市场竞争格局

（一）全球支线航空市场正在迅速扩大

根据波音公司预测，到 2030 年全球民用客机将增加到 34770 架，其中 17%为支线喷气机，21%为双通道飞机，58%为单通道飞机，只有4%为400座的大型飞机。其中，70~110座喷气机将是一个拥有巨大潜力的市场。中国商飞公司在2011年9月21日发布的《中国商飞公司市场预测年报（2011~2030）》中指出，随着全球经济的发展，全球航空旅客周转量将以平均每年4.9%的速度递增。预计到2030年，全球航空旅客运送规模将为目前的2.5倍。受航空运输市场需求的拉动，未来20年，全球预计将有30900架新飞机交付，价值约37000亿美元，其中大部分为单通道喷气客机。尽管不同公司的预测在具体数据上会有所不同，但指明的共同趋势则是一致的，那就是全球支线航空市场有着很大的市场潜力和发展空间。

（二）全球支线航空产业基本形成了两强争霸的格局

民用飞机制造业是一个典型的寡头垄断产业，目前全球的干线飞机市场基本上被美国波音公司和欧洲空中客车公司所瓜分。而在支线飞机市场上，也已经基本形成了加拿大庞巴迪公司和巴西航空工业公司两强争霸的格局。

庞巴迪公司总部位于加拿大魁北克省莫特里尔，是全球最大的国际性交通运输设备制造商之一，主要产品包括支线飞机、公务喷气式飞机、铁路及高速铁路机车、城市轨道交通设备等，2010年末其总资产达到234.3亿美元。受全球金融危机的影响，庞巴迪在2009/2010财政年度获得了11架净订单（213架总订单和202架取消订单）；大大少于上年同期的净订单数367架（423架总订单和56架取消订单）；交付飞机合计302架，也低于上年同期的349架。尽管如此，庞巴迪在公务飞机和民用飞机市场上的份额都在提升，分别占到了32%和44%。庞巴迪在2010/2011财政年度获得了201架净订单，大大高于上年同期的净订单数11架。交付飞机合计244架，其中商务机、公务机和水陆两栖飞机分别占58.6%、39.8%和1.6%。庞巴迪公司继续保持着在全球支线飞机市场上的领导者地位。

巴西民用航空工业的崛起是近年来全球航空工业中非常引人注目的事件。巴西航空工业公司成立于1969年，总部位于巴西圣保罗州圣若泽杜斯坎普斯。经过 40 多年的发展，巴西航空工业公司已成长为全球最大的支线客机生产商之一和全球第三大民用飞机生产商。2009 年巴西飞机工业公司确认订单储备 265 架，全年共交付飞机 244 架，较上年提高 16%。2010 年巴西航空工业公司确认订单储备 250 架，订单储备总值达 156 亿美元，全年共交付飞机 246 架，与上年大体持平。目前，巴西航空工业公司在全球支线飞机市场上已经拥有了约 50% 的市场份额，与加拿大庞巴迪公司形成了分庭抗礼之势。如图 7-3 所示。

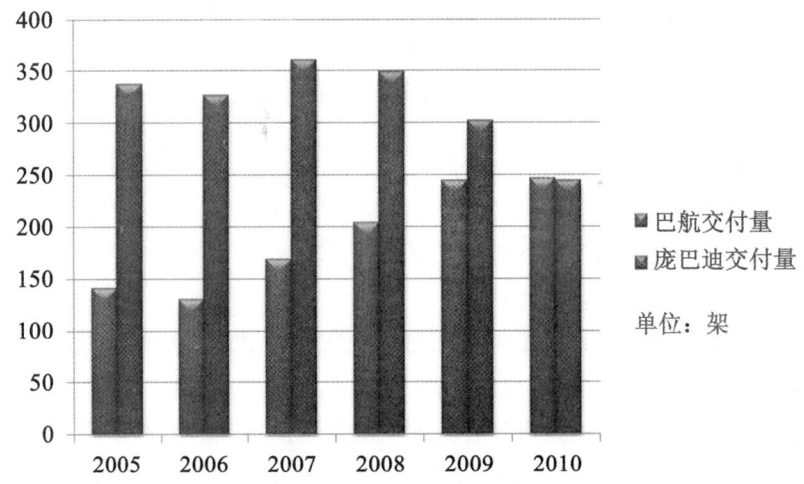

图 7-3　2005～2010 年巴西航空工业公司和庞巴迪公司支线客机交付量

资料来源：庞巴迪公司年报、巴西航空工业公司年报。

巴西航空工业公司在 20 世纪七八十年代开发过一些通用航空飞机，后来转向小型支线飞机的开发和生产，80 年代末期，年销售额最高曾经接近 7 亿美元。但好景不常，90 年代全球航空市场陷入萧条，对包括巴航在内的飞机企业造成了很大冲击。巴西航空工业公司管理层通过对全球航空市场结构的研究，认为全球干线飞机市场已经基本被波音公司和空中客车公司所瓜分，在高投入、高科技、高风险的大型客机领域，巴西航空工业公司不具备挑战寡头企业的能力。而当时欧美和亚洲支线航空公司正在迅速增加航线，未来全球支线航空市场将有着很大的市场潜力，但波音和空客两家大型客机企业基本忽略了支线航空市场，全球支线客机市场在位企业相对比较分散，只有加拿大庞巴迪公司和德国仙童多尼尔公司具有一定实力，但远没有达到寡头垄断的程度，竞争强度不及干线市场，这就给巴西航空工业公司进入这个市场提供了很好的机遇。根据对市场竞争态势的深入分析，巴西航空工业公司及时调整发展战略，确定了支线飞机型号的研发方向。90年代末，巴西航空工业公司首先在30～50座级的支线运输市场上取得了成功，占据了一定的市场份额。在此基础上，公司启动了E-ERJ开发项目，研发生产在国际运输市场上需求量更大的70～110座级支线飞机。巴西航空工业公司通过自主研发和国际合作，核心竞争力得到了很大的提高，自90年代以来，相继研发生产了ERJ135/140/145和E170/175/190/195两大系列的商用喷气飞机，基本覆盖了40～120座级支线飞机的运力范围，成为世界上唯一一家仅用两个飞机系列就能提供支线喷气式飞机全部航程服务的制造商。

（三）支线飞机市场的竞争者正在增加

大型民用飞机产业在很大程度上反映了一个国家高端制造业的发展水平。大型民用飞机产业的发展需要材料、化工、橡胶、纺织、电子元器件、机械制造、冶金等行业的配套支撑，围绕大型客机的制造形成了一个巨大的产业链。大型民用飞机产业的发展，不仅对一个国家的经济增长起到积极作用，还能够拉动其他相关产业的发展，勿庸置疑地成为带动国民经济发展的战略性产业。但由于大型民用飞机产业是一个技术密集和资金密集的高风险产业，具有明显的规模经济和范围经济特征，这使得后进者面临巨大的进入壁垒。从20世纪70年代以来全球民用航空工业的发展历程来看，继空中客车公司成功立足于大型民用飞机制造领域之后，只有巴西成功地发展起支线客机制造业。

由于支线飞机与干线飞机相比，无论是技术还是资金要求相对都要低一些,并且这个市场的竞争强度也不及干线飞机市场,因此,近年来一些国家开始进军支线飞机产业。中国推出了 ARJ21"翔凤",俄罗斯苏霍伊公司研发了"超级喷气"100 客机,日本三菱公司开发了 MRJ 支线客机。这三家公司都在将机型系列化,如 ARJ21 包括基本型 ARJ21-700、加长型 ARJ21-900、货运型 ARJ21F 和公务机型 ARJ21B 四种机型;苏霍伊"超级喷气"100 包括基本型和远程型;MRJ 支线客机包括 92 座的 MRJ90、78 座的 MRJ70 等,都力图以更好的产品来满足不同细分市场的需求。随着全球支线飞机市场规模的不断扩张,进入这一领域的飞机制造商也在增加,可以预见,未来全球支线飞机市场的竞争将会更趋激烈。

三、中国大飞机发展战略初探

(一)中国的航空市场潜力巨大

波音公司不久前公布了《2011~2030 年全球飞机市场展望》,按照这个预测,未来 20 年内,全球将需要 33500 架新民用飞机,总价值达 4 万亿美元。其中,中国需求 5000 架,价值 6000 亿美元。按照年均客运量 7.6%的增长速度,中国将成为全球飞机需求最为强劲的第二大市场,仅次于美国。在中国市场上,单通道飞机市场的需求量非常巨大,将达到 3550 架飞机;中小型双通道飞机的需求为 1040 架,占飞机需求量总价值的 40%以上(参见图 7-4)。按照中国商飞公司发布的《中国商飞公司市场预测年报(2011~2030)》,将有约 4700 架新飞机交付中国的航空公司,这些飞机市场价值超过 5000 亿美元。目前中国客机数量占全球客机数量的比例为 9%,到 2030 年,这一比例将上升到 15%。巨大的市场为中国大型民用飞机企业的成长和大型民用飞机产业的形成提供了良好的保证。

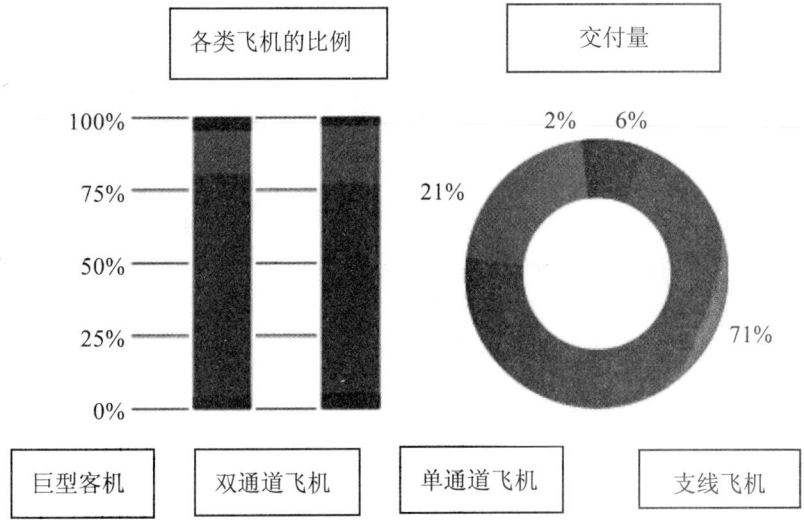

图 7-4　2011～2030 年中国需要的各种类型飞机数量及比例

资料来源：Boeing. Current Market Outlook：2011 to 2030.

（二）中国开始进军大型民用飞机产业

中国航空工业建立至今已有 50 余年历史，已经成为了世界上航空工业体系较为齐全的国家之一。中国曾经在大型民用飞机的研发上取得过辉煌的成就，但由于种种原因，研发工作没有持续下去，使中国大型民用飞机设计和制造技术与国际先进水平存在较大差距。中国组建大型民用飞机股份公司，再次吹响了向大型民用飞机产业进军的号角，这一重大决策表明了中国进军高端制造业并以此推动产业结构升级的决心。中国作为一个后进者，开始向大型民用飞机产业这一双寡头垄断全球市场的产业格局发起挑战。

2002 年，在国防科工委的支持下，中国航空工业第一集团公司宣布组建中航商飞有限公司，研制生产 70～90 座级的中短航程涡扇支线飞机 ARJ21，这是中国第一架自主研制的拥有自主知识产权的商用飞机。2008 年 11 月 28 日，首架 ARJ21-700 飞机在上海飞机制造厂首次试飞成功。目前该机型订单已经超过 240 架。随着在支线航空领域取得的阶段性成功，中国加快了在干线飞机领域的布局。2006年2月国务院发布《国家中长期科学和技术发展规划纲要》，将大型飞机研制确定为中国未来15年内重点实施的16个重大专项之一。在2007年2月26日召开的国务院常务会议上，原则批准大型飞机研制重大科技专项正式立项。研制大型飞机是党中央、国务院作出的重大战略决策，也是全国人民多年的愿望。我国航空工业已经具备发展大型飞机的技术和物质基础。自主研制大型飞机，发展有市场竞争力的航空产业，对于转变经济增长方式，带动科学技术发展，增强国家综合实力和国际竞争力，加快现代化步伐，具有重大意义。

2008年5月，中国商用飞机有限公司在上海挂牌成立。它由国务院国有资产监督管理委员会、上海国盛（集团）有限公司、中国航空工业集团公司、中国铝业公司、宝钢集团有限公司、中国中化股份有限公司共同出资组建，是实施国家大型飞机重大专项中大型民用飞机项目的主体。中国商飞公司研制的大型民用飞机C919目前进展顺利。C919将以单通道150座级为切入点，2014年首飞，2016年交付用户。截至2011年10月底，C919启动订单总数已经达到145架。中国商飞公司的组建，标志着中国在自主研制大型民用飞机方面迈出了坚实的一步，中国民用飞机产业的历史有望翻开新的一页。

（三）中国发展大型民用飞机产业任重道远

经过30年的改革开放，中国的航空工业有了长足的进步，为大型客机的研制和生产奠定了良好的基础。但中国的大飞机要想顺利地腾空而起，还需要在几个关键领域取得重大突破。

1. 通过自主创新，提升技术能力

在发展大型民用飞机产业的时候，如何处理好自力更生和对外合作的关系，是成功发展大型飞机的关键问题。其中自主技术能力建设问题尤为重要。技术能力是企业竞争优势的重要组成部分，它以企业为载体，是企业通过有效的技术学习而形成的。技术能力尤其是创新能力的形成，归根结底取决于企业获得技术能力的决心和对引进技术

的消化吸收能力。

中国在大型客机的开发领域曾经取得过辉煌的成就,但也走过一段弯路。航空工业领域的许多老专家至今仍然认为,将改革开放前中国的科技成就仅仅总结为"两弹一星"是不全面的,应该是"两弹一星一机"。"运十"是我国自行研制的第一架喷气式客机,"运十"的研发工程于20世纪70年代初期立项,项目启动时间仅仅比空中客车晚两年。科研人员在"运十"设计之初就大胆突破原苏联飞机的设计规范,按照美国民航适航条例来研制,技术指标参考了波音707。经过长达十年的努力,"运十"在1980年首飞成功,中国也一跃成为当时世界上第三个能独立研制四个发动机的大型民用客机的国家,在国际航空界曾经引起很大的反响。"运十"在其后几年里又进行过多次试飞,最远到达拉萨机场。但由于种种原因,1985年"运十"项目被迫下马。以现在的视角来看,"运十"在设计思路上的确存在着不少缺陷,尤其是过于强调技术因素,对市场因素考虑不足,比如,最大航程是按照北京到阿尔巴尼亚首都地拉那的距离来设计,由于航程远,所以载油量很大,不符合国内中短程航线的要求,再加上它设计时的参考对象是诞生于50年代的波音707,因而"运十"的各项性能指标在80年代已经落伍。尽管如此,"运十"项目的终止,使中国失去了一个可以在大型客机领域形成技术能力的载体,不能不说是中国民用飞机发展中的一件憾事。

"运十"工程下马之后,中国民机产业发展战略转变为"以市场换技术",试图以对外合作带动民机产业的发展。几乎在"运十"项目终止的同时,1985年中美之间签订《合作生产MD-82及其派生型飞机、联合研制先进技术支线飞机和补偿贸易总协定》。按照这个协议,中国民航将购买麦道飞机并由上海飞机制造厂组装。到1994年,中国组装的35架麦道飞机全部交付客户,这表明这个协定在商业上取得了成功。通过组装麦道系列飞机以及承接航空转包业务,中国民用飞机产业在生产和组装能力方面还是取得了不小的进步。随着波音公司兼并麦道公司,波音公司很快停止了麦道飞机的生产,中国民机产业陷入"无米下锅"的窘境。此后,中国希望通过国际合作的方式开发100座级的飞机,并最终实现自主研制大型干线飞机。在合作开发大飞机的过程遇到严重挫折之时,中国先后寻求与韩国、新加坡和空中客车公司合作,但最后都没有成功。1998年6月国务院第十次总理办公会议决定停止研制AE100项目,这标志着中国民用飞机产业"以市场换技术"战略以失败告终。

由此我们得到的启示是,即使在经济全球化不断深化的今天,在大型民用飞机产业这样一个战略性产业中,也不可能建立完全基于市场原则的技术转移机制。大型客机市场的在位企业不可能向潜在的后进者转让技术,以培养新的竞争对手。指望以市场为筹码来换取关键技术只能是一厢情愿,最后是让出了市场,也换不来技术。这再一次说明了,技术能力的形成源自于持续的技术学习和研发投入,离开了持续研发和自主创新,技术能力的形成只能是空中楼阁。

2. 顺应产业趋势,构建全球供应链

近年来,由于大型客机的研制成本越来越高,风险越来越大,波音、空客等企业开始实行风险合作伙伴体制,将越来越多的分系统交由风险合作伙伴来完成。这些风险合作伙伴不仅承担过去供应商的角色,还需要自己投资,担负起相关部件的开发生产任务,但同时也能依靠所承担的工作获得更高的收益。这种新的供应链体系给不具备技术优势的产业后进者提供了赶超的机遇。巴西飞机工业公司通过风险合作伙伴体制,在全球范围内联合技术实力和资金实力都很雄厚的合作伙伴,在很短的时间里一跃成为全球支线飞机领域的领军企业。中国自行研制的支线飞机ARJ21和大型客机C919也将采取这种体制,以加快研发进度,尽快形成市场竞争力。

中国在大飞机研发和生产过程中,通过风险合作的方式,与全球零部件领域实力雄厚的合作伙伴,尤其是与发达国家企业结成利益共同体,不仅有利于我国大型民用飞机产业的技术学习和技术引进,也有利于减少国外竞争对手针对中国政府扶持政策的贸易诉讼,减少贸易摩擦。由于发达国家的重要航空工业供应商也在中国国产飞机的研发和生产中占有一定的工作量,如果限制中国飞机的销售,那么也会损害这些企业的利益,进而降低企业所在国的福利。但这种国际合作必须坚持以我为主。从大型民用飞机产业的价值链来看，它可以分为研发、制造、总装、销售、服务五个环节，其中核心环节就是研发和总装。中国在参与国际合作的过程中，只要抓住了这两个关键环节，就能控制整个产业链。

3. 利用巨大的国内市场，催生大型民机产业

对于大型民机产业来说，技术上的成功并不意味着商业意义的成功。再好的产品，如果得不到市场的认可就没有商业价值。对于行业的后进者中国来说，自行研制的C919客机很快走向世界是不现实，市场美誉度、适航要求等一系列进入壁垒在短期内是很难克服的。空中客车公司的第一种机型A300尽管性能优良，但在首飞成功之后，取得市场的认可却花了7年时间。由于中国并不具备像当时的空中客车公司那样的技术优势，所以C919要想在国际市场上占有一席之地只能是更加艰难。

规模巨大并且仍在不断扩张的中国市场是国产大型客机获得市场认可的温床。当然，尽管国内市场规模巨大，但由于目前已经被波音公司和空中客车公司所瓜分，国产大型客机要想获得市场认可并不是一件容易的事。机型的选择至关重要，正如巴西航空工业公司CEO莫里西奥·博泰罗所言："如果你提供的机型承载率大于需求，作为一家航空公司注定是会亏损的，但是如果你提供的机型承载率小于市场需求，反过来也会对公司造成损害，因为这就会给你的竞争对手留出机会。所以整个运输网络的格局和提供什么样合适的机型需要非常理智的考虑"。[①]这就要求在大型客机的机型选择上，首先应针对国内市场的需求，明确产品目标定位。空中客车公司和巴西航空工业公司成功的经验给我们的启示是，只有在充分进行市场调研的基础上，才能选择出未来我国市场上需求量最大的细分市场，并根据这个细分市场上客户的具体要求，提供安全性、舒适性、经济性和环保性都比较出色的机型，才能获得市场的认可。在取得成功后再向其他运力级

---

① 刘婷. 巴西航空工业公司:市场需求是大飞机成败的核心——专访巴西航空工业公司CEO莫里西奥·博泰罗与继任CEO弗雷德里克·科拉多. 商务周刊, 2007 (7).

别的产品拓展。当然，仅仅提供产品还是不够的，中国的大型客机企业还必须逐步建立起覆盖全球的包括物流、零部件、技术等各项售后服务支持体系，更好地满足客户的需求，形成综合竞争能力。

主要参考文献

1. Andrea Goldstein. The Political Economy of Industrial Policy in China: The Case of Aircraft Manufacturing. William Davidson Institute Working, 2005（7）：779.

2. Boeing. Current Market Outlook：2011 to 2030.

3. Bumol,W., et al. Contestable Markets and the Theory of Industry Structure. New York:Harcount Brace Jovanovish, 1982.

4. C. Lanier Benkard. Learning and Forgetting: The Dynamics of Aircraft Production. The American Economic Review, Vol. 90, No. 4. (Sep., 2000), pp. 1034-1054.

5. Damien Neven, Paul Seabright, Gene M. Grossman. European Industrial Policy: The Airbus Case, Economic Policy, Vol. 10, No. 21. (Oct., 1995), pp. 313-358.

6. David Pritchard and Alan MacPherson. Strategic Destruction of the North American and European Commercial Aircraft Industry: Implications of the System Integration Business Model, Canada-United States Trade Center Occasional, 2007(1)：35.

7. Douglas A. Irwina, Nina Pavcnik. Airbus Versus Boeing Revisited: Internationa Lcompetition in the Aircraft Market. Journal of International Economics，64 (2004)，pp.223-245.

8. Hans J. Weber, Aaron J. Gellman, George W. Hamlin. Study of European Government Support to Civil Aeronautics R&D, Study of European Government Support to Civil Aeronautics R&D, August 15, 2005.

9. Joanne Feeney, Arye L. Hillman. Privatization and the Political Economy of Strategic Trade Policy. International Economic Review, Vol. 42, No. 2. (May, 2001), pp. 535-556.

10. José E. Cassiolato, Roberto Bernardes and Helena Lastres. Transfer of Technology for Successful Integration into the Global Economy. A Case Study of Embraer in Brazil，UNCTAD/ITE/IPC/Misc, 2002: 20.

11. Keith Hayward. Airbus: Twenty Years of European Collaboration. International Affairs (Royal Institute of International Affairs, Vol. 64, No. 1. (Winter,1987-1988), pp. 11-26.

12. Loren Thompson. European Aircraft Subsidies. A Study of Unfair Trade Practices. www.Lexingtoninstitute.org.

13. Massoud Bazargan. A linear Programming Approach for Aircraft Boarding Strategy. European Journal of Operational Research 183 (2007), pp.394-411.

14. Morgan Stanley. China Aviation In-Depth—Difficult to Fly on Heavy Valuation, March 13, 2007.

15. Office of Aerospace and Automotive Industries. International Trade Administration of U.S. Department of Commerce: Flight Plan 2008, Analysis of the U.S. Aerospace Industry, March 2008.

16. Paul A. Geroski, Alexis Jacquemin, John Vickers, Anthony Venables. Industrial Change, Barriers to Mobility, and European Industrial Policy. Economic Policy, Vol. 1, No. 1. (Nov., 1985), pp. 169-218.

17. Steven McGuire. The Changing Landscape of the Aircraft Industry.（2011）. www.chathamhouse.org.

18. United States International Trade Commission. Global Competitiveness of U.S. Advanced-Technology Manufacturing Industries: Large Civil Aircraft. Publication 2667, August 1993.

19. Vicki L. Golich. From Competition to Collaboration: The Challenge of Commercial-Class Aircraft Manufacturing. International

Organization, Vol. 46, No. 4. (Autumn, 1992), pp. 899-934.

20. 史东辉. 大型民用飞机产业的全球市场结构与竞争. 湖北教育出版社, 2008.

21. 徐德康, 王玉芳主编. 各国民用飞机发展道路的借鉴与启示. 航空工业出版社, 2007.

22. 上海市经济与信息化委员会, 上海科学技术情报研究所. 世界制造业重点行业发展动态. 上海科学技术文献出版社, 2004~2009.

23. 黄强. 中国民机产业崛起之探索. 航空工业出版社, 2007.

24. 胡晓峰. 寻梦大飞机. 航空工业出版社, 2007.

25. 王小强. 产业重组, 时不我待. 中国人民大学出版社, 1998.

26. 安同良著. 企业技术能力发展论——经济转型过程中中国企业技术能力实证研究. 人民出版社, 2004.

27. 高梁. 天高云淡, 望断南飞雁: 从"运十"的夭折谈起. 经济管理文摘, 1999（19）.

28. 郭国栋. 中国航空工业概况. 光大证券研究报告, 2007-3-13.

29. 黄强, 杨乃定, 董铁牛, 祝志明. 欧洲民用航空产业发展战略分析及给我们的启示. 航空制造技术, 2008（1）.

30. 黄强, 杨乃定, 王良. 美国民用航空产业发展战略分析及其启示. 航空制造技术. 2006（2）.

31. 姜香美等. 波音供应商合作关系对大飞机项目的启示. 航空制造技术, 2010（24）.

32. 林左鸣. 世界军工产业转型的思考. 中国证券网, 2008-1-25.

33. 刘婷. 巴西航空工业公司: 市场需求是大飞机成败的核心——专访巴西航空工业公司 CEO 莫里西奥·博泰罗与继任 CEO 弗雷德里克·科拉多. 商务周刊, 2007（7）.

34. 路风. 中国大型飞机发展战略研究报告. 商务周刊, 2005（5）.

35. 栾春娟, 曾国屏. 波音公司技术轨迹探测及其启示. 工业技术经济, 2011（6）.

36. 麦肯锡公司. 新兴市场在航空工业中的角色日益凸显. 麦肯锡公司研究报告, 2008-9.

37. 欧阳绍修. 探讨中国大型飞机发展之路——谈谈发展中应注意的问题. 国际航空，2007（1）.

38. 万军，魏蔚主编. 世界产业数字地图 2010. 科学出版社，2010.

39. 万军，魏蔚主编. 世界产业数字地图 2011. 科学出版社，2012.

40. 万军. 国外大型客机产业发展比较研究. 研究报告，2011.

41. 谢鹏. 中国大飞机项目解密. 航空工业经济研究，2007（1）.

42. 张昊等. 中国民机行业研究报告. 国金证券研究报告，2008-10-24.

43. 波音、空中客车、庞巴迪公司、巴西航空工业公司、中国商用飞机公司等公司网站。

第八章 政府补贴与欧美大型民用飞机产业的贸易争端[①]

寡头垄断行业通常具有巨大的规模经济、沉没成本和高昂的研发费用,这在客观上为后进者进入这一产业领域制造了巨大障碍,这在大型民用飞机产业表现得尤为明显。但由于大型民用飞机产业对于整个国民经济的辐射和带动作用十分巨大,因而始终吸引着一些具有一定工业基础的国家试图涉足其中,但成功的后进者寥寥无几。与此相反,曾经的世界大型民用飞机产业三强之一的俄罗斯不仅基本退出了国际市场,连在国内航空市场上的份额也在下降。大型民用飞机产业的市场竞争和产业格局促使人们进一步思考:对于大型民用飞机产业这样一个战略性产业部门而言,在成长为具有国际竞争力产业的过程中,是否离不开政府的积极干预呢?大量的研究表明,对于大型民用飞机产业这样一个具有很高进入壁垒的产业,如果没有政府必要的扶持,潜在竞争者的市场进入将会困难重重。

自20世纪80年代以来,将产业组织理论引入传统的国际贸易理论所形成的战略性贸易理论是现代经济理论发展中最具有影响的创新之一。该理论认为,在一个报酬递增和不完全竞争的市场中,如果一个国家对那些具有明显规模经济和外部性的战略性产业部门进行扶持,将有利于保护和促进国内相关产业的发展,使之通过"干中学"不断下移产业的学习曲线,逐步扩大生产规模,逐渐形成规模经济和低成本生产能力,最终具备产业国际竞争力。巴巴拉·斯潘塞给出了战略性产业部门的七个特点:(1)产业或潜在产业所获得的额外

[①] 本章节选自中国社科院相关课题研究报告。

收益必须超过补贴的总成本;(2)本国厂商必须面临外国厂商的激烈或潜在竞争;(3)与出口相关的国内产业应该比外国竞争产业更集中或同样集中;(4)国内的扶持政策不应引起要素价格上升过高;(5)如果本国产业相对于外国竞争者有相当大的成本优势或者增加生产会带来相当大的规模经济或学习效应,那么扶持政策会更有效;(6)如果国内新技术向外国竞争者的外溢最少,或者政府干预政策有助于把外国技术转移给本国厂商,那么这个国内产业将是研究开发补贴政策较好的扶持目标;(7)在国内某产业面临着外国厂商竞争的情况下,如果研究开发和资本成本构成该产业成本的重要组成部分,就意味着它们也是厂商竞争的重要组成部分,或者可能领先的产品正处于产品开发、生产的早期阶段,对它给予补贴会提高外国厂商进入该产业的壁垒,那么这个产业就适合作为本国研究开发和投资补贴政策扶持的目标(巴巴拉·斯潘塞,2000)。大型民用飞机产业无疑是最符合这些条件的战略性产业部门。

在相当长的时间里,美国在大型客机制造领域具有绝对的市场垄断地位。从20世纪70年代开始,欧洲空中客车公司作为这一领域的后起者,开始挑战美国的垄断地位。在政府补贴的支持下,空中客车公司通过持续的产业创新,已经成为波音公司强有力的挑战者。波音与空客的竞争引起了经济学界的广泛兴趣,国外有很多文献对此进行了实证研究。这些文献通过研究波音公司与空中客车公司的发展历程、市场行为及其与政府的关系,对大型民用飞机产业的国家干预、市场结构和寡头博弈进行了深入的分析。研究结果表明,作为一个战略性产业部门,大型民用飞机产业的发展与政府扶持有密切的关系。大量的实证分析进一步揭示,波音等美国客机生产企业的发展确实在一定程度上得益于美国政府巧妙的间接补贴,而空中客车公司的崛起更是被视为战略性贸易政策成功的典范。政府补贴改变了空中客车公司的比较优势,使之形成了新的竞争优势(Neven, D., Seabright, P., 1995)。按照克鲁格曼的观点,欧洲对空中客车公司的补贴或许是世界上最大的战略性贸易政策成功的例子,可能比所有其他此类项目加起来还要大(克鲁格曼,2002)。近年来,美国和欧盟相互指责对方为大型民用飞机产业提供大量补贴,从而损害了自身的利益,由此产生的贸易争端至今尚未完全平息(WTO,2004,2012)。

一、美国大型民用飞机产业发展中的政府补贴

美国大型民用飞机产业的不断发展,是民间企业在市场机制的引导下,为寻求更多的获利机会而持续推动技术创新和市场拓展的过程中自发实现的。不可否认的是,这个市场环境的形成和完善,与美国政府的推动和维护是密不可分的。美国政府在经济发展的过程中,通过立法推动和政策调整,积极推行竞争政策,保护市场机制的有效运行,注重发挥私营部门和市场机制的主导作用,很少直接干预微观经济主体的经营行为,主要致力于提供商业和法律环境的保障,使企业能够在一个相对宽松的经济环境中自由选择。

在美国大型民用飞机产业发展的过程中,起主导作用的力量是市场机制。在大型民用飞机产业的成长期,美国道格拉斯公司、波音公司、洛克希德公司等企业先后进入过这一新兴产业领域,并分别开发出不同系列的飞机,占据了全球大部分市场份额。但在激烈的市场竞争中,只有波音公司最终成为市场霸主。在相当长的时间里,对于大型民用飞机这个优势产业来说,美国政府并不谋求通过贸易救济的方式来扶持本国企业。

即便如此,由于大型民用飞机产业所蕴含的科技含量、经济利益对于美国的国家战略至关重要,美国政府一直将包括大型民用飞机产业在内的航空航天业视为战略性产业,不仅从立法的高度对其重要性予以强调,而且通过政府采购、提供科研经费等方式对本国的大型客机制造企业进行间接补贴,从而为本国的大型民用飞机产业始终处在国际竞争的前沿提供了良好的支持。

按照欧盟的说法,美国政府自 1993 年以来给予波音公司共计 230 亿美元的间接补贴,其中 2003 年波音的大型民机业务就获得了高达 27.4 亿美元的各种补贴;在 B787 项目上,波音公司更是利用了多项

政府补贴,占项目启动资金的 41.6%。美国在大型民用飞机产业发展中提供的各种类型的政府补贴包括[①]:

1. 州政府和地方政府补贴。包括来自华盛顿州、堪萨斯州和伊利诺伊州的补贴。波音公司总部一直在华盛顿州,2001 年迁至伊利诺伊州芝加哥,至今在华盛顿州仍保留着重要的装配基地。这三个州的政府为了扶植波音公司,向其提供了税收减免、债券融资等多种支持,其中伊利诺伊州还向波音公司提供了搬迁补助。

2. 美国国家航天局(NASA)补贴。美国国家航天局以比市场还要便利的条件向美国大型民用飞机产业提供经济资源,这包括:(1)允许大型客机制造企业参与 NASA 的研发计划,并从 NASA 获得资金支持,还允许大型客机制造企业免费使用研发项目的成果和获得有关专利的转让,以及获得被排他使用的数据、商业机密以及其他从政府支持的项目中获得的知识;(2)美国国家航天局向大型客机企业提供人员、设施和设备,并承担派出人员的工资和福利,以协助和支持大型客机企业的研发;(3)提供 NASA 自己的研究成果,供大型客机企业使用,并提供投标方案补偿金;(4)允许大型客机企业使用归美国政府所有的用于研究、测试和评估的大型设施,例如 NASA 的风洞和兰利研究中心等;(5)通过采购合同的方式使大型客机企业获得高额收益;(6)使大型客机企业能够排他性地或者较早地获得美国政府资助形成的数据、商业机密和其他知识。

3. 美国国防部补贴。(1)允许大型客机制造企业参与国防部的研发计划,并从 NASA 获得资金支持,还允许大型客机制造企业免费使用研发项目的成果和获得有关专利的转让,以及获得被排他使用的数据、商业机密以及其他从政府支持的项目中获得的知识;(2)允许大型客机企业使用归美国政府所有的用于研究、测试和评估的大型设施,例如航程测试基地等;(3)通过采购合同的方式使大型客机企业获得高额收益,例如美国空军从波音公司购买机载预警和控制系统零部件、用于国家极地环境探测卫星的微波成像传感器、购买替代 C-22

[①] European Commission. The WTO Boeing-Airbus dispute. http://ec.europa.eu/trade.

的新产品的项目、C-40 租赁和购买计划、C-130 现代化升级项目、C-17H22 合同（Boeing BC-17X），美国海军与波音公司签订的生产和购买 108 架 B-737 并改装成远程水下多功能攻击机、导弹防御系统的激光武器项目等；（4）使大型客机企业能够排他性地或者较早地获得美国政府资助形成的数据、商业机密和其他知识。

4. 国家标准和技术研究所的补贴。国家标准和技术研究所是美国商务部下属的研究机构。按照 1988 年综合贸易和竞争力法案下的先进技术计划和 1991 年的美国卓越技术法案，美国大型客机企业可以参与这些计划，并获得资金支持；还允许大型客机制造企业免费使用研发项目的成果和获得有关专利的转让，以及获得被排他使用的数据、商业机密以及其他从政府支持的项目中获得的知识。

5. 美国劳动部的补贴。按照劳动力投资法案的授权，资助华盛顿州的埃德蒙顿社区学院为波音 787 飞机提供产业工人培训。

6. 联邦税收激励。税收优惠是美国政府补贴大型客机企业的重要渠道。美国对于大型客机企业实行"全部完成合同征税方法"，也就是大型客机企业只有在全部履行生产合同后，其相关营业收入才交税。这实际上是政府向大型客机企业尚未执行完毕的生产项目提供了一笔无息贷款。为了推动美国的出口，改善国际收支状况，美国曾在 1971 年实行了国内国际销售公司（Domestic International Sales Corporation，DISC）税制，即如果美国公司设立处理出口销售业务的分公司，出口业务利润的一部分可以享受免税待遇。由于 DISC 税制遭到了欧盟的强烈反对，1985 年美国又用外国销售公司（Foreign Sales Corporations，FSC）取代了 DISC 税制，即如果一家美国出口企业满足"在国外存在""在国外管理"以及"在国外进行经济操作过程"等条件，那么它的一部分出口销售收入在美国可以免税。大型客机企业毫无疑问是这些税制的最大受益者，因为产业的技术经济特征决定大型民用飞机产业必须在全球市场销售才能获得足够的市场容量。从波音公司历年的财务报表来看，其大型客机业务的销售收入中，来自国外市场的收入通常要占到 40%左右。根据欧盟估测，波音公司的法定名义税率应该为 35%，但经过种种税收优惠后，波音公司的实际平均税率仅为 26.3%，1989~2006 年波音公司通过美国的税收优惠获得的补贴高达 22 亿美元（尹海涛，2007）。

在上述的这些补贴中，来自美国国家航天局和国防部的补贴占了绝大多数。航空工业因其在国防领域无可替代的重要性，使得美国政府对航空航天工业的扶持力度极大。从表面上看，美国对航空工业的扶持主要体现在对军用飞机研发的支持上，但由于美国的航空航天企业一般既从事军工生产，也开展民品业务。尽管军用飞机和民用飞机在性能上有较大差异，但是很多技术都具有通用性，都存在着由军转民或者由民转军的可能。美国非常重视在军民两用技术上的投资，航空航天企业通过承接国防部和航天局研发项目，在政府资助下形成的很多研究成果可以直接应用到大型客机中，从而为大型客机企业节省一笔巨大的研发费用，这是一种稳定而隐蔽的补贴方式。据欧盟估算，从 1976 年到 1990 年，美国国防部批准用于军事航空的 500 亿美元研究费中，59 亿到 97 亿美元直接或间接有利于民机工业。

美国政府通过种种隐蔽的补贴，为大型客机企业提供了大量的资金支持，大大降低了企业在研发和生产中的资金压力，不仅有助于降低企业的实际生产成本，使之国际市场竞争中拥有更强的价格竞争力，而且推动了企业在先进技术的研发上进行更多的投入，从而进一步强化了美国在航空工业领域的技术领先地位。

二、空中客车公司发展初期的政府补贴

空中客车公司刚刚诞生之时，面临的市场格局是美国企业的高度寡占。波音公司、麦道公司和洛克希德公司基本占据着全球大型客机市场。作为产业的后进者，空中客车公司经过了近三十年的努力，才在全球大型客机市场上站稳脚跟。为了更好地应对市场竞争，空客公司在新机型的研发和生产上投入了巨资，但最初的销售情况不尽人意，空客公司研制的 A300 和 A310 的销售都没有达到盈亏平衡点，使公司在财务上面临很大压力；直到 A320 面世后，这种情况才得到改

观。从 1970 年到 1995 年，空中客车公司累计亏损 80 亿美元。为了扶持空中客车公司，欧洲有关国家对空中客车公司采取了一系列补贴政策，起到了明显效果。

由于大型客机研发周期长、费用高、风险大，在空中客车公司发展的早期阶段，法国、德国、英国等国家政府都对空中客车公司进行了资金上的支持。这种资金支持主要是通过低息贷款的方式对飞机的研发环节进行补贴，被称为"启动援助"，这种贷款利率很低，并且只有在新机型获得市场认可并获得商业回报之后才偿还。这种支持方式实际上是政府担负了新机研制的大部分风险。此外，各国政府还通过政府注资、低息贷款、贷款担保、研发和生产成本返还、汇率担保、营业损失补偿等多种方式对空中客车公司进行补贴。

政府补贴的渠道主要是向空客公司的股东提供资金支持。法国宇航（Aerospatiale）公司是一家国有企业，承担了空中客车 40%的工作量，在 A330/340 的研制工作中，法国政府向这家公司提供了 5.9 亿英镑的资金，占公司成本的 60%。德国 MBB 公司是一家私营企业，但它为空中客车生产而形成的成本中，有 90%以上由德国政府承担；当英国的 BAE 公司在 1978 年加入空客公司时，英国政府为 A300 项目提供了 2500 万英镑的"入门费"，同时还承诺为 BAe 公司提供 1 亿英镑的贷款担保。截至 80 年代中期，BAE 公司在 A320 和 A330/340 项目的开发中累计获得了 7 亿英镑的启动援助（Keibe Hayward, 1986）。

至于空客公司究竟从各国政府获得了多少补贴，一直众说纷纭。按照美国商务部提供的报告，截至 1989 年，各国政府为 A300/310、A320 和 A330/340 项目支付的启动援助已经高达 54 亿美元，当时已承诺但尚未支付的主要用于 A330/340 开发的启动援助尚有 23 亿美元；已支付的其他资金有 28 亿美元，已承诺但尚未支付的其他资金有 30 亿美元，空客公司的股东已偿还给各国政府的资金约有 4.6 亿美元。因此，各国政府向空客公司已累计提供了 131 亿美元的净资金支持。由于政府提供的资金成本很低，甚至低于政府获得该笔资金的成本，如果按照政府获得资金的成本进行折现，空客公司实际获得了 194 亿美元的资金，而如果按照商业银行信贷的市场成本折算，则空客公司获得的政府补贴高达 259 亿美元（参见表 8-1）。

表 8-1　截至 1989 年法、德、英三国政府对空中客车项目的资金支持

（单位：百万美元）

提供的资金	法国	德国	英国	合计
已提供的启动援助：				
A300/A310	988.4	1489.5	82.9	2560.8
A320	755.2	790.3	393.9	1939.4
A330/340	193.0	316.1	421.2	930.3
全部飞机	1936.6	2595.9	898.0	5430.5
应提供的启动援助：				
A330/340	682.9	1264.5	325.0	2272.4
启动援助合计	2619.5	3860.4	1223.0	7702.9
其他已支付的资金支持	1035.3	924.2	883.9	2843.4
其他应支付的资金支持		2985.2		2985.2
资金支持合计	3654.8	7769.8	2106.9	13531.5
已偿还资金	373.2	68.5	20.7	462.4
资金净支持合计	3281.6	7701.3	2086.2	13069.1
资金净援助合计（按政府贷款利率折算）	6463.5	9099.7	3804.4	19367.6
资金净援助合计（按商业贷款利率折算）	9961.2	11589.1	3979.8	25851.5

注：其他援助包括政府注资、长期贷款和研究与开发基金、生产补贴以及其他多种类型的支持等。

资料来源：United States International Trade Commission，Global Competitiveness of U.S.Advanced-Technology Manufacturing Industries: Large Civil Aircraft，Publication 2667，August 1993，pp.5-9；史东辉. 大型民用飞机产业的全球市场结构与竞争. 湖北教育出版社，2008：132.

三、WTO 框架下美国和欧盟在大型民用飞机领域的贸易争端

空中客车公司的四家股东本来就是来自欧洲传统的航空工业强国，有着相对完善的航空工业配套体系和先进的技术水平，政府的资金支持更是为空中客车公司的新机型研发和生产提供了财务保证。空中客车公司在艰难支撑了十年之后，随着越来越多的新机型受到市场的欢迎，空中客车的销量持续上升，在全球市场中的份额也不断提升，尽管尚未撼动美国在全球大型客机市场上的霸主地位，但已经引起了美国政府的高度重视。对于美国来说，大型客机是最重要的出口产品之一，对于平衡美国的国际收支举足轻重。为了维护本国的利益，美国政府以欧洲国家对空中客车公司的补贴违反了关贸总协定中的民用飞机贸易协定为由，在 20 世纪 80 年代发起了大型客机国际贸易问题的谈判，经过艰难的博弈，美欧终于在 1992 年达成了《美国与欧洲经济共同体关于在大型民用飞机贸易领域实施 GATT 民用飞机贸易协议的协定》，也称为《空中客车协定》。

这一协定对美欧双方都有所约束。按照这个协定，政府的直接补贴受到限制，政府为新机型的开发所提供的启动援助不能超过开发总成本的 33%，并且这笔款项必须在 17 年内、按照不低于政府贷款的成本全部偿还。在协定签署之前，空中客车公司新机型的开发成本实际上有 75% 是由政府承担的，随着协议的签订，这个比例逐渐降低。这个协定同时也为政府的间接补贴提出了上限，企业通过军工项目的研发获得政府的支持，然后以军补民的方式也受到了约束，企业通过这种方式获得的补贴不能超过大型客机销售总收入的 4%。因此，该协议实际上对于波音公司也形成了一定的约束。

在《空中客车协议》签订之时，空中客车公司在全球市场中的份额只有 30%，但从 20 世纪 90 年代末期开始，空中客车公司迎来了快速发展期。随着越来越多的安全性、经济性和舒适性俱佳的空中客车系列飞机的不断问世，空中客车的客户数量在不断增加。1989 年购买

空中客车的航空公司和飞机租赁公司还不到 90 家，2000 年就已经增加到了 170 家左右，目前已经超过了 310 家，比 1989 年增加了 3 倍还多。与之相适应的是，空中客车公司接受的订单数量也呈现不断上升的势头。空中客车公司从 2003 年开始订单量超过波音，这个优势一直保持到今天（参见图 8-1）。

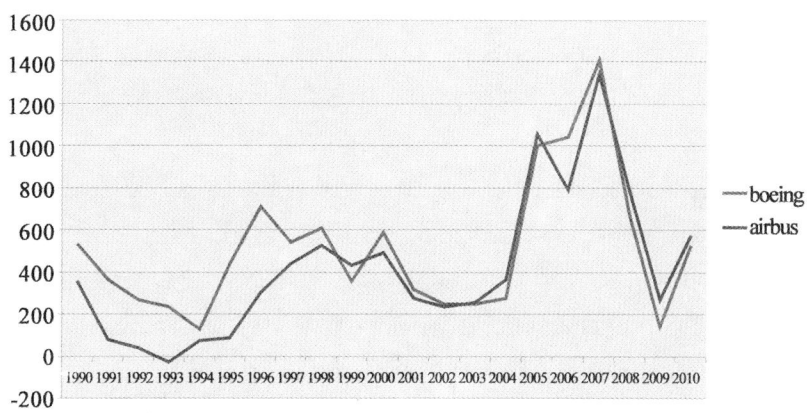

图 8-1　1990~2010 年波音公司和空中客车公司净订单量变化

资料来源：波音公司、空中客车公司。

空中客车公司的迅速崛起，直接挑战了美国在大型民用飞机产业中的霸主地位。进入 21 世纪以来，空中客车公司更是高调宣称要启动 A380 项目，这种载客量在 500 人以上的新机型，其针对的细分市场是波音公司垄断的最后一个市场——大容量远程客机市场。空中客车公司在全球大型客机市场上咄咄逼人的竞争行为，使波音公司乃至美国政府深感不安。2004 年，美国再度就大型客机的国际贸易问题发起了与欧盟之间的贸易谈判，双方经过多轮谈判，但一直没有达成一致。同年，美国宣布退出《空中客车协议》，并向 WTO 提起申诉，指责欧盟继续向空中客车公司提供大量补贴，违反了 1992 年达成的协议。按照美国的观点，欧盟向空中客车公司提供补贴的主要方式包括：（1）启动援助（Launch Aid）。即以低于市场利率甚至无息的优惠利率向空客公司提供用于研究开发的融资。(2) 基础设施及相关补助 (Infrastructure and infrastructure-related grants)。欧盟及相关国家政府提供产品或者服务，以相关基础设施的开发、扩建以及升级，使空中客车 A380 的研发生产得以顺利进行。例如德国对汉堡和诺登哈姆、法国对图卢兹、英国对布罗顿以及西班牙对雷亚尔港等若干城市与空中客车相关设施的公共投资。(3) 欧洲投资银行贷款 (Loans from the European Investment Bank)。即欧盟及相关国家政府通过欧洲投资银行 (EIB)，以优惠条件向空中客车公司及其母公司 EADS 在 A320、A321、A330/340 及 A380 等机型上的研发提供贷款等。①

欧盟毫不示弱，也很快提起反诉，指责美国同样违反了协议继续向波音公司提供补贴。欧盟列举了大量事实，证明美国通过各种方式向波音公司提供了大量的间接补贴，其中包括：(1) 美国航天局 (NASA) 通过让波音公司承接八个联邦研究项目，为波音公司提供了至少 100 亿美元的资金支持，并且向波音公司无偿提供 NASA 的设施、设备和人员服务；(2) 美国国防部 (DOD) 向波音公司无偿转移至少价值 24 亿美元的可应用于大型客机生产的军民两用技术，并且向波音公司无偿提供 NASA 的设施、设备和人员服务；(3) NASA 和 DOD 使波音公司无偿获得了价值 7.264 亿美元的专利、贸易机密以及数据等可用于大型客机生产的知识产权；(4) NASA 和 DOD 以承包政府项目的形式，向波音公司提了供约 30 亿美元的合同，以弥补波音公司的独立研发成本；(5) 华盛顿州通过税收减免、贷款利息补贴以及债券发行等方式，向波音公司提供了约 35 亿美元的补贴；(6) 伊利诺伊州和芝加哥通过安置费、房租补贴等方式向波音公司提供了大量补贴；(7) 尽管 WTO 已经严格禁止，但波音公司还是获得了约 22 亿美元的外国销售公司 (FSC) 出口补贴。此外，美国政府还通过其他各种方式向波音公司提供了补贴。欧盟特别强调，波音公司从美国政府获得的这些补贴都是无需偿还的，这一点与欧盟对空中客车公司的

---

① WTO. European Communities and Certain Member States –Measures Affecting Trade in Large Civil Aircraft, 12 October 2004. www.wto.org.

补贴很不相同。这些补贴行为大大增强了波音公司的竞争力，使之得以开发波音787这样技术先进的新机型，使空中客车公司在市场竞争中陷入被动。①

经过长达七年旷日持久的审理，2010年6月，WTO就空中客车公司补贴案作出初步裁决，裁定欧盟向空客及其母公司欧洲宇航集团提供了200亿美元的非法补贴。2011年1月31日，世贸组织专家小组就欧盟诉波音获美国政府补贴案作出最终裁决，认定波音公司也从美国政府获得了大量非法补贴。目前，这场官司尚未完全定局，双方都会继续提出上诉。

这场官司的起因是美国担忧空中客车公司继续扩大市场份额，从而损害美国的利益。在美国看来，空中客车公司之所以能够后来居上，很大程度上是依赖于欧盟及有关成员国的政府补贴，使空中客车公司以低于市场的成本获取了大量的经济资源，从而能够提供更加便宜的产品，挤占波音公司的市场份额。但正如欧盟所反诉的，对于战略性产业的大型民用飞机产业，美国政府也从来没有完全放任市场竞争，而是通过各种隐蔽的方式为波音公司提供从资金到技术的各种支持。由于双方都有把柄捏在对方手中，所以这场官司不像其他官司一样，由WTO专家小组支持其中一方的指控，而裁定另一方违反协定必须放弃补贴。由于大型民用飞机产业技术经济性质的独特性和大型民用飞机产业研发、生产和销售体系的复杂性，事实上波音和空中客车公司已经整合了全球的航空工业资源，形成了遍及全球的供应链，双方的供应链已经形成了延伸到了彼此的国家和地区，一旦任何一方被裁定彻底败诉而被迫取消补贴，势必会影响到其供应链上诸多供应商的利益。WTO最后"各打五十大板"的裁定也表明，由于大型民用飞机产业的贸易冲突极为复杂，依赖WTO的裁决来解决这个问题恐怕难度很大。

---

① Background Fact Sheet: WTO Disputes EU/US Large Civil Aircraft (updated 31 January 2011). http://trade.ec.europa.eu.

四、中国应合理利用国际规则补贴民机产业

发展大型客机产业是一个国家科技水平、制造能力和综合国力的体现。大型客机产业不仅是现代制造业中最高端的科技密集型产业之一,也是投资巨大的资金密集型产业。在大型客机的研发设计、生产制造及市场销售的全过程中,始终存在着技术风险、投资风险和市场风险。大型客机产业广泛应用了基础科学、机械、电子、冶金、新材料等诸多领域的先进技术,在研究、设计、试制、生产等各环节中要大量使用精密、大型和特殊的设备,而要具备这些条件就必须进行大量的投资,添置风洞、试验台等专用性设备。在研制新机型的过程中,研发费用更是数额巨大。在20世纪90年代初,研制生产一种新型号的大型客机,从论证到首架飞机交付使用需要8~10年时间,研发费用在20~50亿美元,销售300架以上才能达到盈亏平衡点。而当时全球生产的大型客机75%以上都不能收回研发费用。由于大型客机的科技含量越来越高,研发费用也随之水涨船高,一旦研制生产的新型号飞机未能得到市场的认可,产品销售不能达到盈亏平衡点,将会给大型客机的主制造商带来极大的财务风险,甚至有破产的危险。由于大型民用飞机产业具有高投入、高风险的特点,在中国大型民用飞机产业发展过程中,政府可以通过不同的方式向大型客机企业提供必要的补贴。但美欧之间在大型民用飞机产业中的贸易争端也提醒我们,在扶持国产大型民用飞机产业时,要充分考虑WTO相关规定,以免授人以口实,使我国大型民用飞机产业发展受到不必要的干扰。

为了促进国际贸易的发展,WTO以扩大市场准入来推进贸易自由化。《1994年关贸总协定》第2条"减让表"和第11条"普遍取消数量限制"要求成员方降低关税、取消对进口的数量限制,允许外国商品进入本国市场与本国产品进行平等竞争。此外世界贸易组织的参与国在WTO框架下还制定了包括关于补贴和补偿措施协议(SCM)、与贸易有关的投资措施协议(TRIMS)以及与贸易有关的知识产权协议(TRIPs)在内的一系列协议。这些WTO规则限制了为促进特定产

业发展而进行的政府干预,使得许多传统的产业政策工具(参见表8-2)都不能再使用,比如利率补贴和优先贷款分配工具违反了 SCM 协议,取决于本地含量要求或贸易平衡的外国投资也被 TRIMs 所禁止,这些协议对于各种补贴、地方保护、出口限制以及 TRIPs 的约束减少了政府的自由度,政府推行产业政策的空间被大大缩小,选择产业政策工具的灵活性大大降低,政府直接干预以推动产业发展的方式越来越受到 WTO 规则的限制。

表8-2 典型的的产业政策工具

出口激励和进口限制
1. 特殊和一般的进口限制
2. 为促进出口对特殊部门实行优待,并在一定情况下对特殊企业实行优待
3. 通过为特定企业设定出口目标,使对出口商的补贴合理化;对得到优待的符合出口目标的企业给予利率补贴、贷款和外汇
4. 提供包括人力资本在内的基础设施以支持出口
5. 对进口投入品和研发开支的税收进行减免
6. 允许得到优待的综合性大企业进口资本品和国外技术,并在国际市场上进行价格更为低廉的融资
其他产业政策措施
1. 竞争政策宽松,包括允许卡特尔的广泛使用
2. 政府鼓励并创建综合性大企业对企业退税以增加投资
3. 促进金融部门与对产业政策实施极为关键的行业间的密切和长期的关系
4. 对劳动力市场进行约束和管制
5. 建立公共企业以加快工业发展
6. 广泛的行政指导

资料来源:Bijit Bora, P.J. Lloyd and Mari Pangestu. Industrial Policy And The Wto, United Nations Conference On Trade And Development. Policy Issues in International Trade and Commodities Study Series No. 6, 2000.

为了保证国际贸易竞争的公平性,WTO 不允许成员国通过特定的政策工具来发展特定产业。尽管 WTO 的规定非常严格,但它还是为成员国的产业促进政策应用一些非特定的政策工具提供了可能。比如《补贴与反补贴措施协议》虽然对作为传统产业政策工具的专向性补贴严格禁止，同时它又将下列补贴视为不具有专向性的补贴，被豁免不可起诉。这些不可申诉的补贴包括：（1）对企业所进行的或在与企业合同基础上由高等教育或研究机构研究活动的资助；（2）对成员方领土内落后地区，按地区发展的一般规划和适宜地区象征性的资助；（3）对依据法律和／或规章，按新的环境要求，促进现有设备改造，对造成更大困难和财务负担给予的资助。除此以外，以低于市场利率进行的出口信贷和保险方案、出口退税规定以及设立出口加工区等工具目前和 WTO 规则也是相容的。

这就提醒我们，即使要对大型民用飞机产业进行补贴，也要尽量在 WTO 的框架下进行。中国大型民用飞机产业的发展，迟早要与波音、空客等在位企业产生市场竞争，届时不排除这些企业又端出目前在 WTO 对簿公堂的法宝，对中国政府的补贴提出诉讼。中国应当密切关注 WTO 中波音和空客相互指责的事实与依据，以及 WTO 专家小组的裁定意见，从中总结经验教训，使相关补贴既能促进大型民用飞机产业发展，又能最大限度地合理利用国际规则，尽量避免贸易争端。

主要参考文献

1. Author Eric Heymann. Boeing vs Airbus: The WTO Dispute that neither can Win. Deutsche Bank Research, February 1, 2007.

2. Background Fact Sheet: WTO Disputes EU/US Large Civil Aircraft (updated 31 January 2011). http://trade.ec.europa.eu.

3. Bijit Bora, P.J. Lloyd and Mari Pangestu. Industrial Policy and the WTO, United Nations Conference on Trade and Development. Policy Issues in International Trade and Commodities Study Series No. 6, 2000.

4. Douglas A. Irwina, Nina Pavcnik. Airbus Versus Boeing Bevisited: International Competition in the Aircraft Market. Journal of International

Economics, 64 (2004), pp.223-245.

5. Eugene Gholz. Getting Subsidies Right: U.S. Government Support to the Commercial Aircraft Industry. Aircraft Subsidies, Version 1.5 January, 1997.

6. European Commission. The WTO Boeing-Airbus Dispute. http://ec.europa.eu/trade.

7. Neven, D., Seabright, P. European Industrial Policy: the Airbus Case. Economic Policy, 21(1995), pp.313-358.

8. Hans J. Weber, Aaron J. Gellman, George W. Hamlin. Study of European Government Support to Civil Aeronautics R&D. Study of European Government Support to civil aeronautics R&D, August 15, 2005.

9. Jeffrey E. Garten. The Big Blowout: Why the Airbus-Boeing Case Could Wreck the WTO, and How to Stop it. Newsweek International, April 04, 2005.

10. Loren Thompson. European Aircraft Subsidies. A Study of Unfair Trade Practices. www.Lexingtoninstitute.org.

11. Steven McGuire, Kenneth Owen. Airbus Industries: Conflict and Cooperation in US-EC Trade Relations. The Business History Review, Vol. 72, No. 1. (Spring, 1998), pp. 172-173.

12. Office of the United States Trade Representative.U.S Files WTO Case Against EU Over Unfair Airbus Subsidies : Background, [2004-10-06]. www.ustraderep. Gov.

13. United States International Trade Commission. Global Competitiveness of U.S. Advanced-Technology Manufacturing Industries: Large Civil Aircraft. Publication 2667，August 1993.

14. WTO. European Communities and Certain Member States –Measures Affecting Trade in Large Civil Aircraft, [2004-10-12]. www.wto.org.

15. WTO. European Communities and Certain Member States

–Measures Affecting Trade in Large Civil Aircraft. [2012-04-13]. www. wto.org.

16. WTO. EU /US Large Civil Aircraft WTO Disputes——the US WTO Challenge to EU Support for Airbus. www. wto.org.

17. 史东辉. 大型民用飞机产业的全球市场结构与竞争. 湖北教育出版社，2008.

18. 巴巴拉·斯潘塞. 贸易政策应该扶持什么?. 载克鲁格曼主编. 战略性贸易政策与新国际经济学. 中国人民大学出版社，2000.

19. 保罗·克鲁格曼等. 国际经济学. 中国人民大学出版社，2002.

20. 曾郁文. 2004 年以来的美欧大飞机产业贸易冲突研究. 特区经济，2011（5）.

21. 李雁. 海拔最高的战争——波音空客补贴争端. 民用飞机设计与研究，2010（3）.

22. 路风. 中国大型飞机发展战略研究报告. 商务周刊，2005（5）.

23. 万军. 世界民用航天工业. 世界经济年鉴 2011～2012 年. 经济科学出版社，2012.

24. 万军，魏蔚主编. 世界产业数字地图 2010. 科学出版社，2010.

25. 万军，魏蔚主编. 世界产业数字地图 2011. 科学出版社，2012.

26. 万军. 国外大型民用飞机产业发展比较研究. 研究报告，2011.

27. 杨晓龙. 从国外航空工业补贴政策谈中国产业补贴策略. 哈尔滨工业大学学报（社会科学版），2004（6）.

28. 尹海涛. 波音，乘着政府暗补飞. 南风窗，2007（4）.

29. 波音、空中客车等公司网站.

第九章 美国政府资助科技项目的无形资产管理：体制、绩效与争议[①]

对任何一个经济体来说，持续的技术创新和科技成果商业化是经济发展和产业升级的基本前提和必要条件。二战结束以来，美国持续的经济增长和技术创新很大程度上得益于其高强度的研发投入和有效率的科研成果商业化机制。作为世界上经济最发达、技术最先进、军事最强大的发达经济体，美国一直高度重视通过知识产权战略的调整来推动技术创新和技术扩散，不仅构建了完备的知识产权保护体制，还形成了一套以市场机制为基础的公共研究组织以及非营利机构技术转让政策体系。面对科学技术日新月异的发展和全球产业竞争力状况的变化，美国及时调整政府科技项目的无形资产管理体制和政策，不断提升产学研之间的技术合作和技术转让水平，确保美国在经济和科技领域继续保持强大的竞争优势。

一、政府科技项目无形资产管理的法律框架

二战结束以来，美国政府一直非常重视对科学研究的支持，并投入了大量资金资助大学、政府实验室等公共研究组织开展科技研发活动。美国政府资助的研发活动虽然取得了丰硕的研究成果，但由于政府科技项目无形资产管理体制的僵化，使得科技成果的商业化水平很低。1980年以前，美国的科技创新成果实行"谁投入，则谁所有、管理并受益"的模式。联邦政府资助研究成果几乎都倾向于归政府所

[①] 本章节选自科技部科技经费监管中心相关委托课题研究报告。

有，通过免费或通过非排他方式授权给公众使用，或者直接放弃权利，纳入公共所有（Eisenberg，1996）。截至1980年，美国联邦政府拥有2.8万个由政府资助而产生的专利，通过专利使用许可而用于生产的数量仅占5%，而作为重要科研力量的美国大学每年获得的专利从未超过250项（GAO，1998），实现科技成果转化的则更少。极低的科研成果转化率导致了大量的科研成果浪费，也在一定程度上影响了美国企业在国际市场上的竞争力。

为了更好地推动科研成果向社会生产力的转化，1980年12月12日，美国国会通过了由参议员伯奇·贝赫（Birch Bayh）与罗伯特·多尔（Robert Dole）提出的《大学与小企业专利程序法案》（University and Small Business Patent Procedures Act），也就是著名的《拜杜法案》（Bayh-Dole Act），后被纳入美国法典第35编（《专利法》）第18章，标题为《联邦资助所完成发明的专利权》。《拜杜法案》的立法目标是：利用专利系统来推动政府资助研发成果的商业化应用；鼓励小企业积极参与政府资助的研发活动；确保非营利组织和小企业的创新能够以一种促进自由竞争且不会阻碍后续研发的方式被使用；促进美国产业部门及其员工在美国境内的创新能够实现商业化并为公众使用；对于政府的资助创新，政府可以得到相应的权利，以满足政府需求和保护公众，避免该创新未使用和未合理使用；并使相关的行政成本最小化。该法案最重要之处在于，明确了政府资助科研项目所获发明的知识产权权利归属，同时也确定了技术转让的政策原则。《拜杜法案》的通过与实施，使美国科技成果转化的局面为之一新。

美国在通过《拜杜法案》的同时，也通过了《史蒂文森—魏德勒技术创新法》（Stevenson-Wydler Act），1986年又对该法进行了修订，改称为《联邦技术转让法》（Federal Technology Transfer Act of 1986），该技术转让法进一步确认鼓励产学合作的原则以及加强联邦实验室向民间部门技术转让的政策目标，细化了联邦政府资助的发明的权利归属以及利益分配。继《拜杜法案》和《联邦技术转让法》之后，美国又在一系列相关的法律中对政府资助科研项目的无形资产管理和商业化问题作出了相应规定。这包括1984年的《商标明确法》

(Trademark Clarification Act)、1989 年的《国家竞争力技术移转法案》(National Competitiveness Technology Transfer Act)、1995 年的《国家技术转让与升级法》(National Technology Transfer and Advancement Act)以及 2000 年的《技术转让商业化法》(Technology Transfer Commercialization Act)等。如表 9-1 所示。

表 9-1 与政府科技项目无形资产管理相关的美国法律

通过时间	法律	相关内容
1980	Bayh-Dole Act of 1980 拜杜法案	适用对象：该法主要针对大学、小企业和其他非营利组织等机构由政府资助的研究项目所产生的发明。大企业和外国人等主体不适用该法。这里的"发明"包括所有可以申请专利或受其他知识产权法保护的成果 主要内容：（1）大学等非营利组织及小企业如果利用联邦政府提供的资助开展研究所获得发明成果，在一定期限内可选择是否拥有该成果知识产权的所有权；（2）政府可以拥有在全球范围实施该发明的非排他、不可转让、不可撤销、不必支付权利金的使用授权
1980	Stevenson-Wydler Technology Innovation Act 史蒂文森—魏德勒技术创新法	立法目标：确立及鼓励联邦实验室向产业部门的技术转让 适用对象：联邦实验室 主要内容：将推动技术转移确立为联邦政府的职能，要求每个联邦实验室设立研究及应用办公室，每年用实验室总预算中的 0.5%来开展技术转让工作

续表

通过时间	法律	相关内容
1986	Federal Technology Transfer Act 联邦技术转让法	立法目标：它是对1980年技术创新法案的修订，建立联邦实验室与产业界开展研发合作的机制 适用对象：政府所有/政府运营的联邦实验室，不适用于政府所有/委托运营的联邦实验室 主要内容：（1）将开展技术转让列为联邦实验室的一项工作职责，鼓励联邦实验室与产业界开展研发合作和技术转让，将合作研究开发协议的签订权授予政府所有/政府运营的联邦实验室；（2）设立联邦实验室技术转让联合体；（3）允许发明人参与技术转让收益的分配，其所得不少于转让费的15%。但除了总统特别批准之外，发明人每年从技术转让中获得的收益不得超过10万美元
1989	National Competitiveness Technology Transfer Act 国家竞争力技术转让法	立法目标：授予联邦实验室权限，鼓励其积极与企业建立合作关系 适用对象：政府所有/政府运营以及政府所有/委托运营的联邦实验室 主要内容：（1）将产研之间的合作研究与开发协议（CRADA）视为提升美国产业竞争力的重要工具；（2）政府所有/委托运营的联邦实验室也可获得合作研发协议的签订权，可以与产业部门开展联合研发和技术转让
2000	Technology Transfer Commercialization Act 技术转让商业化法	立法目标：为政府资助的科研成果的商业化运用提供更加宽松的环境 主要内容：（1）调整联邦实验室签订合作研究开发协议的权限，允许联邦实验室对合作研究与开发协议签署之前所产生的联邦所属发明进行授权；（2）如果中小企业提出技术转让申请，在同等情况下，可获得优先授权

资料来源：根据美国相关法律整理。

二、联邦政府科技项目的无形资产管理体制

（一）大学对于政府资助项目的无形资产管理

美国的大学承担着教学和科研的双重功能。大学各种发明创造不断，教职员工和学生在研究的过程中，如果没有受到联邦机构的资助，那么按照美国《专利法》的相关规定，发明所有权归学校或者发明人持有。对于接受联邦机构的资助而形成的发明，则必须按照《拜杜法案》的规定来确定权属。

1. 政府资助研究项目的无形资产权利归属。按照《拜杜法案》的规定，对于联邦政府资助的研究所形成的发明，大学在一个合理的期限内（通常是两年），有权选择是否拥有研发成果知识产权的所有权。但大学也要承担相应的义务，包括：在发明人的相关报告提交学校后，学校应当在2个月内及时向政府机构提交研发成果；如果大学选择保留权利，则大学应当在一个合理的期限内（通常是1年），负有申请专利的义务，而且应当声明该成果受到了政府资助。如果大学放弃对相关发明的所有权，则该发明的所有权归政府所有。

2. 关于知识产权商业化。如果承包人选择保留发明的所有权，则它必须要承担专利申请以及将专利授权许可给企业的义务；大学专利的授权要优先用于发展美国产业；大学在向企业提供专利许可时，要优先向小企业提供。但在现实中，这一条并没有得到很好的落实，从美国总审计署提供的一份报告来看，截至20世纪90年代末期，美国专利申请及转让最活跃的前十所研究型大学所制定的专利政策中，都没有特别强调要优先向小企业提供专利授权（GAO,1998）。

3. 关于无形资产的利益分配。发明人有权分享专利授权许可的收入；在向发明人进行分配后，大学应将专利技术转让所得、全部专利授权许可所得用于教学和科研工作。《拜杜法案》对于具体的利益分配方法未做明确规定。在实际的利益分配中，根据专利许可所获收益的多少，各利益主体分配的比例也有所不同。以哈佛大学为例，如果专利授权收益在5万美元之内，则35%分配给发明人，30%分给发明

人所在的系，20%分给学院，15%归大学所有。如果专利转让费用超过5万美元，那么相应的比例变为25%、40%、20%和15%（Andrew F. Christie 等，2003）。

4. 政府的权利。包括（1）政府对受资助单位不保留的发明享有所有权。（2）在适用例外的情况下，比如说，由承包人拥有会损害公平竞争，则发明所有权归政府所有。（3）事后介入权：某些情况下，联邦政府可以要求保留权利的受资助单位给予第三方实施发明的许可，或者由联邦政府直接授予第三方实施发明的许可。这些情况包括：①受资助者在适当的合理期间内，未能采取有效措施，通过专利授权许可的方式将某项发明商业化，以达到该创新的实际应用或使用；②专利授权没有优先授予美国产业；③出于其他联邦法律规定的保护公共健康、安全或公共使用的需要。但从实践来看，由于行使政府介入权的程序十分繁琐，迄今为止，还没有一起美国政府行使介入权的实际案例。（4）无偿实施权。政府机构在与小型企业和非营利组织签订的资助合同中，都必须含有下述条款：对于受资助者的所有创新的权利，联邦机构都有一个为美国政府或代表美国政府在全球实施该创新的非排他、不可转让、不可撤销、不必支付权利金的使用授权。

（二）政府研究机构对于政府资助项目的无形资产管理

与大学有所不同，对于美国的政府研究机构（主要是各类联邦实验室）来说，政府资助项目形成的发明的专利申请和技术许可，主要受《史蒂文森—魏德勒技术创新法》及其修订版《联邦技术转让法》和其他相关法律的规范和约束。

1. 政府资助研究项目的无形资产权利归属。《联邦技术转让法》允许政府研究机构对自己的发明拥有所有权，并允许其将发明以许可或排他许可的方式转让给企业。如果政府研究机构没有申请专利或者没有将其进行商业化，发明人可以取得发明的所有权。

2. 关于知识产权商业化。在《史蒂文森—魏德勒技术创新法》中明确规定，"联邦政府应当确保实现研发投入的效益最大化，因此，应在适宜情况下实现联邦科研成果向州政府、地方政府和私营企业的转让"。为了更好地推动无形资产管理和技术转让,该法案要求年预算2000万美元以上的政府研究机构必须设立研究和技术应用办公室,每年须用研发总经费的0.5%进行技术转让工作。政府研究机构应将技术转让列入人事考核指标,要求每一个雇员都应当承担技术转让的责任。

在技术转让的方式上,政府研究机构也需要遵循类似《拜杜法案》的规定,小企业有优先获得许可的权利;如果被许可方在美国获得排他许可,其必须在美国境内有"大量生产"许可的产品,以满足国内需求;此外,政府研究机构还可以与私人企业之间建立合作研究开发制度,政府研究机构可以向研究伙伴提供人员、设备等服务(不能提供资金),以获得合作伙伴的研发资金等支持,并共享研究成果。

3. 关于无形资产的利益分配。允许政府研究机构通过技术转让获得收益,并将技术转让所获得收益的一部分分配给相关发明人,其份额不少于技术转让收益的15%,但除总统特许外,每年分配给相关发明人的技术转让收益不得超过10万美金;发明人以外对技术价值有贡献的共同研究者也可以参与分配奖金。专利转让收入中扣除发明者报酬后的剩余部分,政府研究机构可以用作本年度或下一年度的研究开发支出。

4. 政府的权利。联邦政府享有不支付许可费的非排他许可权,但仅限于政府;如果与政府签订协议的发明者没有履行其义务,政府有权采取合适的行动。

(三)企业来自政府资助项目的无形资产管理

《拜杜法案》规定,联邦政府资助的研究所形成的发明的所有权可以归研究执行单位拥有。在1980年的最初版本中规定,如果研发项目受到了政府资助,那么,承担此类项目的小型企业及非营利组织应当及时向政府提交研发成果,并选择是否保留发明所有权的权利,"经由联邦政府提供资助的研究合约,小型企业及非营利组织(包括大学)能够选择是否拥有研发成果知识产权的权利"。也就是说,只有小型企业和非营利机构才可以申请专利,也允许政府机构本身申请并持有专利。大型企业、外国人以及管理经营的授权人(MEO Contractors)不包括在内。如果小型企业或非营利组织选择保留权利,则该单位负有申请专利的义务,并声明该成果受到了政府资助。

1984年美国国会对《拜杜法案》进行了修正,扩大了可以拥有政府资助项目无形资产的主体范围,所有与政府签约的研发项目承担者,无论是小型企业和非营利机构,还是大型企业,都可以将受政府资助的研发成果申请专利并成为专利持有人。如表9-2所示。

表9-2 美国联邦政府资助科技项目的无形资产管理体制

政府研究经费的分配				
机构类型		大学	政府资助科研项目承包人	政府科研机构
经费使用		用于大学日常的教学科研	按照委托研究合同,提供给大学、私人研究机构等项目承包人	提供给政府研究机构,用于日常科研工作
适用法律		美国普通法以及各大学的知识产权管理政策	《拜杜法案》及相关法律	《技术创新法》及修正案
权利归属	机构对发明的所有权	通常归大学所有	在政府拥有非排他许可权的前提下,承包人可获得所有权	政府所有,除非政府在形成发明的过程中并未提供足够的支持
	获得发明的机构的雇员对发明的所有权	通常完全归大学所有	政府机构可以酌情决定由发明人持有	政府机构可以酌情决定由发明人持有

续表

政府研究经费的分配			
机构类型	大学	政府资助科研项目承包人	政府科研机构
权利归属 政府对发明的所有权	没有	可以有，在承包者放弃所有权，或者政府启动"介入权"的情况下，政府可拥有所有权	拥有
研究成果商业化 谁来决定是否将发明商业化	大学	承包人	政府研究机构
如果未能商业化怎么办	由大学来决定，发明人可以获得所有权。	政府可以行使"介入权"	发明人可以获得所有权
商业化成功后的利益分配	由大学来决定，技术转让收益通常在大学、院系和发明者之间分配	发明人必须参与收益分配，结余部分用于教学科研	发明人必须参与收益分配，结余部分由研究机构支配

资料来源：Andrew F. Christie, Stuart D'Aloisio, Katerina L. Gaita, Melanie J. Howlett and Elizabeth M. Webster（2003）. Analysis of the legal framework for patent ownership in publicly funded research institutions. Report of Department of Education, Science and Training, Australia.

三、政府科技项目无形资产管理体系

美国通过制定和完善相关的法律法规，不仅为政府科技项目无形资产管理构建了制度框架和政策体系，还推动了相关机构的建立，从而使无形资产管理政策能够得到有效落实。这些机构主要包括：（1）

美国商务部技术管理局（TA）。它是美国联邦政府技术转让政策的执行机构，下设技术政策办公室（OTP）、国家标准与技术研究院（NIST）、国家技术信息服务中心（NTIS）三个机构。其工作目标是关注大学和联邦实验室的技术转让，执行《拜杜法案》赋予的各项职能，促进大学、联邦实验室与企业的合作。（2）"爱迪生（Edison）"系统。美国联邦法律规定，所有的联邦资助接受者和承包人必须向联邦机构报告基于资助协议的发明和专利细节。为了更好地了解和监控联邦资助项目的无形资产管理和利用状况，20世纪90年代末期，美国国立卫生研究院开发了一个关于发明情况的在线信息管理系统，该系统以美国大发明家爱迪生的名字来命名。目前已经有包括国防部、国家科学基金会等30多家提供研发资助的联邦机构加入了这个系统，有大约500个接受资助的单位或承包商组织已注册并使用该系统。接受资助的项目承包者须将项目形成的发明情况上传到这个系统，通过这个系统，任何一家提供资金的联邦机构都可以了解有关发明的权属和使用情况，如被资助者是否打算拥有相关发明的所有权，是否已经申请了专利，有关专利是否已经授权企业使用等，从而更好地监督被资助者履行《拜杜法案》等相关法律的执行情况，更好地推动科技成果的商品化（Chrisitie et al, 2003）。（3）大学技术转让办公室。各大学成立技术转让办公室，在《拜杜法案》及联邦相关法律的框架下，制定各学校自己的无形资产管理政策。（4）美国大学技术管理协会（AUTM）。它成立于1974年，是一个以技术转让为主要目标的组织。团体会员来自研究性大学、研究机构、教学医院和政府研究所，是世界著名的技术转让专业组织。1979年，其成员仅有113个，1989年增加到691个，1999年又上升到2178个，现在则超过了3500个。（5）联邦实验室研究及技术应用办公室（Office of Research and Technology Applications）。其职能与大学技术转让办公室类似。（6）联邦实验室技术转让联合体（FLC）。它是全国性的联邦实验室网络，FLC的雏形问世于1974年，《1986年联邦技术转让法》颁布后正式成立。FLC的使命是扩大成员机构之间的沟通，加强与州政府和地方政府、企业、学术界及其他外部参与者之间的交流与对话，全方位促进联邦实验室和美国的大中小型企业、学术界、州政府和地方政府与联邦机构之间的技术合作,推动联邦实验室的研究成果和技术迅速进入美国经济,促进科技成果向生产力转化。目前,FLC 的成员大约有 300 个联邦实验室和中心及其上级部门。FLC 本身并不转让技术,它致力于提高联邦实验室的技术转让效率。时至今日,FLC 不仅是一个研讨科技成果商业化发展战略的论坛,更是连接实验室与外部市场的纽带。

四、政府科技项目知识产权管理的绩效

《拜杜法案》及相关法律的通过或修订标志着美国政府科技项目无形资产管理体制的重大变革,这对美国科技成果商业化的推进作用是极为明显的。正如英国《经济学家》杂志所指出的,"《拜杜法案》的意义在于,它把所有在政府财政支持和帮助下完成的发明和发现从实验室里解放出来"。因此,有媒体赞誉这一法案为"美国国会在过去半个多世纪中通过的最具鼓舞力的法案,如果没有该法,就没有美国今天科技创新层出不穷的繁荣局面"。

(一)专利申请和授权数量大幅增加

《拜杜法案》的通过大大激励了大学和政府研究机构开展研发活动并获取专利。根据 AUTM 的调查,从发明创造、专利申请、专利授予、生产许可等方面来看,1991 年后美国大学的技术转让效率在稳步提升,如图 9-1 所示。专利技术的转化率出现了飞跃式提高,由 1980 年的不到 10%上升到了 2003 年的 30%。1980 年之前,美国大学的专利申请数量平均每年不到 250 项,而其中能够商业化的专利就更少了,但是到了 2003 年情况发生了巨大的变化,这一数字变为了 3933 项,增加了十几倍。1991 年至 2002 年,每年平均的发明数量从 6087 个上升到了 15510 个,专利数从 1584 上升到了 7921 项。2003 年,30 个 AUTM 会员共向市场推出了 472 种新产品。

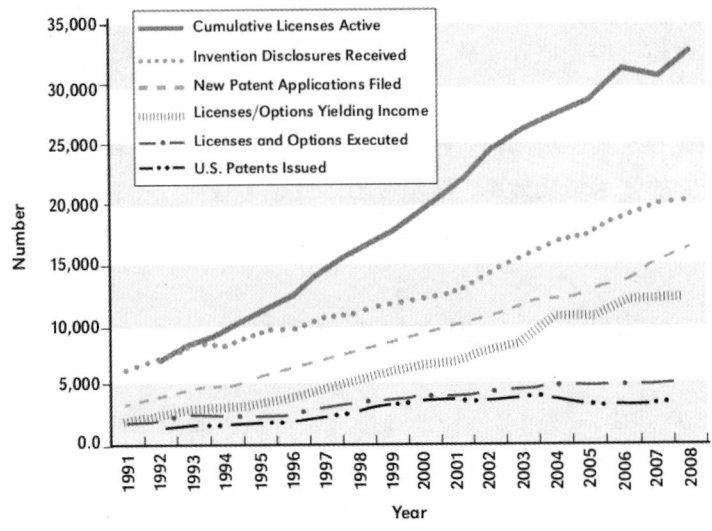

图 9-1　1991 年以来美国大学的发明、申请专利和技术转让情况

资料来源：Vicki Loise and Ashley J. Stevens. 2010. The Bayh-Dole Act Turns 30. Les Nouvelles, December 2010.

《拜杜法案》所推动的大学和联邦实验室的技术创新和技术扩散极大地推动了高新技术产业的发展。随着现代生物科技的重大突破，人类在有效控制过去束手无策的许多疑难疾病方面取得了积极进展。从 1990 年到 2008 年，美国食品药品监督管理局（FDA）审查通过的创新药物和医疗技术中，有 21%建立在公共研究组织发明的基础上。广为人知的产品包括：加州大学发明的有助于提高新生儿呼吸的人工肺表面活性剂，华盛顿大学和耶鲁大学联合开发的恰加斯（Chagas）病无毒疗法，斯坦福大学和加州大学联合开发的 DNA 重组技术等。而深刻改变了人类生活的互联网浏览器、电子邮件、光纤电缆、Google、移动通讯技术等也都起源于大学和公共研究机构。这些创新产品产生的巨大收益，推动了美国经济的持续发展。

（二）大学和政府实验室从事技术转让的机构数量和技术转让收入持续上升

在 1980 年以前，美国设立 OTL（Offices of Technology Licensing，技术许可办公室）的大学只有 23 所，但目前几乎所有的研究型大学都设有 OTL。由大学作为发起人的企业数量明显增多。1980 年到 2003 年，共有 4081 个大学初创企业成立，特别是 1997 年后上升趋势更加明显，即使在高科技泡沫破灭后的 2003 年，也有多达 374 家大学初创企业成立。1981 年美国大学的技术转让收入只有 730 万美元，到 2011 年就增加到 26 亿美元。在 2011 年，通过特许经营权转让获得授权收入的技术或产品数量达到 9640 项，其中技术转让费超过 100 万美元的技术或产品数量为 224 项。

尽管美国大学的技术转让收入总规模增长很快，但从校际分布来看，不同学校之间也存在苦乐不均的现象。为了鼓励大学和公共研究机构参与到技术转让过程中，技术转让收入中的大部分分配给了发明机构及发明人，只有少部分（20%~40%）用来补偿技术转让的成本。AUTM 在 2006 年的一次调查显示，52%的研究机构在技术转让上的支出大于技术转让得到的收入。而技术转让收入也主要集中在少数著名的研究型大学中。从 2008 年的情况来看，西北大学拥有美国大学技术转让总收入的 24%，因为该校将用于治疗中枢性神经痛的专利乐瑞卡（Lyrica）转让给了辉瑞制药，从中获益匪浅。

（三）大学科研经费不断提高，推动了持续的技术创新

随着大学及其他公共科研机构的技术发明商业化率的提高，它们从中获得的收入也在增加。《拜杜法案》规定大学的专利许可收入除作为奖励分配给发明人之外，其余必须用于科研，这样随着专利许可收益的提高，大学和研究机构的研究经费也越来越多。1980 年，大学和科研机构的研发经费只占全社会研发经费的 14%，这一比例到 2001 年上升为 20%。2011 年美国大学获得的研发经费资助总额达到了 637 亿美元，较上年增加了 4.1%。其中来自联邦政府的资助额为 400 亿美

元,产业部门资助额为41亿美元,其他来源为189亿美元,分别比上年增加了0.3%、2.4%和10.7%。科研经费的增加可以让更多的科研人员进行科学研究,更多的学生可以参加科研项目,这样一种机制在美国的科研领域形成了良性循环,有力地推动着美国的科技进步。

五、存在的问题与争论

尽管大家公认《拜杜法案》取得了很大成功,但美国国内对《拜杜法案》的批评之声不绝于耳。批评者指出,《拜杜法案》是美国特殊的制度环境和科研体制的产物,绝非放之四海而皆准的制度安排。事实上,在美国之外移植《拜杜法案》的国家鲜有成功者。即便对《拜杜法案》的绩效众说纷纭,批评者认为美国技术创新和经济增长的功劳并不能归因于《拜杜法案》,相反,《拜杜法案》已经对基础研究和创新产生了不利影响。这主要体现在:

1. 科学研究的商业化导向与基础研究之间的冲突。一些学者认为,大学是创造知识的场所,科学研究是创造知识的机制。大学通过科学研究所创造的知识应当是公共产品,能够获得免费的传播和利用,这样才能激发更多的知识创造,从而推动人类认知水平的提高。如果过分强调科学研究与商业化的结合,就容易形成与大学研究宗旨相悖的科研导向,诱导更多的学者倾向于从事具有商业前景的应用研究而不是基础研究(OECD,2002)。

2. 知识使用限制与公共利益之间的冲突。研究成果的商业化通常是与知识和技术的垄断相伴而生的,专利制度会阻碍知识的传播和技术的扩散,最终有损于公共利益。政府资助科技项目的最终目的是使公众受益,它所形成的成果很多都是进一步研究或者产业化的基础分析工具,应当是全社会的公共知识和共同财产,而专利制度必然与这类研发成果的公共属性相冲突,进而会减少公共知识的存量,反而与政府资助研发的初衷背道而驰。

3. 双重征税。这个问题在新药研发领域表现得非常明显。不少学者指出，导致美国高药价的根源是过度保护的专利制度。由于近年来很多创新药物都来源于联邦政府资助而产生的科研成果，一些学者因而批评道，既然纳税人已经向政府缴纳了税款，政府用纳税人的资金资助制药企业开展药物研发，但制药企业却用研发出来的新药向纳税人索取高价，这无疑是对纳税人的双重征税。

主要参考文献

1. Andrew F. Christie, Stuart D. Aloisio, Katerina L. Gaita, Melanie J. Howlett, Elizabeth M. Webster. Analysis of the Legal Framework for Patent Wwnership in Publicly Funded Research Institutions. Report of Department of Education, Science and Training, Australia, 2003.

2. AUTM. FY 2012 U.S. Licensing Activity Survey Highlights, 2012.

3. Innovation's golden goose. The Economist, Dec 12th, 2002.

4. Rebecca S. Eisenberg. Public Research and Private Development: Patents and Technology Transfer in Government-Sponsored research, 82 Virginia Law Review, 1996.

5. United States General Accounting Office. Administration of the Bayh-Dole Act by Research Universities. Report to Congressional Committees, 1998.

6. Vicki Loise, and Ashley J. Stevens. The Bayh-Dole Act Turns 30. Les Nouvelles, December 2010: 185-94.

7. The Bay-Dole Act at 25. www.bayhdole25.org.

8. 刘江彬，黄俊英. 智慧财产管理总论. 华泰文化事业公司，2004.

9. 经济合作与发展组织. OECD 科学技术与工业概览 2002. 科学技术文献出版社，2003.

10. 赵志耘，杜红亮，任昱仰. 美国技术转移制度体系探微. 科技与法律，2012（1）.

11. 宗晓华，唐阳. 大学—产业知识转移政策及其有效实施条件：基于美日中三版《拜杜法案》的比较分析. 科技与经济，2012（2）.

12. 上海研发公共服务平台. 美国技术转让法律政策简介. http://www.sgst.cn/xwdt/shsd/200705/t20070518_118074.html.

第十章 日本政府科技项目无形资产管理体系的演变与绩效[①]

一、政府科技项目无形资产管理的法律框架

二战结束以来,日本通过持续的技术引进、消化吸收和再创新,工业的现代化程度和生产能力获得了极大的提高,日本的工业制成品席卷全球市场。在 20 世纪六七十年代,日本在大多数制造业领域拥有了强大的国际竞争力,经济规模也跃居世界第二。随着日本经济泡沫的破裂,制造业的投资和出口持续下滑,技术创新也因此受到不小的冲击,在很大程度上影响了日本产业全球竞争力。

在 20 世纪 90 年代中期,日本政府资助科研项目的知识产权制度所面临的问题与 70 年代末的美国比较相似。如果国立大学或者政府实验室开展的研究是由日本政府所委托或资助,那么所产生的专利等知识产权必须归政府所有。由于政府管理体制下专利授权的审批存在着程序繁琐、周期较长的缺点,妨碍了专利迅速、有效地转化为现实的生产力。为了更好地推动日本的技术创新以及科技成果的商业化,日本决定仿效美国的《拜杜法案》,通过制定和完善相关的法律体系,强化对知识产权的保护和官产学的合作,调动大学、公共研究机构申请专利和开展技术转让的积极性,从而推动日本制造业的复兴。为此,日本在 1995 年制定了《科学技术基本法》,强调要增加研发投入,加大科研基础设施的建设,加强官产学合作,它以法律的形式规定了日本发展科学技术的大政方针,为日本的科技兴国战略奠定了法律基

---

① 本章节选自科技部科技经费监管中心相关委托课题研究报告。

础。

此后,日本政府又制定或修订了一系列法律,推动了政府科技项目无形资产管理体制的建立和完善(参见表10-1)。1998年,日本实施了《关于促进大学等[①]的技术研究成果向民间事业者转让的法律》(通常简称TLO法),旨在鼓励大学和国立科研机构等设立技术许可组织(Technology Licensing Organization,TLO),从而为TLO的发展提供法律依据。这部法律将大学和科研机构的技术转让组织(TLO)制度化,促进了技术转让部门的大量产生。面对"失去的十年"的窘境,为了尽快恢复产业部门的竞争力,日本于1999年颁布了《产业活力再生特别措施法》。这部法律的第30条,将推动研发成果的技术转让作为增强产业活力的一项特别措施,阐述了调整政府资助的大学和公共研究机构的研究成果归属、减免其技术转让部门的专利费用等问题。由于其内容与美国的《拜杜法案》比较相似,这一条款也被称为"日本版的《拜杜法案》"。按照这一条款的规定,即使由政府资金投入研究而产生的专利,其专利权也有归大学或科研机构所有的可能。2000年,日本又制定了《产业技术强化法》,规定了大学教员经过审批可以在TLO中兼职,从而更加有利于大学和科研机构的技术扩散。

表10-1 20世纪90年代以来日本政府科技项目无形资产管理的相关法律

《科学技术基本法》(1995)	明确科教兴国战略,要求增强产学合作
《关于促进大学等的技术研究成果向民间事业者转移的法律》(1998)	1. 鼓励大学和科研机构设立TLO机构,促进大学和国立研究机构的科研成果向企业转移 2. 设立"承认TLO"和"认定TLO"两种TLO,并分别享有不同的优惠政策 3. 设立产业基础巩固基金,为"承认TLO"提供资金支持

[①] 在日本,"大学等"的范围包括大学和独立行政法人研究所。即大学、高等专门学校、大学共同利用机构及国立实验研究机构等。为符合中国的叙述习惯,本章将"大学等"称为"大学和科研机构"。

续表

《科学技术基本法》（1995）	明确科教兴国战略，要求增强产学合作
《产业活力再生特别措施法》（1999）	1. 鼓励产学合作 2. 修改了国家委托的专利成果的归属原则 3. 减半征收"承认TLO"的专利费年金和专利审查费
《产业技术竞争强化法》（2000）	1. 规定TLO可以无偿使用国立大学的设施 2. 国立、公立大学的教师和国立、公立研究机构的研究人员可以到TLO兼职或者担任顾问，以推动技术转让
《国立大学法人法》（2004）	1. 国立大学取得法人权利，并承担相应义务 2. 国立大学能以法人主体身份从事技术转让 3. 国立大学可出资支持科研成果的应用 4. 国立大学能自主制定从事产学研合作、教师兼职兼业的相关政策，人事自主权得到扩大
《产业竞争力强化法》修订（2007）	1. 国家委托或提供资金进行的软件承包开发所形成的开发成果的著作权也可归属受托研究者所有 2. 扩大专利费减免对象，包括试验研究独立行政法人、公设试验研究机关、试验研究地方独立行政法人也能获得专利费减免

资料来源：根据日本相关法律整理。

二、日本大学和科研机构对于政府资助项目的无形资产管理

在很长一段时间里，日本政府委托并且提供资金支持的研究项目，其研发成果的所有权为日本政府所有。在20世纪90年代末期，为鼓励大学和科研机构促进科研成果在生产活动中的有效应用，日本在《产业活力再生特别措施法》设置了专门条款，其主要内容与美国《拜杜法案》比较类似。

（一）国家委托研究的科技成果的专利权归属

按照日本文部省 1978 年确定的知识产权管理原则，日本国立大学科技发明的所有权归属原则是：国家委托或者资助发明的所有权归国家所有，除此之外的教师发明的所有权归发明人所有。[①] 但 1999 年《产业活力再生特别措施法》第 30 条对有关规定进行了调整：在国家和特殊法人委托或者提供资金资助开展科技研究时所形成的研究成果（该法称之为"特定研究成果"），如果研究者承诺满足以下条件，则研究成果所获得的专利权可以归研究者所有：（1）一旦研究者取得研究成果，将立即、无延迟地向政府汇报成果情况；（2）在为了满足公共利益需要、确有必要的情况下，国家可以对研究成果进行无偿使用；（3）如果研究者拥有的某项专利在一定期间内无正当理由而未被有效应用，国家为促进该项专利的应用，可采取措施给予第三者该专利的使用权。

此后，日本政府进一步放宽了对于政府委托项目的知识产权归属的规定。2002 年日本政府发布了《知识产权战略大纲》，要求取消《产业活力特别措施法》第 30 条中关于特殊情况的规定，该条款将适用于所有委托研究开发的预算项目。需要指出的是，尽管法律已经作出了规定，但大部分政府部门并不情愿放弃自己所委托项目的所有权，这些政府部门通常在项目委托合同中就作出事先约定：研究成果的知识产权归委托方所有，只有经济产业省及其下属的日本新能源产业技术开发机构等少数部门在开展委托研究时依照新法规行事，让大学和科研机构拥有技术成果及相关专利的所有权。

（二）科技成果范围的延展

《产业活力再生特别措施法》所规定的国家委托研究的科技成果主要指科技发明，该法中的知识产权包括专利权、实用新型专利权、设计权、电路布局权等。随着现代科学技术的发展和日本大学

[①] 1977 年 6 月 17 日付け学術審議会答申.「大学教職員等の発明に係る特許等の取扱いについて」. 1978 年文部科学省「国立大学等の教官等の発明に係る特許等の取扱いについて」.

等机构研发活动的日益活跃，科技成果的知识产权形态也日趋多样化。为了更好地适应知识产权领域的新情况，2007年8月修订的《产业竞争力强化法》规定，国家委托或提供资金进行的软件承包开发所形成的开发成果的著作权也可归属受托研究机构所有。

（三）知识产权的商业化

为了推动大学和国立研究机构的科研成果向企业进行技术转让，日本通过立法的方式要求大学和科研机构建立技术转让办公室，并且对大学和科研机构的专利申请和授权提供了一系列优惠条件。1998年颁布的《TLO法》鼓励大学和科研机构设立技术转让机构。这部法律将大学和科研机构的TLO分为两类：政府承认的TLO和政府认定的TLO，分别规定了不同的扶持政策。"承认TLO"的资质须得到经济产业省和文部科学省的共同承认，它在经营运作中不仅可以获得经济产业省管理的产业基础巩固基金的资助，在发行公司债券或向银行贷款等情况下，还可以得到基金的债务担保。每个TLO每年获得的资助最多可达3000万日元，资助年限不超过5年，每个TLO的最高债务担保额为10亿日元。而"认定TL0"的资质认定则相对简单，只需得到文部科学省或各主管省厅的认可，它可以得到免除专利申请费、注册手续费等优惠政策，但不享受财政补贴和贷款担保。"承认TLO"多为大学设立的技术转让机构，而"认定TLO"主要是国立科研机构的技术转让中心。

尽管政府对于TLO提供了经费支持，但有关经费只能用于项目评估、专家费用等方面，不能用于专利申请及专利代理。为了鼓励TLO从事专利申请和转让的积极性，《产业活力特别措施法》进一步规定，如果大学通过"承认TLO"向私营部门转让研究成果，则其专利年费和专利审查费可以三年减半征收。此后颁布的《产业竞争强化法》还允许TLO无偿使用国有大学的设施。这些法律极大地鼓励了大学和科研机构向民间部门的技术转让，从而推动了科技成果的转移。

（四）技术转让费的分配

日本《知识产权战略大纲》明确指出，法人化后的国立大学和研究开发型独立行政法人在制定各自的知识产权管理制度时，须明确规定向发明者个人支付适当的发明补偿金。技术转让费的分配通常会按照一定的比例由发明人、大学（公立研究机构）以及 TLO 分享。以东京大学为例，其技术转让机构 TOUDAI TLO 获得的技术转让费，在扣除了必要的业务费用和专利维护费之后的剩余部分，按照学校有关规定在发明者和校系之间分配，一般是研究发明者获得40%，研究者所在的单位获得30%，校方获得30%。

（五）政府的权利

虽然日本法律规定国家委托或者资助形成的科技成果的专利权归委托研究单位所有，但这并不意味着政府彻底放弃自己的权利。在这个问题上，日本明显借鉴了美国《拜杜法案》的相关规定。日本政府的权利主要体现在以下三点：（1）出于公共利益的需要，国家可以拥有相关专利的无偿使用权；（2）如果受资助者在一定期间内，未能将某项发明专利实现授权许可，国家为促进该项专利的技术转让和应用，可以给予第三者该项专利的使用权；（3）大学和科研机构在对国家委托或者资助所形成发明的专利权实施技术许可的过程中，如果向国外的第三者实施排他性许可权时，也应当仿效美国，采用行政机构视需要进行审查的制度。

三、日本公共资助研究创新网络

（一）政府部门

日本政府历来重视知识产权的管理和保护，在 21 世纪初更是将知识产权立国提升到国家战略的高度，为此日本政府成立了知识产权战略总部，它是直属于首相的咨询机构，由全体内阁成员和 10 名在知识产权方面有专长的成员组成,旨在加大知识产权保护和技术转让的力度。

在很长一段时间里,日本政府各省厅委托大学和科研机构形成的科技成果的所有权归政府所有,如果委托方最终并未持有相关成果的所有权,则相关知识产权的管理和技术转让由文部科学省负责。在1999年《产业活力再生特别措施法》颁布之后,除非在委托合同中有专门约定,科技成果的所有权归大学所有。尽管如此,在推动技术转让方面,政府部门仍然发挥着很大作用。日本经济产业省的特许厅、产业技术环境局和中小企业厅都在不同程度上担负着推动技术转让的职能。日本的文部科学省也在推动大学与企业合作,促进科研成果向现实生产力转化方面起到了积极作用。文部省下属的独立行政法人日本科学技术振兴机构(Japan Science and Technology Agency,JST)是实施《日本科学技术基本计划》的重要机构,近年来在新技术的商业化开发方面非常活跃。

(二)大学和科研机构的技术转让组织(TLO)与知识产权本部

技术转让组织是指为促进大学和科研机构向企业技术转让而设置的组织。为了更好地推动大学和科研机构向企业部门的技术转让,1998年颁布的《大学等技术转让促进法》鼓励TLO的建设,获得政府承认或认定的TLO还可以获得不同程度的优惠政策。此后,日本曾经出现过一轮设立TLO的小高峰。日本法律要求TLO必须是法人机构,在日本尚未实行国立大学法人化之前,由于国立大学不具备法人资格,因而TLO也无法像美国那样以校内机构的方式存在,只能采取校外法人机构的方式存在。依据组织结构不同,当时的TLO主要采取了财团法人、股份公司、有限公司等形式。

TLO的运作机制是:如果某项技术成果的持有者愿意通过TLO去申请专利并对外授权,可以向TLO提交相关成果的书面报告,由TLO组织专家对其技术含量和市场潜力进行评估。如果TLO看好这项技术成果的前景，就会与有关教授签订成果转让协议。TLO 出面为该成果申请专利，实现科技成果的权利化，专利申请费由 TLO 承担。如果该成果获得专利，TLO 将通过会员推介会、公开出版物、网络、媒体等多种渠道去推介该项专利，最终与企业签订技术转让合同并获得技术转让费。如果中小企业有意购买专利使用权，但又没有足够的资金支付专利使用费，TLO 甚至可以启动风险资金帮助企业融资。

TLO 在推动日本的技术转让方面发挥了一定的积极作用，但其地位一直比较尴尬。在 2004 年之前，虽然国家委托项目形成的知识产权名义上归大学等机构所有，但由于大学并非法人实体，国家委托项目的知识产权实际上由文部科学省代持，其技术转让也主要通过科学技术振兴事业团（后更名为"科学技术振兴机构"）进行，TLO 转让的主要是教授们私人拥有的各种发明的专利权。除了东京大学、东京工业大学等少数研究实力雄厚、专利权数量较多且拥有深厚社会资本网络的大学 TLO 发展较好以外，大部分 TLO 的经营状况并不理想。

2004 年日本颁布了《国立大学法人法》，国立大学成为独立的法人机构。按照新的法律规定，实行了国立大学法人化之后，通过日本版《拜杜法案》形成的知识产权将归属于大学，教授在科研中形成的职务发明的专利权也归大学所有，以推进大学对知识产权的一元化管理和利用。为了更好地管理大学所拥有的各项知识产权，大多数大学建立了以校内机构形式存在的知识产权本部。由于知识产权本部和 TLO 的功能有较多的重叠，后来很多 TLO 都与大学知识产权本部进行了合并，国立大学更多地通过知识产权本部与企业间开展更为直接的交流。虽然 TLO 机构有所减少，但截至 2008 年，被官方承认的 TLO 仍有 47 家。

（三）日本大学技术转让协会（UNITT）[①]

大学技术转让协会（UNITT）成立于 2004 年 10 月 15 日，其会员分为正式会员、赞助会员和特别会员，正式会员包括 TLO 和大学的知识产权本部，目前正式会员有 71 家，其中大学知识产权本部有 45 家，TLO 有 26 家；赞助会员是指认同 UNITT 的宗旨并愿意为该协会做贡献的法人、团体及个人，目前赞助会员有日本专利律师协会、盐野义制药有限公司等 3 家；特别会员主要包括国内外技术转让方面的教育和研究机构及其研究人员、国外大学技术转让机构联盟等。

UNITT 的职能定位与美国大学技术管理协会（AUTM）比较相似，通过与大学知识产权部门和 TLO 以及相关的机构和个人合作，以有效推进大学和科研机构的知识产权管理及技术转让业务，从而促进产学合作的健康发展。UNITT 的主要活动包括：积极提出建议以有效推进大学知识财产管理及技术转让；开展信息交流、调查、研究等活动；以人才培训、信息发布为目的，召开研究会和学习班；发行会刊及其他刊物；加强并增进同国内外各团体间的联系、交流及合作关系；加强大学和科研机构的知识产权管理及技术转让业务的全国性支持体制；启蒙、普及大学和科研机构的知识产权管理及技术转让活动并提出建议。

四、日本政府科技项目无形资产管理的绩效

（一）专利申请数量大幅度增加

尽管日本在 20 世纪 90 年代末期效仿美国《拜杜法案》，颁布了《大学等技术转让促进法》《产业活力再生特别措施法》等一系列法律，试图推动大学科研成果的商业化，但并没有起到立竿见影的效果，其原因在于制度不配套。在日本的各类大学中，国立大学的科研实力最强，科技成果也最多。但由于日本的国立大学在相当长的

[①] 参见一般社团法人大学技术移转协议会网站. http://unitt.jp/aboat.

时间里并不是独立法人，而是文部科学省的附属机构，不能独立行使各项法人权利，教职人员享受公务员待遇，这就导致了国立大学从事专利申请和技术转让的热情并不高，从图 10-1 不难看出，在日本版《拜杜法案》实施后的最初几年里，国立大学的发明数量和国内专利申请量并没有出现期望中的迅速增长。

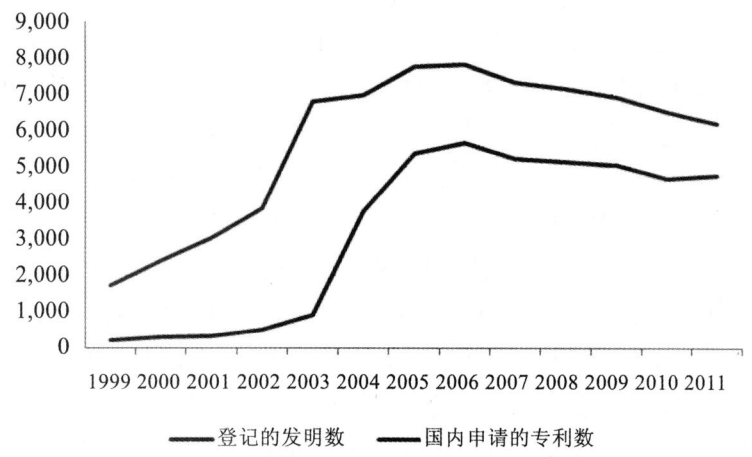

图 10-1　1999~2011 年以来日本国立大学的发明数量和在国内申请专利数量（单位：件）

资料来源：根据日本文部科学省历年《大学等机构产学合作等实施情况报告》的数据整理绘制。

转折点出现在日本开始实施国立大学法人化的 2004 年，法人化使国立大学的积极性被充分激发出来，其发明登记和专利申请都出现了爆发式的增长。2003 年国立大学的国内专利申请数量为 918 件，2004 年激增到 3756 件，增长 300%。近年来国立大学的国内专利申请数量一直稳定在 5000 件左右，包括国立大学在内的日本各类大学的国内外专利申请量也一直保持在 8500 件以上（参见图 10-2）。

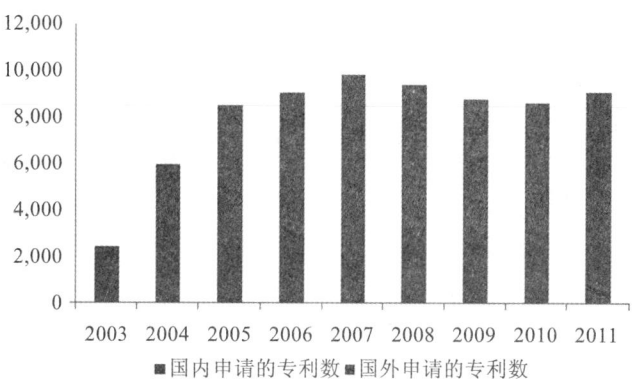

图 10-2　2003～2011 年日本大学在国内外申请专利的数量（单位：件）

资料来源：根据日本文部科学省历年《大学等机构产学合作等实施情况报告》的数据整理绘制。

（二）产学研合作日益活跃

日本大学和研究机构与企业之间素有合作的传统，官产学研联手构筑的国家创新体系在推动日本的技术进步和经济增长方面曾经发挥过重要的作用。产学研合作体制能够集中大学、研究机构和企业的研究力量，共同开展重要课题或者重大项目的技术攻关，从而将国内相对分散的研发力量整合起来，避免了重复研究，分散了风险和成本，促进了产学研之间的技术交流和技术体系升级。随着日本科技兴国战略和知识产权立国战略的实施，日本的产学研合作更加密切。2003 年日本各类大学实施的共同研究项目数为 9255 件，2011 年增加到 16302 件。项目总经费也有较大幅度的提高，从 2003 年的 176 亿日元增加到 2011 年的 334 亿日元，基本翻了一番。但从项目规模上看，小型研究项目居多，2011 年研究经费不足 100 万的研究项目有 9505 件，占项目总数的 49.3%，1000 万以上的较大研究项目只有 706 件，仅占项目总数的 3.7%。如图 10-3 所示。

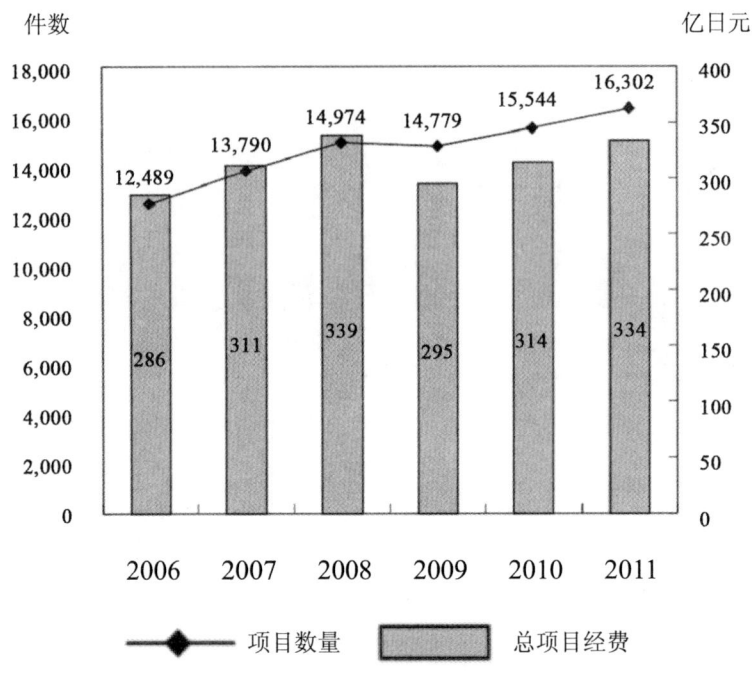

图 10-3 近年来日本大学与企业的共同研究项目情况

资料来源：日本文部科学省科学技术学术政策局产业合作地域支援课大学技术转移推进室 (2011)，《平成 23 年度大学等机构产学合作等实施情况报告》。

（三）大学衍生企业总量不断增多

大学衍生企业是指依托大学和国立科研机构及其所研发的技术而成立的相关企业，类似中国的大学校办企业。大学衍生企业是新技术的载体，也是大学科研人员与市场对接的重要桥梁。20 世纪 90 年代末期以来，日本大学衍生企业的新增数量一度大幅增加。1998 年日本的大学衍生企业只有 149 家，但从 1999 年起企业数量开始激增，1999 年新设衍生企业 99 家，在 2004 年国立大学法人化前后达到高峰，2004 年和 2005 年新增企业均为 252 家。近年来受全球金融危机的影响，大学衍生企业的年新增数量出现显著下降，2010 年仅新增47家,但2011年日本大学衍生企业的总量已达2143家,是1998年的14倍。

(四)大学和科研机构的专利授权量和授权收入逐年上升

自日本政府鼓励大学和科研机构建立技术转让组织以来,特别是国立大学法人化之后,日本的大学和研究机构对企业的技术转让活动发展很快。据日本文部省统计,2003年各类大学的专利授权量仅为185件,专利授权收入为5.43亿日元,此后逐年增加,2011年专利授权量达到了5646件,是2003年的30倍,专利授权收入也达到了10.9亿日元,包括专利权在内的各类知识产权授权收入高达17亿日元。如表10-2所示。

表10-2 2003年以来日本各类大学专利及其他知识产权授权情况

年份	专利授权件数（件）	专利授权收入（千日元）	专利权及其他知识产权授权收入（千日元）
2003	185	543,224	------
2004	477	542,509	------
2005	1283	638,663	871,398
2006	2409	801,339	1,796,815
2007	3532	774,447	1,857,057
2008	4234	985,981	2,383,294
2009	4527	890,742	1,615,656
2010	4968	1,445,727	2,129,644
2011	5645	1,091,600	1,705,054

注:专利权及其他知识产权包括专利权、实用新型专利权、设计权、著作权等。

资料来源:根据日本文部科学省,2007年及2011年度《大学等机构产学合作等实施情况报告》整理。

技术转让开展得比较活跃的大学以国立大学为主,2011年专利授权数量最多的前十名大学分别是东京大学、东京工业大学、庆应义塾大学、日本大学、北海道大学、京都大学、东北大学、广岛大学、九州大学和信州大学，其中只有庆应义塾大学和日本大学是私立大学，其余均为国立大学。在 2011 年专利授权收入最多的前十名大学中，也只有两家私立大学。但专利授权费则呈不均衡分布，专利授权收入超过 1 亿日元的大学只有 2 家，京都大学以 2.24 亿日元的授权费收入名列第一，比位居第二名的东京大学高出将近 1 亿日元。仅这两家大学的专利授权费收入就占到了全日本大学专利授权费总收入的将近 1/3。

主要参考文献

1. 东京大学（2010）.「大学発特許による経済的効果に関する研究報告書」，平成２２年３月.
2. 花輪洋行（2007）.「日本版バイ・ドール制度の変更について」.http://sangakukan.jp/journal.
3. 橋本建信（2013）.「大学研究成果の権利化（特許権取得）に関する～企業の関与が特許権の価値に与える影響」.研究政策研究大学院大学知財プログラム，平成25年2月.
4. 経済産業省.産業活力再生特別措置法の概要.www.meti.go.jp/kohosys/topics/10000087/09.pdf.
5. 日本综合研究所（2002）.「産学連携の現状と課題」.
6. 文部科学省（2003）.「平成15年度 大学等における産学連携等実施状況について」.
7. 文部科学省（2008）.「平成19年度 大学等における産学連携等実施状況について」.
8. 文部科学省科学技術学術政策局産業連携地域支援課大学技術移転推進室(2011).「平成23年度大学等における産学連携等実施状況について」，平成24年10月26日.
9. 知的財産戦略会議（2007）.「知的財産戦略大綱」，平成14年7月.

10. 曹勇，赵莉. 日本建设创新型国家的推进机制及其借鉴研究. 中国科技论坛，2009（7）.

11. 李春生. 日本大学科技成果转让机构产生的背景及现状分析. 世界教育信息，2002（3）.

12. 任昱仰，赵志耘，杜红亮. 日本技术转让制度体系概述. 科技与法律，2012（1）.

13. 张晓东. 日本大学及国立研究机构的技术转让. 中国发明与专利，2010（1）.

第十一章　日本的结构性改革为什么困难重重①

以 1980 年《八十年代通商产业政策构想》的发表为标志，战后日本的经济发展大致可划分为两个时期：从战后初期到 70 年代末是经济赶超时期，在这一时期，日本国民励精图治，实现了经济飞速发展的奇迹；从 80 年代初到现在是自主开拓时期，日本完成经济赶超使命，跻身世界一流经济大国之列后，经济反而出现了停滞的迹象。自安倍晋三就任日本首相以来，为实现日本的经济复兴，使之走出"失落的二十年"的泥沼，安倍内阁相继射出了财政刺激、货币宽松和结构改革"三支箭"，这一系列的政策组合被称为"安倍经济学"。通常认为，安倍在财政和货币领域的刺激政策在短期内还是起到了一定的作用，推动了今年以来日本的出口扩张和经济增长，但安倍试图促进经济长期增长的结构性改革措施却并没有得到广泛认可，方案公布的当天日经指数就大跌 3.8%。不同的经济发展阶段需要与之相适应的经济结构。推动日本实现经济起飞的经济结构在新的发展阶段表现出了强大的惯性和惰性，而日本社会中独特的经济—政治双重结构进一步强化了这种矛盾，使日本的经济改革困难重重，至今仍处在经济结构调整的艰难探索之中。

---

① 本章原载《现代日本》2013 年第 4 期。

一、赶超时期日本经济结构的成功转型

（一）高速增长时期的经济结构与经济发展

这一时期日本的经济发展有以下特点：

1. 建立在高储蓄基础上的高投资是经济增长的推动力

较高的投资率是推动二战后日本经济高速增长的重要动力。从20世纪50年代开始，日本的投资率连续20多年保持在30%以上。日本居民较高的储蓄率为高投资提供了有力的支撑，正是依靠充足的储蓄，企业能够以较低的利率获得资金，从而显著增加资本存量。在50年代初期，日本企业的设备普遍非常陈旧，为了推动工业部门的技术更新和现代化改造，实现设备的大型化，在政府主导下，民间部门在五六十年代进行了大规模的设备投资，不仅使企业扩大了生产规模，提高了劳动生产率，生产能力得到大幅度增长，而且也成为经济增长的重要推动力量。持续的民间设备投资使日本出现了四次较快的经济增长时期，即1954~1957年长达31个月的"神武景气"，1958~1961年长达42个月的"岩户景气"，1962~1964年长达24个月的"奥林匹克景气"，1965~1970年长达57个月的"伊奘诺景气"。70年代以后，日本的投资率才开始下降。

2. 出口成为日本经济增长的重要拉动力量

日本是一个资源匮乏的国家，二战失败使日本失去了所有的海外殖民地，发展经济首先面临的就是严重的资源约束。日本之所以在战后初期选择贸易立国，是因为发展工业必须进口资源，为了保证进口的顺利实现，就必须大力推动出口。在这个思路下，政府和产业部门对经济发展战略达成了广泛的共识，即日本应当建立"出口主导型"的经济增长模式。经过几十年的不懈努力，日本的商品出口由小变大，由弱变强，成为世界主要的贸易大国之一。日本通过大力发展外向型经济，不仅逐渐积累起本国的财富，还通过引进技术、边干边学及生产率的提高，实现了产业间相对技术效率的改变，最终使日本形成新的比较优势。日本政府在贯彻出口导向型发展战略的过程中，通过产

业政策引导本国的资源向有效率的部门流动,从而推动本国具有比较优势的产业部门扩张,同时这些产业部门的产业关联效应和技术溢出效应又带动了整个产业结构的升级。

3. 持续的技术引进和高强度的技术学习促进了技术进步

技术进步是现代经济增长源泉中最持久的动力要素。日本之所以能够迅速实现经济赶超,与其对技术因素的重视密不可分。日本的技术进步最初主要依赖于技术引进。从 20 世纪 50 年代开始,日本积极制定并实施多项引进技术政策,鼓励和推动企业从国外引进先进技术和设备。在引进技术的同时,日本企业通过对国外技术的消化、吸收和再开发,逐渐掌握了核心技术,不仅推动了产品的创新,还开发出了很多世界领先的生产技术。通过持续的技术引进和技术创新,日本工业的现代化程度和生产能力获得了极大提高。

4. 经济增长和产业结构升级实现了良性互动

经过战后 20 多年的发展,日本的产业结构已经和发达国家比较相似,农业占 GDP 的比重下降很快,从 60 年代初的 9.6%下降到 70 年代初的 5.1%;第二产业的比重变化不大,始终在 40%左右;服务业的比重有所上升,60 年代末期,服务业在国民经济中的比重已经超过 50%,成为名副其实的第一大产业。产业结构升级的过程也是对劳动力等生产要素重新配置的过程。从就业结构上讲,农业吸纳的就业人口比重从 60 年代初的 24.7%下降到 70 年代初的 15.9%,但在此期间,第二产业吸纳的劳动力只增加了 4 个百分点,从农业中释放出来的剩余劳动力主要被服务业所吸收。如图 11-1 所示。快速的经济增长推动了产业结构的转变,产业结构、就业结构和需求结构的转变又为日本经济的进一步增长提供了新的动力。

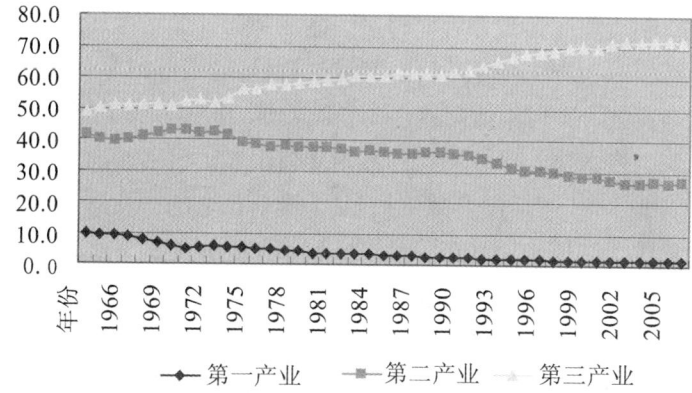

图 11-1　20 世纪 60 年代以来日本三次产业在 GDP 中的比重

资料来源：根据日本总务省统计局《第 58 回日本统计年鉴（2009）》的相关数据绘制。

（二）从粗放型发展向集约型发展的转型

日本通过优先发展资本密集型的重化工业，曾经使日本经济在较长时期内取得了持续高速增长的辉煌业绩。到 20 世纪 70 年代初，在日本产业结构中重化工业所占比重已居西方发达国家之首。但连续十几年的重化工业化战略也积累了很多问题，如环境污染日益严重，曾得到"公害大国"的恶名；追求重化工业所需要的规模经济效益导致产业与人口过度向"东京圈"集中，等等。70 年代的第一次石油危机沉重打击了日本经济，战后持续十几年的高速增长时代宣告结束。这种变化使日本政府深切地认识到，在国际能源和资源价格波动日益频繁的市场条件下，继续维持过去那种以高能耗、高投入、高产出为特点的粗放型经济发展方式是不可能的。面对国际经济环境的剧烈变化，日本开始推动产业结构从高能耗、低附加值的重化工业向相对低消耗、高附加值的知识密集型产业的转型。日本的经济发展方式出现了明显的变化。

1. 主导产业实现了低耗能产业对高耗能产业的有序替代

日本制造业通常被分为原材料型制造部门、加工型制造部门和其他制造部门三大类型，钢铁、化工等原材料型制造部门尽管产值巨大，但存在高耗能、高污染的问题，汽车、家电、电脑等加工型制造部门，不但能源、资源消耗少，而且产品附加值很高。日本政府70年代初提出了《70年代通商产业政策构想》，推动日本的产业结构从资本密集型的重化工业逐步向知识、技术密集型工业化结构升级，其重点发展部门包括：电子计算机、集成电路、飞机制造、原子能、防公害机械、信息产业等。在此期间日本的产业结构升级战略取得了积极的成果，1975～1979年，钢铁、石油制品、化工等高耗能产业固定投资额分别下降了30%、32%、37%，而精密仪器、电机等产业则分别增长了141%和118%，年均增长率为30%。① 1970年日本汽车出口占出口总额的比重是7.5%，仅相当于钢铁出口比重的一半左右；到了1980年，汽车出口比重就达到17.9%，跃居第一位，比钢铁出口高出约6个百分点。② 尽管钢铁工业曾经作为主导产业，为日本经济从复苏走向繁荣起到了不可替代的拉动作用，但从70年代末开始，随着日本产业结构的高级化，钢铁工业在日本经济中的主导产业地位逐步让位于汽车、计算机等高加工度的产业部门。

2. 经济发展中的能耗水平不断下降

第一次石油危机使作为当时主导产业的钢铁、石化等重化工业部门的生产成本迅速上升，并向下游的消费品生产部门传导，引发了严重的通货膨胀，继而在1974年导致了二战后日本的首次经济负增长。此后，日本政府先后颁布了《能源使用合理化法》和《开发替代石油能源法》等法律，鼓励全社会实现能源使用合理化。企业也积极开展旨在节约能源的技术创新，主要产业部门的能源单耗和原油单耗不断下降。图11-2显示了从1978年到1984年日本乙烯产品的节能率变化，1978年乙烯产品节能率比1976年提高了10%，此后几年节能率直线

---

① 姜维久. 日本能源结构与经济增长方式转变过程的启示. 社会科学战线，2007（4）.
② 丁敏. 日本产业结构研究. 世界知识出版社，2006：99.

上升，到 1984 年相对节能率就提高至 35%。在政府的引导和市场的压力下，日本制造业不仅注重生产过程中的节能降耗，还积极开发面向国内外市场的节能型新产品，从而大大提高了日本产品的国际竞争力。日本的汽车工业正是凭借低油耗的小型汽车打开了美国市场，并逐步成长为日本最有国际竞争力的制造业部门。

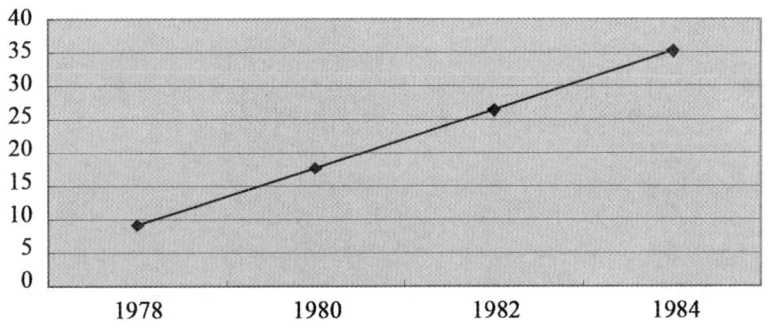

图 11-2　石油冲击过后日本乙烯产品的节能率变化（单位：%）

注：节能率是以 1976 年为基准的数值。

资料来源：根据[日]产业学会编. 战后日本产业史. 东洋经济新报社，1995：181 的数据制作. 转引自李毅. 对日本危机的一点看法. 中国社会科学院世界经济与政治研究所国际产业经济研究室工作论文，2009.

3. 全要素生产率成为经济增长的主要源泉

产业结构的有序升级使汽车、电子、电器这些加工型制造业部门成为日本新的主导产业。新主导产业部门的成长不仅扩大了日本的出口规模，而且提高了生产率，使之成为 90 年代以前驱动日本经济增长的主要源泉。70 年代的结构调整对经济增长的积极作用于 80 年代得到了充分体现，在 1980～1985 和 1985～1990 两个时间段，日本的全要素生产率的年均提高幅度分别是 1.4%和 2.6%，显著高于同期的发达国家美国、联邦德国和法国。80 年代上半期，全要素生产率对经济增长的贡献值为 39%，80 年代下半期则上升到 50%。可以说，经济增长一半的功劳归属于全要素生产率的提高（侯珺然、郭士信，2002）。美国著名统计学家乔根森曾经在产业层面上比较过日本、美国和联邦德国的生产率差异，他发现在 1960 年到 1979 年间，日本的交通设备、电器机械和金融三个部门的全要素生产率的年平均增长率达到了 3%以上，同期美国和联邦德国没有一个产业的全要素生产率能达到这种增长速度（乔根森，2001），而交通设备和电器机械正是 70 年代崛起的日本新型主导产业。

二、后发优势的消失与自主开拓时代的迷茫

从 20 世纪 80 年代开始，日本经济发展面临的国内外环境发生了深刻的变化。经过二战后 30 多年的经济高速增长，日本的经济规模一举超越联邦德国，成为世界第二大经济体。在经济赶超的过程中，日本的产业竞争力日益增强，国际市场份额不断扩大。1980 年 3 月，通产省产业结构审议会发表《80 年代通商产业政策构想》，宣布日本已经结束了战后以来的"追赶现代化"时代，正"迅速迈进世界一流国家的时代"。正如日本前首相大平正芳曾经指出的："明治维新以来，日本的目标就是赶超欧美先进国家……可以认为，通过模仿先进国家的知识和技术发展自己的时代已经过去了；已经迈入依靠自己的力量，开拓新领域、走自己道路的创造性发展阶段了。"[1]尽管日本当时就认识到了赶超时代的结束和自主开拓时代的到来，但当时很少有人意识到，新时代的到来也给日本经济发展方式提出了严峻的挑战，赶超时代推动经济迅速发展的体制机制可能会成为进一步发展的桎梏，新的经济环境要求发展方式进行大的调整。由于认识上的局限和传统体制的制约，30 多年来日本经济发展方式的转变进展缓慢，使日本的经济发展受到了很大的困扰，甚至导致了"失去的十年"。

格申克龙曾经指出，后发国家存在着后发优势，它们可以直接利

---

[1] 日本大平正芳纪念财团编著. 中日友好协会，中日关系史研究会编著. 大平正芳. 中国青年出版社，1991：755-756.

用发达国家丰富的知识存量，只需要支付较少的费用就可以引进国外的先进技术，并通过消化吸收的技术学习过程逐渐形成生产能力和创新能力，迅速缩短与发达国家在技术上的差距。不仅如此，后发国家还可以通过对发达国家经济结构和社会制度的模仿和移植，建立起更加有利于本国经济发展的制度安排。日本在 80 年代以前的经济快速发展为这个理论提供了完美的现实注解。但随着赶超时代的结束，日本的后发优势不复存在，无论是经济规模还是经济结构，日本和欧美发达国家站在相同的起点上，下一步如何实现经济的可持续发展，日本再也没有可供借鉴的模式，一切都必须靠自己探索。但日本没有能够迅速适应这种变化，在新的自主开拓的时代，陷入了没有航海图指引的发展方向迷惘期。

（一）泡沫经济的崩溃与失去的十年

80 年代前半期，日本企业的国际竞争力达到了顶峰，日本与欧美国家之间的贸易摩擦愈演愈烈。在这种背景下，由原日本银行行长前川春雄牵头组织的一份研究报告首次提出：日本经济应当从出口导向型转变为内需主导型。这是自主开拓时期日本第一份明确提出转变经济发展方式的政策咨询报告，但"前川报告"的着眼点在于改善由于贸易顺差和国际收支盈余而带来的国际经济摩擦，而不是从经济结构和制度安排上进行彻底的改革。

80 年代中期《广场协议》的签署导致日元大幅度升值，给日本的出口部门造成很大冲击。为了提振经济，日本政府采取了宽松的货币政策，以期拉动内需，改善企业的经营环境。但由于与赶超经济相伴而生的公共规制、过高的法人税以及限制竞争的商业习惯等弊端长期得不到革除，迫使许多企业利用日元升值的机会进行海外投资，充分利用相对廉价的海外要素禀赋进行生产，以进一步巩固日本制造业的竞争优势，这就使得日本经济出现了产业空洞化的问题。在日本经济实现赶超的过程中，日本的人均收入随着经济增长不断增加，人们的需求结构也相应地不断升级，在当时汽车、家电、住房等耐用消费品普及率已经很高的情况下，仅靠货币政策的刺激短期内难以催生新的消费热点和经济增长点。因此，企业即使能够比较容易地获得信贷支持，也很难在国内寻找到新的生产性投资机会。宽松的货币政策使经济中出现了大量的流动性，过量的货币在实体经济中又找不到与其规模相匹配的投资机会，在资本逐利本性的驱动下，流动性大量地向房地产和证券领域聚集，使得这些资产的价格大幅上扬。到 80 年代末期，日本的经济泡沫达到了顶峰。

为了阻止资产泡沫的进一步膨胀，日本央行在 1990 年开始加息，连续的加息效应最终刺破了越吹越大的泡沫经济。股市和房地产价格的暴跌，不仅使银行的不良资产规模激增，也严重损毁了企业和家庭的资产负债表，极大地影响了他们对于未来经济前景的信心。由于 80 年代的设备投资过度和经济泡沫破灭后债务增加的影响，企业设备投资迅速减少，投资对经济增长的推动力量大不如前。企业经济效益的大幅下滑，也严重影响了居民收入水平，使人们的消费意愿减弱，储蓄意愿增强，消费需求对经济增长的作用也在减弱。即使日本央行不断降低利率，甚至使基准利率接近零利率，也没能有效地拉动国内需求，反而使日本经济出现了经典教科书中才会有的"流动性陷阱"。日本政府推动的公共投资和政府消费对提高经济景气起到过短暂的刺激作用，但"走走停停"的财政刺激不仅没有起到足够的作用，反而使预算赤字剧增。这些因素的累加，导致 90 年代以来日本经济增长的急剧下滑，至今尚未走出低增长的泥潭。

（二）在寻找新主导产业的迷雾中求索

日本促进产业结构高级化的方式曾经被被总结为"挑选主导产业"。政府直接干预资源配置，使之向经过挑选的产业倾斜；政府还选择那些能够在国际市场上大显身手的企业"国家队"，并通过贸易保护、财政补贴、价格控制、金融约束等产业政策对它们加以扶持，使这些特定产业部门的企业具备竞争优势。通过这种方式，从二战后到 70 年代末，日本先后实现了从劳动密集型产业到资本技术密集型产业再到知识密集型产业的有序替代，在主导产业更替的过程中实现了持续的经济增长。进入 80 年代以后，日本就一直在寻找下一代主导产业。日本政府对以计算机为核心的信息产业给予了高度的关注，认识到计算机产业是具有高度产业关联效应的知识密集型产业，在促进日本经济实现"创造性的知识密集化"方面将发挥核心作用。为了将计算机产业培育成 21 世纪的主导产业，日本政府在政策、资金、人力资源等方面给予了大力的支持。但由于日本政府在技术发展前沿的选择上决策失误，极大地延误了日本信息产业的发展，使其对日本产业发展和经济增长应有的拉动作用远未充分发挥出来。

90 年代以后，日本又试图以制造业的发展为基础，选择新的产业经济增长点，即以发展超高速光纤通信推进整体的产业信息化步伐，将建立和发展生物技术产业作为战略目标，推动纳米技术研发尽快走向产业化。此后，IT 领域、环境能源领域、医疗健康生物技术领域、纳米技术和材料领域以及服务领域这五大领域也曾被视为未来新的经济增长点。在应对金融危机的过程中，日本政府于 2009 年 4 月推出了"经济危机对策"的新经济刺激计划，将再支出 15.4 万亿日元，重点之一就是主打"绿色牌"，以推动包括太阳能产业、新型环保汽车和清洁家电等在内的新能源产业的发展，促进未来经济增长。

尽管自 80 年代以来，日本朝野为寻找新的主导产业群一直在努力，但至今尚未发现可与钢铁、家电、汽车产业媲美的、能够极大地推动日本经济发展的主导产业。这种努力本身就表明日本仍未摆脱赶超型发展方式的思维，仍然试图通过预测经济技术前景来发掘产业部门的竞争潜力，并采取必要的措施来推动新型主导部门的发展，以带动关联产业的发展。日本已经身处世界产业和技术前沿，由于新兴的技术及与之相关的市场都具有极大的不确定性，开拓新兴产业的任务只能由企业自己来完成。为了鼓励企业的创新，政府的任务应当是推动建立起有利于创新的制度环境和激励机制，例如建立有效率的资本市场、鼓励风险投资、为技术创新和技术扩散提供补贴等。只有在一个鼓励创新的制度下，企业在追求创新垄断收益的过程中才会逐渐发现并形成新型主导产业群，这个过程充满着试错，政府是无法代替企业的。此外，日本政府及相关智囊机构形形色色的主导产业预测，仍然没有改变经济追赶时期以制造业发展为核心的观念，没有适应发达国家信息技术革命和经济服务化的新趋势，那种以工业化为前提的预测理念也使得主导产业的搜寻工作走进了死胡同。

（三）技术跨越失去了方向

在日本经济的赶超时期，日本企业通过对引进技术的消化、吸收和再创新，技术能力得到了大幅提升，在很多产业领域已经接近技术前沿。这一时期形成的官产学研相结合的国家创新体系，推动了日本在超大规模集成电路研究计划等尖端技术领域赶超计划也获得了很大的成功，极大地增强了政府和企业对本国技术创新能力的信心，认为日本应当实现从技术追随者向技术领先者的转变，积极探索国际技术前沿。持续的技术创新和技术突破不仅可以开启产业发展的新领域，而且能够有力地回击欧美国家对日本企业"只会拷贝西方技术而不善创新"的指责。在这种背景下，日本通过对新兴技术发展方向的分析和预测，精心选择了若干技术前沿领域，并制定了雄心勃勃的技术跨越计划，其中影响最大的是第五代计算机计划。

第五代计算机研究与开发计划（FGCS）于1981年启动，开发过程历时12年。为了更好地开展FGCS计划，通产省累计投入约568亿日元的巨额研发费用，从国内著名电子公司和研究机构中抽调了100名一流技术专家，组建了"新一代电子计算机技术开发研究所"（简称ICOT）。这个项目之所以最终失败，不仅因为它没能攻克关键性的技术难题；更重要的是，通产省缺乏对IT产业发展方向的洞察，使项目研究的方向与市场演进的轨迹南辕北辙。FGCS计划启动之前，国际信息产业领域的主流是美国IBM公司所主导的大型机，受"超大规模集成电路研究计划"成功的鼓舞，日本希望通过FGCS计划的成功，在大型计算机领域实现对IBM的超越。但始料未及的是，从20世纪80年代开始，全球计算机产业逐渐进入个人电脑时代，到了FGCS计划结束的90年代，个人电脑已经彻底颠覆了统治了计算领域几十年的大型机。尽管第五代计算机在某些领域确实取得了远远领先于欧美企业的技术突破，但由于技术路线和市场定位的错误，使得第五代计算机基本丧失了商业价值。虽然通产省发布的 FGCS 计划最终评估报告声称"原先计划的目标已实现"，但 ICOT 研究所所长内田俊一则坦率地承认："这是日本领导了世界计算机研究的第一个也是最后一个项目"。由于技术预测失误导致的研发方向偏差，耗时 10 年且耗资巨大的 FGCS 计划最终以失败而告终，日本通过实施 FGCS 计划，执全球信息产业之牛耳的愿望化作泡影。这对日本的信息产业也产生了很大的影响，在 90 年代美国主导的全球知识经济浪潮中，日本 IT 企业不得不继续沿袭技术追赶的传统路径，在技术方向上紧紧追随美国企业。同样因为对技术演进方向的预测失误，在美国企业纷纷关闭模拟电视生产线的同时，日本却在高清晰度模拟电视上不断加大投资力度，最终也遭遇了市场失败。

在经济的赶超阶段，日本可以充分发挥后发优势，模仿借鉴发达国家的产业发展经验，选择主导产业并加以大力扶持，推动传统产业部门快速发展并形成国际竞争力。但随着日本经济进入自主探索阶段，由于技术和市场的发展具有多样性、不确定性等特点，如果仍然由政府主导前沿技术和新兴产业的发展方向，一旦政府的判断出现失误，就可能降低资源配置的效率，延缓新兴产业的发展。

三、政治—经济二重结构与经济发展方式转型的困境

对于 90 年代以来日本经济停滞的原因，国内外有很多文献进行了探讨。尽管可以从不同的角度对这一现象进行解释，但归根结底，它是经济发展方式转型滞后的结果（张舒英，2007）。而经济发展方式转型滞后的深层原因，正如一位日本经济学家所指出："现在日本陷入了前所未有的经济危机、金融危机。危机发展到这种地步，人们已经指出的原因有提高消费税率、不良债权、亚洲金融危机等，但所有这些不过是表面的原因而已。在本质上，最重要的原因是日本的社

会、经济体制正在发生种种制度疲劳。"①

在日本经济赶超时代，为了推动经济的高速增长和产业的迅速发展，日本逐渐形成了一套富有日本特色的发展方式和经济体制：经济增长主要依靠制造业的设备投资和工业品的大量出口来推动；发展型政府通过以产业政策为核心的政府干预，对企业的投资决策和经营行为产生了广泛影响，尤其是在那些具有明显的规模经济和外部性的新兴产业部门，政府设立各种规制，有意识地限制自由贸易和约束国内竞争，以推动幼稚产业的成长；银行与企业间、大企业与关联企业之间建立起了以主银行制和相互持股制为特征的长期交易关系；企业内部形成了终生雇佣制和年功序列工资制；科技进步则通过引进—消化—吸收的机制实现应用技术领域的技术赶超。二战后 30 年日本经济的飞速发展证明，对于实现经济赶超而言，这种发展方式及与之相适应的经济体制是行之有效的。

但是在自主开拓时代，传统发展方式和经济体制的局限性就充分暴露出来了，出现了所谓"制度疲劳"。稀缺资源向制造业的过度倾斜，阻碍了服务业的升级和劳动生产率的提高。在美国已经实现经济服务化和服务贸易迅速发展的背景下，日本还不得不继续将制造业作为促进经济增长和扩大出口的支柱产业；政府之手的无处不在，压抑了民间经济自主调整的积极性和灵活性；由于缺乏以市场为导向的激励机制，民间企业的创新意愿和创新能力都不尽人意；银企之间和企业之间的长期契约，使公司治理结构形同虚设；企业的内部雇佣和提拔制度不利于人力资源的合理流动，割裂了统一的劳动力市场；长期以来技术创新上的拿来主义，使日本始终不能站在尖端技术的最前沿。在经济全球化不断发展、科技进步日新月异、新兴市场经济国家迅速成长的时代，经济发展方式转型的滞后使日本市场机制的调节功能和市场竞争的生存检验作用得不到充分的发挥，阻碍了技术进步和新兴产业的成长，最终影响了日本经济的长期增长。

日本政府长期实施以产业政策为核心的政府干预，虽然在经济赶

---

① 汤元健治. 政府与民间共同进行结构改革. 日本经济研究中心会报，1999-3-15.

超时期推动了经济的增长，但也使日本经济形成了奇特的二重结构，即同时存在一个面向国际市场竞争的高效率的出口部门和一个主要面向国内市场的生产率低下的内需部门。麦肯锡公司曾经做过一项研究，如果以 1999 年美国相关产业的劳动生产率为 100，那么日本的出口主导型制造业部门就是 120，其中汽车、电子机械、钢铁等主要出口部门的生产率分别为 145、120、115，具有很强的竞争力。政府对出口主导型制造业部门既无管制也无补贴，这个部门的就业也只占日本就业的 10%。与此同时，包括食品业、纺织业和家具业在内的主要面向国内市场的制造业部门的生产率平均只有 63，而包括零售、医疗和商务服务等在内的服务业部门的生产率平均也只有 63，基本没有国际竞争力。经济合作组织的一份研究报告也认为，日本服务业的竞争力在 OECD 国家中排名相当靠后，四项指标有三项名列倒数第一（Randall S. Jones and Taesik Yoon, 2008）。效率低下的内需型制造业和服务业部门既受到政府的严格管制，又得到大量补贴，它们的就业占总就业的 90%。受低效率部门的拖累，日本经济整体的生产率只有 69，远低于美国。如图 11-3 所示。

低效率部门的广泛存在，正是传统发展方式的后遗症。为了推动产业发展，政府对很多产业领域通过产业政策等方式实行规制，以保证企业能够在一个免受外国企业冲击和国内过度竞争的环境中顺利成长。在制度性因素影响下，民间企业逐渐形成了封闭性和排他性的交易习惯。由于缺乏竞争的压力，这些内需部门的生产率提高缓慢。服务业部门生产率的长期低下，必然导致服务价格的提高，使需要相关服务的制造业成本上升、利润下降。由于日本的经济结构缺乏灵活性，大量的资本和劳动力滞留在这些效率低下的部门，不能配置到最有效率的产业部门，必然拖累了日本的整体生产率水平的提高，进而影响经济增长。

230　技术创新与产业升级

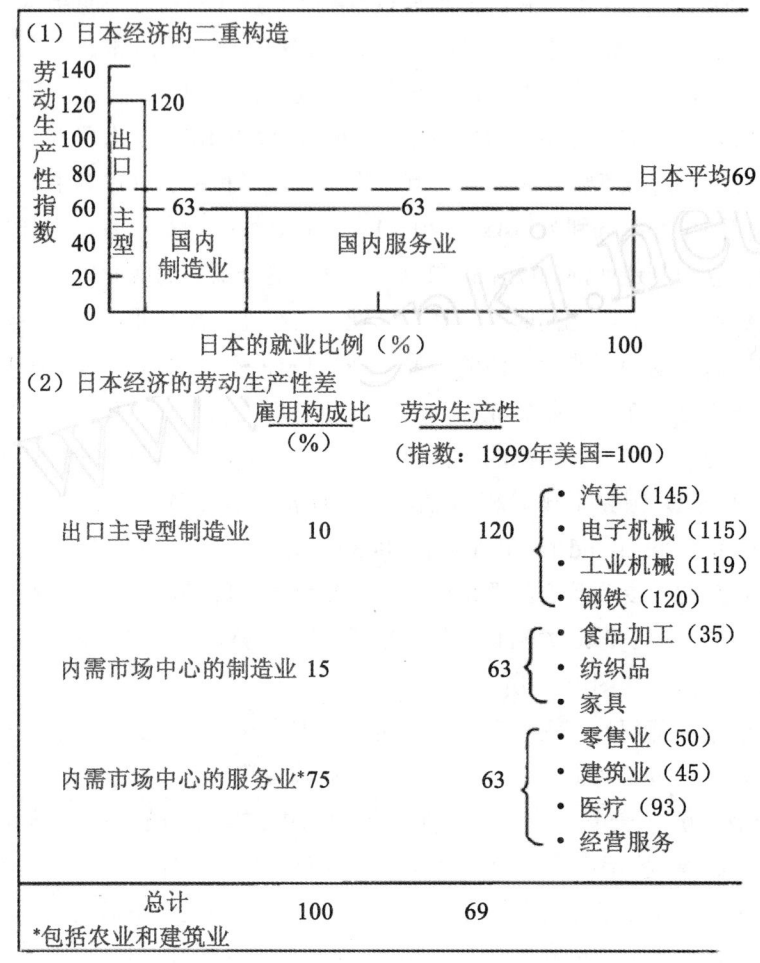

图 11-3　日美按产业的劳动生产率对比

注：1999 年的美国劳动生产性指数为 100。

资料来源：McKinsey Global Institute（2000）．转引自新庄浩二．日本产业结构的变化与再生．产业经济评论，2003（2）．

从 90 年代开始，日本社会就出现了要求进行结构改革的呼声。90 年代中期，桥本内阁曾推出了包括结构改革在内的六大改革计划。

此后，以高呼"没有结构改革就没有经济景气"而上台的小泉内阁在任期内也曾推出过《结构改革和经济财政的中期展望》，期望"通过今后几年的集中调整，在中期实现以民间需求为主导的切实的经济增长"。尽管历届内阁提出的结构改革方案在具体内容上有所不同的，但从本质上讲，都是希望建立更加灵活的经济结构和运行机制，使生产要素能够由低效率的产业部门释放出来，顺利转移到高效率的产业部门，从而推动经济的持续增长。但迄今为止，日本的结构改革仍然困难重重。这是因为在经济的双重结构之下，还隐藏着一个政治上的双重结构：代表着低效率部门利益的国会议员们与企业界和政府官员形成了政经结合的"铁三角"，使日本经济和社会中存在着一个反对结构改革的政治力量，任何试图削弱低效率部门利益的议案和政策建议都将会受到阻挠。政治双重结构和经济双重结构相互强化，使日本经济发展方式的转型困难重重，这正是造成日本经济长期不景气的根源（神榄英资，2002）。

四、结语

日本经济结构的转变之所以艰难，是因为经济—社会中的双重结构改革难以推进，而导致这种双重结构形成和固化的根源，正是曾经被人们津津乐道的推动战后经济发展的独特体制。在经济高速增长时期，政府主导型经济体制和以政府直接干预产业发展为特征的产业政策曾经辉煌一时，但经济停滞使得它们的弊端充分暴露了出来。规模庞大的企业在政府和金融机构的支持下开展大规模的重复的低效益投资，若干大型企业基本垄断了国内重要的产业部门，从而阻碍了市场机制功能的正常发挥，市场竞争状况受到严重影响。一旦国内外市场环境突然出现较大的变化，这些经济中的结构性缺陷就暴露无遗，被持续的经济增长所长期掩盖的结构性矛盾最终集中爆发，导致了长达 20 余年的经济萧条。正如"日元先生"神榄英资所指出的："日本经济问题的出路不是如何调整宏观政策，而是如何改革微观和结构性的政策。"①

当前，安倍晋三正在雄心勃勃地实施着推动日本经济复兴的经济政策。在安倍经济学的三大支柱中，最核心的无疑是结构改革。如果安倍的着眼点主要放在立竿见影的财政政策和货币政策上，而没有足够的勇气和才智去直面不同主体之间的利益冲突，并推动实质性的结构改革，那么，安倍经济学留给日本的，可能只是一场"危险的实验"。

主要参考文献

1. Naohiko Baba，et al., Will the First Two Abenomics Arrows Hit the Mark? Pointers from takahashi policy. Goldman Sachs Research Report，No.13/09，2013.

2. Randall S. Jones and Taesik Yoon. Enhancing the Productivity of the Service Sector in Japan. Economics Working Papers No. 651，ECO/WKP(2008)59，OECD.

3. World Bank . An East Asian Renaissance，2008.

4. D. W. 乔根森. 生产率：经济增长的国际比较（第 2 卷）.中国发展出版社，2001.

5. 丁敏. 日本产业结构研究. 世界知识出版社，2006.

6. 国务院发展研究中心"世界经济趋势与格局"课题组. 日本经济的主要特点与中长期增长前景. 国研网，2013-11.

7. 侯珺然，郭士信. 从全要素生产率的国际比较看日本的产业竞争力. 日本学刊，2002（2）.

8. 姜维久. 日本能源结构与经济增长方式转变过程的启示. 社会科学战线，2007（4）.

9. 万军，唐龙等. 转变经济发展方式：基于国内外的经验. 四川社会科学基金会新知研究院研究报告，2009.

---

① 神椇英资. 日本为何难以推进结构性改革. 国际经济评论，2002（3），（4）.

10. 李毅. 经济转型中的产业发展路径选择——对日本经济长期低迷的一种新解释. 日本学刊, 2013（5）.

11. 日本大平正芳纪念财团编著. 中日友好协会, 中日关系史研究会编著. 大平正芳. 中国青年出版社, 1991.

12. 神榋英资. 日本为何难以推进结构性改革. 国际经济评论, 2002（3），（4）.

13. 沈建光, 肖红. 日本经济展望：失落的第三个十年？中国国际金融有限公司研究报告, 2009-4-2.

14. 世界银行. 东亚奇迹. 中国财政经济出版社, 1995.

15. 汤元健治. 政府与民间共同进行结构改革. 日本经济研究中心会报, 1999-3-15.

16. 新庄浩二. 日本产业结构的变化与再生. 产业经济评论, 2003（2）.

17. 约瑟夫·斯蒂格里茨等著. 王玉清, 等译. 东亚奇迹的反思. 中国人民大学出版社, 2003.

18. 张季风. 重新审视日本经济"失去的二十年". 日本学刊, 2013（6）.

第十二章 产业集群、人力资源集聚与区域经济发展：以班加罗尔为例[①]

20世纪90年代以来印度信息产业的异军突起，已经成为发展中国家技术追赶过程中的标志之一。印度充分利用自身独特的劳动力资源禀赋，抓住经济全球化的有利契机，以软件产业为先导，以海外市场依赖型的软件外包业务为商业模式，将丰富的科技人力资源优势转化为高科技产业的竞争优势，使本国迅速跻身世界信息产业大国之林。产业集群是印度软件产业发展中最重要的特征之一。印度软件企业大量集聚在班加罗尔等城市周围，相互竞争而又相互促进，共同推动了印度软件产业的发展。班加罗尔软件产业集群的发展与科技人力资源是密不可分的，本章试图通过案例研究，揭示科技人力资源集聚与流动对班加罗尔软件产业集群形成与发展的影响。

一、班加罗尔软件产业集群概况

班加罗尔位于印度南部，是卡纳塔克邦的首府，也是印度第五大城市。这里气候宜人，环境优美，交通便利，是通往孟买、马德拉斯、海得拉巴等城市的铁路、公路交通枢纽。早在英国殖民统治时期，班加罗尔就已经建立起了相对比较完善的基础设施。自印度独立以来，特别是20世纪80年代以来，在印度政府和卡纳塔克邦政府的政策支持和积极推动下，班加罗尔以软件为核心的IT产业发展迅速，已经成为印度的"软件之都"，被誉为全球第四大信息科技中心和世界十大

[①] 本章原载中国科协编《中国科技人力资源发展研究报告2010》，中国科学技术出版社，2010。

硅谷之一。2006~2007 财年，印度全国的软件出口总额为 1.38 万亿卢比，其中卡纳塔克邦出口额为 4870 亿卢比，约占全国的 35%。而卡纳塔克邦的软件出口以班加罗尔为主，当年班加罗尔的软件出口约占全邦的 97%。[①]由此推算，班加罗尔的软件出口约占了整个印度的 1/3 左右。[②]

卡纳塔克邦聚集了印度众多的软件企业。2005 年卡纳塔克邦软件科技园区的企业数为 1520 家，次年增加到 1721 家，2007 年增加到 1885 家，两年时间新增企业达到 365 家，平均每周增加 3 家企业。这些企业大都注册在班加罗尔软件科技园。[③]成立于 1991 年的班加罗尔软件科技园是印度最早建立的软件科技园区（STPI），这里不仅集聚了德克萨斯仪器公司（TI）、IBM、摩托罗拉、微软、甲骨文公司、诺基亚、北方电讯、惠普公司、英特尔、思科等世界著名的跨国公司，还活跃着印度本土三大软件企业 INFOSYS、WIPRO 和 TCS 公司以及大量的中小型软件企业。目前全世界共有 87 家达到能力成熟标准五级 SEI CMM Level-5 的 IT 企业，其中 63 家在印度，这些企业中又有 32 家位于班加罗尔。[④]班加罗尔也因此成为了印度 IT 类企业最集中的地区之一（参见表 12-1）。

表 12-1　印度主要城市中软件企业总部的数量

城市	2000 年	2002 年	2003 年
班加罗尔	122	160	182
辰奈	55	72	92
德里及周边地区	111	106	182
海德拉巴	64	61	78

---

① G. Balatchandirane. IT Clusters in India. Institute of Developing Economies. Discussion Paper No. 85, January 2007：4.

② 印度的软件产业呈现出极为明显的集群特征。在 2006~2007 财年，7 个城市贡献了印度软件出口的 95%。这些城市所占比重是：班加罗尔 33%，首都经济区 15%，辰奈 14%，海德拉巴 13%，普纳 10%，孟买 8%和加尔各答 2%。参见 Jairam Ramesh. IT in India: Big successes, large gaps to be filled. Online Edition of The Business Standard, dated 2007-09-30. Retrieved on 2007-10-04。

③ 数据来源：STPI 网站。

④ Karnataka IT Hub of India. http://www.bangaloreitbt.in/.

续表

城市	2000 年	2002 年	2003 年
科尔卡塔	25	32	32
孟买	131	148	152
普纳	23	48	57
其他城市	69	73	79
总计	600	700	854

资料来源：Nasscom，转引自：Florian Arun Taeube. Proximities and Innovation: Evidence from the Indian IT Industry in Bangalore，DRUID Working Paper Series No. 04-10，June 29, 2004.

班加罗尔是印度 IT 从业人员最多的城市。目前，班加罗尔大约有 16 万人从事与 IT 相关的工作，[1]约占全国 IT 从业人员总量的 1/3。[2]其中高素质专业技术人员大约有 10 万人，主要从事为发达国家企业编写电脑程序、计算机维护、设计 IT 芯片、金融服务以及业务流程外包等服务。还有 6 万人从事金融服务、呼叫中心等基于 IT 业的业务流程外包服务。根据印度全国软件与技术服务协会（NASSCOM）和德勤会计师事务所 2007 年的一项联合调研估计，IT 产业每增加 1 个雇员，就会带动为 IT 产业提供服务的其他相关部门产生 4 个人的就业量，由此推算，班加罗尔 IT 产业部门直接和间接带动的就业量将达到 64 万人，当地就业量最大的私人产业部门之一班加罗尔软件产业集群兴起的时间并不长，它的发展历程大体可以划分为三个阶段：（1）从 80 年代到 1991 年，是产业集群的起步阶段；（2）从 1991 年到 2000 年，是产业集群的成长阶段；（3）从 2001 年至今，是产业集群的升级阶段。经过短短 20 多年的发展，班加罗尔成为了印度软件企业最为集中的城市。

---

[1] The Association for Computing Machinery. 2006. Globalization and Offshoring of Software: A Report of the ACM Job Migration Task Force. p.110.

[2] Karnataka IT Hub of India. http://www.bangaloreitbt.in/.

二、科技人力资源与班加罗尔软件产业集群的形成

（一）20世纪七八十年代印度软件产业的发展状况

印度的IT产业曾长期被IBM等外国公司所垄断，印度政府在70年代中期颁布了限制外资企业股权比例的法令后，IBM公司被迫退出印度市场，它所留下的市场空白被印度本土企业填补。由于当时印度政府在信息产业领域重视大型国营企业而轻视私营企业，从事IT业的印度私营企业很难涉足资金和技术要求高的硬件部门，因而只能选择软件和技术服务部门作为主营业务领域。原先在IBM公司工作的1200名员工除一部分远赴美国就业之外，其余的员工成立了一些小规模的IT企业，其中大部分位于班加罗尔。[①]这些企业最初试图从事国内市场业务，但当时印度较低的计算机普及率和信息化水平极大地限制了国内市场容量，使印度软件企业在起步阶段就不得不走上了面向海外市场的出口导向型的软件产业发展之路。

1980年，印度只有21家企业从事软件出口业务，出口总额仅为400万美元，其中塔塔集团控股的塔塔咨询公司（TCS）和塔塔技术公司（Tata Infotech）就占到了其中的63%。为了鼓励软件产业的发展，印度政府在1984年和1986年相继颁布了软件产业促进政策，对从事出口业务的软件企业提供外汇、关税和企业所得税方面的优惠，吸引了很多私人资本投资软件产业。1990年印度软件出口企业数量已经发展到700多家，但这些企业大多规模偏小，TCS和Tata Infotech两家就占到了全部出口收入的48%。尽管软件产业已经取得了较快的发展（参见表12-2），但海外客户对印度软件企业的能力还缺乏足够的信任，印度软件企业在海外市场的销售尚未完全打开局面，2/3的出口企业面临着只有1家美国客户的窘境。[②]由于技术能力和通信设施的限制，

---

① The Association for Computing Machinery. 2006. Globalization and Offshoring of Software: A Report of the ACM Job Migration Task Force. p.110.

② The Association for Computing Machinery. Globalization and Offshoring of Software: A Report of the ACM Job Migration Task Force. 2006.

提供"现场服务"成为当时印度软件企业的主要业务模式,即由企业外派软件技术人员,在海外客户所在地完成合同规定的相关业务。现场服务模式实际上是一种层次较低的企业劳务输出模式,企业从事的业务领域也主要是软件编程和系统维护等低附加值业务,由于处在软件产业价值链的低端,软件企业的利润率不高。

表 12-2 1980~1990 年印度软件出口统计

年份	软件出口总额（百万美元）	增长率 (%)
1980（1~12 月）	4.0	
1981	6.8	70%
1982	13.5	99%
1983	18.2	35%
1984	25.3	39%
1985	27.7	9%
1986	38.9	40%
1987	54.1	38%
1988/89	69.7	29%
1989/90	105.4	51%
1990/91	131.2	24%

资料来源：Indian Software Export Statistics. Institute for Development Policy and Management. The University of Manchester. http://www.sed.manchester.ac.uk/idpm/research/is/isi/isiexpt.htm.

印度的软件企业最初主要集中在经济发达的孟买。但从 80 年代开始,由于房价迅速上涨和城市过分拥挤,孟买的很多企业逐渐将高科技部门迁出。人力资源丰富、自然环境宜人的班加罗尔开始吸引软件企业的关注,并逐渐发展为印度的软件企业聚集地。

(二）班加罗尔具有良好的发展软件产业的人力资源条件

IT 产业是一个知识密集型的产业，对于硬件设施的要求并不太高，但对从业人员的文化素质和专业技能却有着较高的要求。软件企业在班加罗尔的空间集聚，不仅取决于这一地区基础设施的相对完善和政府支持的力度，也与当地良好的人力资源状况有着非常密切的关系。班加罗尔位于印度泰米尔语系地区，泰米尔人历来比较重视教育，班加罗尔所在地卡纳塔克邦的居民受教育程度在印度一直处于领先地位。识字率是衡量居民受教育程度的一个基础指标，根据卡纳塔克邦政府计划与统计部发布的《2005 年卡纳塔克邦人类发展报告》提供的数据表明，在 40 年的时间里，卡纳塔克邦的居民识字率始终高于全印度的水平（参见表 12-3）。1961 年卡纳塔克邦的居民识字率为 29.8%，高于全印度 28.3%的水平；2001 年卡纳塔卡邦的居民识字率为 66.64%，而当年全印度的平均识字率为 64.8%。而班加罗尔城市居民的识字率又远高于卡纳塔克邦的平均水平，2001 年班加罗尔居民的识字率高达 86%。[①]

表 12-3 1961~2001 年卡纳塔克邦和全印度的识字率比较

年份	卡拉塔克邦			全印度		
	全体人员	男性	女性	全体人员	男性	女性
1961	29.8	42.29	16.7	28.3	40.4	15.35
1971	36.83	48.51	24.55	34.45	45.96	21.97
1981	46.21	58.73	33.17	43.56	56.37	29.75
1991	56.04	67.26	44.34	52.2	64.13	39.29
2001	66.64	76.10	56.9	64.8	75.8	54.2

资料来源：卡纳塔克邦政府计划与统计部：《2005 年卡纳塔克邦人类发展报告》.Planning and Statistics Department of Government of Karnataka：Karnataka Human Development Report 2005.

[①] G. Balatchandirane. IT Clusters in India. Institute of Developing Economies. Discussion Paper No. 85，January 2007，p.5.

基础教育的发达为现代工业部门的发展提供了良好的人力资源支持。在印度独立以前，班加罗尔就已经出现了现代工业部门。如印度斯坦航空工业公司、无线电和电子制造公司以及曼索电力公司等大型企业相继建立。这些企业不仅使班加罗尔初步具备了现代产业基础，而且培养了大批具有专门业务技能的现代产业工人。例如，1960年印度斯坦航空工业公司雇佣的员工就达到了21000名。[①]印度独立以后，出于将敏感产业远离中国和巴基斯坦边境的战略考虑，印度政府在班加罗尔设立了很多与国防工业相关的企业和科研机构，逐渐形成了以电子、通讯设备、飞机制造、空间技术等产业为主导的产业体系，使班加罗尔在科技领域尤其是在电子科技领域具备了比较雄厚的科研基础。在这些大型公共企业和尖端科研机构里，计算机应用得到了应有的重视，硬件和软件工程师的队伍开始形成。当地高等院校的大批毕业生和来自全国各地的工程师、科学家受雇于这些大型企业和科研机构，使班加罗尔不仅拥有了雄厚的科技人力资源的积累，也形成了印度各城市中独一无二的以宽容和创新为核心的移民文化，为班加罗尔软件产业的形成和发展奠定了良好的基础。

（三）班加罗尔软件产业的形成得益于政府的直接推动

正如很多研究者所指出的，政府的政策对产业集群的形成、发展模式和发展周期都有重要的影响。在印度IT产业的发展进程中，卡纳塔克邦一直走在前列。为了推动电子产业的发展，卡纳塔克邦电子部早在1976年就成立了电子工业发展公司（KEONICS），并于次年在班加罗尔设立了该邦第一家电子科技园区——电子城。KEONICS通过提供营销支持、设立测试中心和人力资源培训中心等方式，向入驻电子城的私营企业提供帮助。班加罗尔软件产业的最初发展从中获益匪浅，目前印度第二大软件企业INFOSYS就诞生于该电子城，印度第三大软件企业Wipro也是在这里成长起来的。但在当时，这些本土软

[①] Bakesh Basant. Bangalore Cluster Evolution. Growth and Challenges, W.P.No.2006-05-02, Indian Institusion of Management.

件企业数量很少，规模也很小，在软件出口市场上影响不大。直到1991～1992财年，班加罗尔也只有13家软件企业。[①]

班加罗尔软件产业兴起的标志性事件是德克萨斯仪器公司（TI）的进驻。TI之所以选择班加罗尔作为自己的第一家海外开发中心，很大程度上得益于卡拉塔克邦政府的推动。80年代初期，在印度实行进口替代的经济发展战略并严格限制外商投资的背景下，允许外资企业设立并提供相应的基础设施支持，是一件非常不容易的事情。TI在印度开展投资的最初选择是Maharashtra邦和Tamil Nadu邦，但投资请求被两个邦政府所拒绝。卡拉塔克邦是TI选择的第三个投资地区。在TI看来，班加罗尔不仅拥有众多的科学和工程类高等院校以及大批会讲英语的高技能劳动力，而且这座城市的生活方式对外籍高级管理人员也是非常适合的。卡拉塔克邦政府不仅同意了TI的投资申请和选址要求，还经过三年的努力，最终使印度电子部废除了妨碍外国投资和远程通讯设施建设运营的26条旧规定，使TI于1985年在班加罗尔顺利地设立了软件开发中心。

TI是第一家在班加罗尔设立出口导向的软件开发中心的跨国公司。TI带来了全新的离岸开发业务模式，它运用当时先进的通讯技术，通过基于卫星的远程通信线路，实现软件开发数据的高速跨国传递。由于当时印度的长途通信被几家国营企业所垄断，通讯基础设施不仅非常陈旧而且长期得不到改善，软件开发企业很难得到随时使用长途通讯的机会。为了提高软件开发的效率，TI自行投资在班加罗尔建立了当地第一个地面卫星接收站，并租用了大容量的通信线路，使开发的软件程序能够迅速传回美国。由于线路的通信容量有富余，TI还允许部分当地的软件出口企业共用这条信道。这种全新的方式对班加罗尔乃至印度的软件企业产生了巨大而深刻的影响，使它们足不出户就能够借助现代通讯工具，为远在海外的客户完成程序开发工作。更重要的是，TI的成功使得印度工程师的软件开发能力和班加罗尔作为软

[①] K. Ramachandran & Sougata Ray. Formation of Information Technology Clusters: How Late Movers Follow Models Different from Early Movers. Paper presented at a NSF workshop in bangalore in March 2003，Indian School of Business.

件开发基地的潜力得到了发达国家跨国公司的广泛关注和认可。印度管理学院的一份研究报告就此评论道,"80年代中期TI的进入对于班加罗尔软件产业集群的形成至关重要",因为它以一种重要的方式显示了外包的潜力,TI坚持在印度设立分支机构,并通过远程通讯的方式进行了成功的管理,从而激励了其他跨国公司的进入。继TI之后,惠普公司和数据设备公司也于80年代后期在班加罗尔设立了软件开发中心。在地方政府的支持和TI的带动下,班加罗尔吸引着越来越多的国内外投资,软件产业集群的雏形开始出现。

三、科技人力资源与班加罗尔软件产业集群的成长

(一)20世纪90年代班加罗尔软件产业集群的迅速发展

1. 软件企业呈现集群式的空间分布

自90年代初以来,班加罗尔的软件产业发展十分迅速,跨国公司纷至沓来,大量的本土软件企业也纷纷设立。这些软件企业并没有分散在班加罗尔市的各个角落,而是出现了比较明显的空间集聚。在班加罗尔市主要有三个大的软件产业集群:

(1)班加罗尔电子城(Electronics City)。电子城位于班加罗尔南郊,离市中心约18公里,占地面积332公顷,约合1.3平方公里。电子城创建于1978年,最初的建设者和管理者都是卡拉塔克邦电子工业发展公司(Keonics),自1997年起,Keonics将电子城的管理职能移交给了电子城产业协会,Keonics只负责电子城的建设和水电、通讯等基础设施。目前园区内已经有103家公司,雇员超过6万人。著名的企业包括Wipro、Infosys、Hewlett-Packard、Motorola、Siemens、ITI、Satyam等。园区内还有18家工程学院和培训学校,包括印度重要的IT工程师培养基地——班加罗尔信息技术国际学院、软件技术全国中心等,为园区内外的IT企业提供技术培训服务。

(2)班加罗尔软件技术园(The Software Technology Parks of India, Bangalore, STPI-B)。班加罗尔软件技术园成立于1991年,位于班加

罗尔电子城内。卡纳塔克邦政府抓住了印度政府推行软件科技园计划的契机，在班加罗尔成立了印度第一家软件科技园区。当地政府对 STPI-B 的基础设施建设进行了集中的投入，兴建了发电厂、供水系统，扩建了电信设施。STPI-B 是印度第一个互联网服务供应商，园区拥有极为先进的包括 softPOINT 和 SoftLINK 在内的高速数据通讯设施，能够通过卫星通讯为软件企业的出口提供高速信息传送服务。STPI-B 与其他软件企业较为集中的产业园区的主要区别在于，它是一个承载着部分政府职能的自治社区，能够为软件企业提供简化注册程序、减免税收、允许外资企业建立全资子公司等优惠政策，从而吸引了北电网络等大量国内外企业的投资。

（3）班加罗尔国际技术园（International Technology Park, Bangalore）。班加罗尔国际技术园位于 Whitefield，距离市区 18 公里，距离机场 12 公里，占地面积 28 公顷。它是印度第一家定位于"工作—居住—娱乐（work-live-play）"的高科技产业园，园区内不仅有高档办公楼，还有完备的居住、商业和休闲设施以及五星级酒店。国际技术园是印度和新加坡之间的国际合作项目。印度塔塔产业有限公司、裕廊集团主导的新加坡产业联合体和卡拉塔克邦区域产业发展委员会共同组建了一家合资企业，从 1994 年开始建设国际技术园，园区第一期于 1998 年完工。园区由裕廊集团进行管理和运营。园区内已有 6 栋写字楼，总建筑面积为 19 万平方米，第 7 栋即将竣工。目前国际技术园已经有 145 家 IT、电子、通讯及其他高科技企业入住，雇员总数超过 2 万人。重要客户包括 IBM、TCS、SAP、Dell、TCS、Unisys、Delphi、Huawei、Oracle、Shell、GM、GE 等。

2. 软件企业的经营模式由现场服务转向离岸开发

在 20 世纪 80 年代，提供现场服务是印度软件企业的主流业务模式。90 年代，印度软件企业抓住了电脑"千年虫"问题和欧洲货币单位统一引致各国原有信息系统转换的机遇，为欧美国家的客户提供了完善的程序改码服务，赢得了客户的信任。随着印度软件企业的能力和信誉逐渐为发达国家的大公司所认可，印度企业所承接的软件外包项目规模逐渐变大，从几人/年的项目发展到 25 人/年的项目，像 TCS

这样的印度大型公司还能承接到一些超过 100 人/年的大项目。但从 80 年代末开始，由于卢比贬值、印度对海外旅行外汇支出征税、美国收紧 B-1 签证等多种因素的影响，现场服务的成本日益增加。从表 12-4 可以看出，一个印度软件工程师到海外客户所在地从事现场服务与离岸开发业务相比，前者的总支出是后者的近一倍。在这种情况下，印度软件公司派出上百人的工程师到海外客户那里现场服务，不仅成本过高，而且获取足够数量的外国签证也很困难。因此，随着现代通讯技术的发展和印度通讯基础设施的不断完善，离岸开发的软件外包模式逐渐成为印度软件企业开拓海外业务的主流方式。

表 12-4 现场服务和离岸开发的成本比较

(单位：美元)

细目	在客户所在地现场服务费用	在印度进行离岸开发的费用
海外工作津贴	1900	n.a.
海外工作租金	1700	n.a.
海外工作当地旅行费用	300	n.a.
海外旅行、保险和签证费用	450	n.a.
海外税收	变量	n.a.
本地硬件使用费用	n.a.	550
在印度的基本工资	900	900
在印度的额外工资	400	400
管理费用	650	650
培训费	300	300
建筑物使用费用	200	200
额外的离岸费用	n.a.	400
利润	1200	1200
总计	8000 +税	4600

资料来源：Institute for Development Policy and Management. The University of Manchester. http://www.sed.manchester.ac.uk/idpm/research/is/isi/isiexpt.htm.

离岸开发的软件外包模式是指企业将软件在印度开发完成后，再通过网络传送到海外客户进行测试和安装。这种软件外包模式不仅大大降低了印度企业的业务成本,而且还能够利用印度与美国存在的12小时时差,实现24小时不间断开发,从而大大提高了软件开发的速度和效率。在20世纪90年代,离岸开发的软件外包模式逐渐成为印度软件企业开展海外业务的主要经营方式。据统计,在印度软件企业的出口中,现场服务业务所占比例已从1988年度的90%下降到1999~2000年度的49.5%(参见表12-5)。这种软件外包模式对通信设施的完善和便捷提出了很高的要求。但当时印度全国的基础设施发展相当落后,电力供应紧张,通讯设施陈旧。为了促进软件出口产业的发展,印度政府只能选择条件相对较好的某些地区先行实施改善基础设施和提供优惠政策的试点,班加罗尔软件技术园就是在这种背景下应运而生的。离岸开发模式有效地开发利用了班加罗尔在软件领域丰富的人力资源,极大地推动了班加罗尔软件产业的快速起飞,使班加罗尔在90年代末期成为了印度的"硅谷"。

表12-5　1988~2000年印度软件企业现场服务和离岸开发的比重变化(%)

工作地点	1988	1995	1997~1998	1998~1999	1999-2000
在海外客户所在地现场服务	90	66	43.8	54.4	49.5
在印度软件企业所在地离岸开发	10	33	55.5	44.4	49.4

资料来源:Kumar, N. 2000. Developing Countries in International Division of Labour in Software and Service Industry: Lessons from Indian Experience. Background Paper to the World Employment Report, 2001.

(二)人力资源的集聚为班加罗尔软件产业集群的发展奠定了坚实的基础

1. 低成本、高素质的科技人力资源吸引了跨国公司的大量投资

从20世纪80年代开始,美国等西方发达国家的大型企业迫于竞争压力和节约成本的考虑,开始将非核心的IT业务交由外部专业服务

商提供。由于软件开发中人力成本比重占到70%,科技人力资源丰富、劳动力价格低廉的印度软件企业因此获得了难得的发展机遇。高素质、低成本的软件人才,是当时印度软件企业最重要的竞争优势。从表12-6中不难看到,当时印度程序员和系统分析师的工资仅为美国、日本、德国、法国的1/10,即便同为发展中国家的墨西哥,其软件人员的工资也是印度的6倍。印度软件企业的成本优势十分明显,对于跨国公司产生了很大的吸引力。与孟买、德里等印度经济比较发达的地区相比,班加罗尔不仅环境宜人,而且居住和生活成本都较低,这使得班加罗尔成为很多跨国公司的外籍人员愿意选择居住的印度城市。正是基于这种考虑,继 TI、HP 等公司之后,摩托罗拉、IBM、西门子、微软等一些著名跨国公司先后在班加罗尔设立了子公司或者软件开发部门,使班加罗尔成为跨国公司在印度设立软件开发中心的首选之地。在当时班加罗尔软件产业的总投资中,外国直接投资占到了70%。

表12-6　1994年印度与其他国家软件开发人员的年均工资比较

(单位:美元)

工作岗位 国家	程序员	程序员 工资指数	系统分析师	系统分析师 工资指数
印度	4002	100	5444	100
美国	46600	1164	61200	1124
日本	51731	1293	64519	1185
德国	54075	1351	65107	1196
法国	45431	1135	71163	1307
英国	31247	781	51488	1287
香港	34615	865	63462	1166
墨西哥	26078	652	35851	658

资料来源:AnnaLee Saxenian. Bangalore: The Silicon Valley of Asia? Center for Research on Economic Development and Policy Reform of Stanford University. Working Paper No. 91,February 2001.

2. 相对的高工资吸引了人力资源向软件产业流动

大批跨国公司在班加罗尔的集中投资，拉动了班加罗尔软件产业的迅速发展。与此同时，印度本土的软件企业也发展很快。但印度本土软件企业的经营规模偏小，资金实力不强。据《经济学家》杂志的一项调研估计，1995年班加罗尔大约有150~300家软件企业，其中约2/3是印度本地企业。大部分企业是雇员人数在100~150人之间的中型企业，雇员超过500人的较大企业只占10%。[①]随着软件企业数量的不断增加和企业经营规模的逐渐扩大，软件产业就业需求越来越大。在90年代中期，班加罗尔软件企业的雇员总数在7000~15000人之间。150名软件工程师在Digital就业，TI、Motorola和Siemens的雇员数大约在200~300名。一些成功的本土企业员工数量增加也很快，TISL[②]和Infosys自开始营业以来，员工数量每年都在翻番。1995年这两家企业的雇员已经超过了1000人，而Wipro的管理人员和工程师则超过了1500人。[③]

随着软件开发人员需求量的不断增加，软件行业的平均工资水平提高较快，远远高于其他行业的平均工资水平，从而吸引了越来越多的技术人员进入软件行业。尽管班加罗尔软件行业的工资水平只有美国的1/10，但从当时印度的标准来看，软件行业的工资水平十分诱人。进入软件行业的一流院校毕业生的每月工资起薪就达到了12000卢比（约343美元），而当时班加罗尔市区的人均年收入也不过是10546卢比（约300美元）。如果一个班加罗尔的软件工程师在其他行业就业，其收入甚至都达不到在软件行业的一半。高工资吸引着其他行业和其他地区的软件工程师向班加罗尔软件产业流动，使得班加罗尔软件产业在开始扩张时并没有遇到明显的人力资源瓶颈。

在班加罗尔软件产业的内部，也存在着企业之间的人员流动。软

[①] The Association for Computing Machinery. 2006. Globalization and Offshoring of Software: A Report of the ACM Job Migration Task Force.

[②] TCS与IBM的合资企业，位于班加罗尔。

[③] Asma Lateef. Linking up with the global economy: A case study of the Bangalore software industry. New Industrial Organization Programme, DP/96/1997, ISBN 92-9014-599-4, International Institution for Labour Studies, International Labour Organization.

件产业的快速发展，使得经验丰富的软件工程师成为企业青睐的对象。跨国公司由于财力雄厚，员工工资通常比当地企业要高出20%左右，因而在人才市场上很有竞争力，能够招聘到一些比较优秀的工程师。班加罗尔一些软件企业的员工流失率高达 20%～30%，比全国平均水平 15%～20%要高得多。据统计，流失率最高的员工通常是那些有 2～3 年工作经验、掌握了项目开发和管理技能的工程师。当时一名软件工程师在一家企业工作的平均年限仅为 2 年。[①]尽管员工流失会给所在企业造成一定的损失，但客观上促进了专业知识在产业集群中的传播，最终有利于整个集群技术能力的提高。

3. 各种层次的技术教育体系使科技人力资源总量不断扩大

班加罗尔拥有比较完善的高等教育和职业培训体系，从而为软件产业的迅速扩张提供了庞大的人力资源后备力量。印度正规的高等技术教育体制主要包括在多个地区设立分院的印度技术学院（Indian Institutes of Technology，IIT）、印度管理学院（Indian Institutes of Management, IIM)和印度科学院(Indian Institute of Science, IIS)，以及遍及各邦的区域性工程学院（Regional Engineering Colleges, REC）。班加罗尔是印度高等院校和科研机构比较集中的地区，拥有印度理学院、印度管理学院、班加罗尔大学、印度信息技术学院、农业科技大学、拉吉夫·甘地医科大学等 7 所大学。此外，班加罗尔所在的卡拉塔克邦还有上百所工程学院，每年的高校毕业生占到全印度的 10%。

但是，在 20 世纪 90 年代，印度的高等教育存在着课堂教育与现实需求之间严重的脱节，只有很少的大学毕业生能够迅速适应企业的需要。Infosys、Wipro 等较有实力的软件企业不得不着手建立自己的员工培训体系，新员工入司后一般需要经过 3～6 个月的技能训练和在岗培训，才能基本适应工作要求。Wipro 公司新入职的大学毕业生要参加 8～10 周的技术技能和社会技能课程培训，在此基础上，公司

---

① Asma Lateef. Linking up with the global economy: A case study of the Bangalore software industry. New Industrial Organization Programme，DP/96/1997，ISBN 92-9014-599-4，International Institution For Labour Studies, International Labour Organization.

帮助新员工规划职业生涯。每位员工每年必须完成 10 天的培训量，还能够经常通过公司内部的网络课堂学习到软件编程、硬件搭建等业务技能，以及项目的开发和管理技能。由于当时软件企业的员工流失率比较高，企业从事人力资源培训方面的投资需要承担成本增加的压力和员工流失的风险，但由此给企业带来的好处也是显而易见的。越来越多的软件企业开始建立自己的教育培训系统，使班加罗尔软件从业人员的整体素质得到了极大地提高，不仅进一步推动了软件产业的发展，也为后来软件产业的技术升级奠定了坚实的基础。

四、科技人力资源与班加罗尔软件产业集群的升级

（一）进入 21 世纪以来班加罗尔软件产业集群的发展

1. 班加罗尔软件产业继续快速增长

21 世纪初，随着美国互联网泡沫的破裂，曾经席卷世界的知识经济浪潮遇到了严重挫折。发达国家的大型企业纷纷削减在 IT 领域的投资，将越来越多的非核心领域的 IT 服务和基于 IT 技术的业务流程外包出去，以实现降低成本、提高效率的目标。然而全球 IT 业的衰退却给印度软件产业的进一步发展提供了又一个良好的机遇。班加罗尔的软件企业抓住契机，将软件外包领域从过去的信息技术外包服务（ITO）扩展到业务流程外包服务（BPO），使软件产业集群迎来了新的增长期。在 2000~2001 财年，卡拉塔克邦的软件出口总额为 747.5 亿卢比，但 2007~2008 年度，卡拉塔克邦的软件出口总额迅速增加到了 5400 亿卢比，七年时间增长了 7 倍。卡拉塔克邦的软件出口占到了全印的 1/3，其中班加罗尔又占到了全邦的 90%以上（参见图 12-1）。

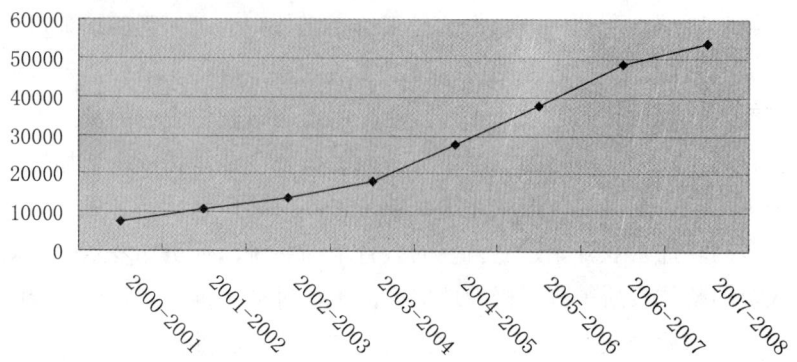

图 12-1　2001~2008 年卡拉塔克邦的软件出口总额　（单位：千万卢比）

资料来源：根据卡拉塔克邦政府网站的数据整理。

2. 跨国公司开始将班加罗尔作为新技术的研发基地

如果说最初班加罗尔吸引跨国公司的主要原因是拥有低成本劳动力的资源禀赋，那么经过 90 年代的蓬勃发展，跨国公司进一步认识到班加罗尔所拥有的智力资源具有巨大潜力。越来越多的跨国公司涌入班加罗尔，目前已经有 664 家跨国公司在班加罗尔设有子公司或者办事处，它们不仅利用离岸外包的业务模式为全球客户提供价格低廉的软件开发服务，而且还利用印度科技人员的研发能力开发前沿技术，或者增强现有产品的功能特性，从而将面向特定行业的全面解决方案推向全球市场。目前已有 77 家跨国公司在印度设立 R&D 研发中心，开展较为高级的研发活动，其中约 40 家落户班加罗尔，[①]包括 Texas Instruments、Motorola、GE、SAP、Microsoft、Intel、Philips、Cisco、Oracle、AMD、IBM 等世界著名企业。这些跨国企业雇佣着数以千计的当地技术人员，从事着越来越高端的开发活动，取得了一系列专利（参见表 12-7）。TI 的印度研发中心是该公司在美国之外规模最大的设计与开发机构，研制出了世界上第一个用于移动电话的单芯片；惠普

---

① Bakesh Basant. Bangalore Cluster Evolution. Growth and Challenges，W.P.No.2006-05-02，Indian Institusion of Management.

公司的班加罗尔研发中心正在开发一项可以将卫星电视同互联网整合在一起的新技术；微软印度研究院正在利用虚拟地球技术来开发交互式数字地图；几乎所有的飞利浦产品上都应用着印度工程师开发出的软件。班加罗尔不再仅仅以成本低廉的软件开发中心而闻名，它在高端技术和产品方面的出色研发能力正在获得客户更多的赞赏。

表 12-7　2005 年部分跨国公司在班加罗尔聘用的工程师数量和取得的专利数

跨国公司	聘用的工程师数量	已取得的专利数
TI	1000	225
INTEL	1400	14
GE	1800	95
Oracle	3200	10
IBM	3100	85
HP	1000	6～8
SUN	850	10
Philips	2000	n.a
CISCO	1500	n.a

资料来源：根据 Bakesh Basant. Bangalore Cluster Evolution, Growth and Challenges. W.P.No.2006-05-02，Indian Institusion of Management 整理。

3. 本土软件企业的业务领域开始由产业链的低端向高端延伸

借助于班加罗尔的产业集群效应，印度一些本土软件企业获得了长足发展，不仅赢得了越来越多的海外客户，而且自身的技术能力也在不断提高，能够将发达国家的先进技术和自己的发明专利有机地整合起来，为客户提供综合标准高于主流市场需求的技术服务。在 90 年代，这些企业的主要经营范围还局限在软件产业链低端的软件编程和维护业务，但现在不少软件企业的经营领域已经向产业链的高端移动，能够涉足软件设计、软件包实施、IT 基础架构外包、业务流程外包、信息技术咨询、芯片设计、软件产品测试等广泛领域。从近年来班加罗尔软件企业的出口情况来看，40%的软件和技术服务都集中在前沿技术领域，如 IT 网络、视频广播、蓝牙、WAP、3G 无线应用、VOIP、ATM 转换、SDH 等。一些本土企业迅速成长，成为世界级的

IT技术服务供应商。例如，Wipro公司与美国埃森哲公司和法国凯捷公司等著名咨询公司一起，被惠普公司选择为全球服务合作伙伴。美国一家知名市场研究公司称赞Wipro公司为"拥有行业领先业务处理实力、协调海外劳动力和现场客户实施的认可能力、与世界顶级服务供应商抗衡的服务类型、针对性咨询服务和可再次使用的外包模式以及区域性市场拓展的正确模式的企业"。[1]

（二）海外人才回归和集群内知识流动是软件产业集群持续发展的推动力量

1. 借助海外印侨构建软件产业发展的外部网络

在班加罗尔软件产业集群形成和发展的过程中，海外印度裔人士功不可没。他们不仅充当了推动印度软件企业走向国际市场的初始力量，也起到了联结印度企业和海外客户之间的桥梁和纽带作用。海外印裔人口有近2000万人，主要居住在美国和欧洲等发达国家，其中大约有170万人在美国，120万人在英国，85万人在加拿大，20万人在澳大利亚。[2]不少印度裔人士已经成为了各领域的精英，在IT等高科技领域取得的成就尤为突出。大约有30万印裔美国人在硅谷的高科技企业工作，年均收入约20万美元。[3]仅在90年代末期，印度工程师在硅谷设立的高科技企业就超过了775家，提供了16600个就业机会。[4] 2000年，硅谷有1/3的IT企业不是被印度裔人士管理，就是雇佣了技术熟练的印度工程师。[5]很多班加罗尔软件企业最初的国外业务开拓，就是借助受雇于跨国公司的海外印裔工程师实现的。随

---

[1] 史蒂夫·哈姆著. 赵雪译. 印度虎：印度高科技企业Wipro如何重写国际竞争法则. 电子工业出版社，2007：5.

[2] G. Balatchandirane. IT Clusters in India. Institute of Developing Economies. Discussion Paper No. 85，January 2007.

[3] G. Balatchandirane. IT Clusters in India. Institute of Developing Economies. Discussion Paper No. 85，January 2007.

[4] Bakesh Basant. Bangalore Cluster Evolution. Growth and Challenges，W.P.No.2006-05-02，Indian Institusion of Management.

[5] G. Balatchandirane. IT Clusters in India. Institute of Developing Economies. Discussion Paper No. 85，January 2007.

着美国互联网泡沫的崩溃和印度软件产业发展环境的改善,越来越多的海外印裔IT工程师开始回国寻找商业机会。根据NASSCOM的估计,仅在2003到2004年间,从美国回归的印度软件人才就有约1万到4万人。[①]他们不仅带回了软件开发的核心知识和丰富经验以及项目管理和组织技能,还建立起了当地企业与海外客户的业务联系,并促成了大量跨国公司到班加罗尔投资。在班加罗尔落户的75家跨国公司中,有71家公司的主要管理者是曾在海外学习和工作过的印度人。正是基于对公司所雇佣的印度工程师能力的信任,雅虎、惠普、通用电气等著名跨国公司在班加罗尔开展了大规模的业务。海外印度裔工程师利用自己的海外工作经验和业务网络,建立起班加罗尔与美国等发达国家之间密切的市场联系,在班加罗尔软件产业集群的发展中起到了不可替代的作用。

2. 信息产业技术教育和培训体系的不断完善提高了软件人员的专业素质

软件产业发展对高技能软件专门人才的需求,激励着工程技术教育与培训体系的发展。从90年代末开始,班加罗尔及周边地区的工程院校数量迅速增加。据卡纳塔克邦政府计划与统计部《2005年卡纳塔克邦人类发展报告》提供的数据,1998~1999年度卡拉塔克邦工程学院的数量为68所,但仅仅五年后就增加了近40%,2003~2004年达到113所。目前已达到135家。[②]2002~2003年度在工程学院就读的学生总数为84518人(参见表12-8)。相对发达的高等教育体系和源源不断培养出的科学和工程类高等院校毕业生,为班加罗尔发展以信息产业为核心、以出口为导向的高科技产业集群提供了巨大的人力资源储备。

---

① The Association for Computing Machinery. 2006. Globalization and Offshoring of Software: A Report of the ACM Job Migration Task Force.

② Karnataka IT Hub of India. http://www.bangaloreitbt.in/.

表 12-8　卡拉塔克邦的工程院校及就学人数

地区	工程院校的数量						工程院校的注册学生人数（2002 年～2003 年）		
	1998～1999 年			2003～2004 年					
	公立	私立	合计	公立	私立	合计	男生	女生	合计
班加罗尔农村		1	1		1	1	1507	532	2039
班加罗尔城区	1	21	22	2	53	55	23949	8328	32277
卡拉塔克邦	1	67	68	2	111	113	63735	20783	84518

资料来源：卡纳塔克邦政府计划与统计部.2005 年卡纳塔克邦人类发展报告.
Planning and Statistics Department of Government of Karnataka. Karnataka Human Development Report 2005.

　　班加罗尔已经建立起比较完善的软件技术教育与培训体系，除了当地的高等院校和研究机构之外，各类私立的 IT 职业教育培训机构遍布整个城市，一些大型软件企业也建立了自己的培训机构，目前共有 181 家技术学校和 600 家产业培训机构，[①]从而形成了以市场需求为主导、以职业教育培训机构和企业培训机构为核心的多层次 IT 从业人员培训体系，在很大程度上满足了当地软件产业发展对专业人员的需求。

　　私营培训机构是印度专业软件人员培养的一支重要力量。印度最大的从事 IT 职业教育的私营企业 APTECH 公司副总裁阿施施·瑞亨吉曾经指出，在印度，软件人力资源的培养，包括教育和培训，无论是正式的还是非正式的机构都被视为一个独立的服务行业而加以扶

---

① Karnataka IT Hub of India. http://www.bangaloreitbt.in/.

持。①印度很多致力于软件人才培养的公司目前已经成为了世界范围内颇具影响的跨国公司。阿普泰克公司不仅在印度全国设立1000多家分校，还在世界40多个国家和地区创办了2000多家培训中心。该公司聘请具有丰富实践经验的企业家和软件工程师担任讲师，并且非常重视学院现场实习的环节，从而大大提高了学员解决实际问题的能力。

班加罗尔的软件企业普遍重视员工培训，为了提高员工的业务素质，不少规模较大的软件企业还设立了专门的培训部门。Infosys公司拥有一年培训1万名工程师的设施和能力。②Wipro公司的人力资源部拥有120名全职教师，很多人还拥有博士学位。如果把电教室和培训中心的全部座位算上，Wipro公司一天可以为5000名员工提供培训。③根据NASSCOM和德勤会计师事务所2007年进行的一项联合调研表明，包括Wipro、Infosys、Tcs在内的印度5家软件巨头将在2007～2008年度投入4.3亿美元，用于培训本年度新招收的10万新员工，平均每家公司每年提供培训项目多达163个，从而使员工的专业技能得到了不断的提高。

3. 产学研的有机结合促进了产业集群中的知识传播

班加罗尔不仅拥有一批著名大学，还汇集了印度科学院、天体物理研究所、拉曼研究所、贾瓦哈拉尔·尼赫鲁高等科学研究中心、印度国家生物学中心和印度统计学院等国际知名的科研机构。班加罗尔的软件企业与大学和研究机构建立了密切的联系，企业设立了很多产学研相结合的项目，希望通过公司技术人员与科研机构和大学研究人员之间的交流，借助研究机构的力量在技术的前沿领域进行探索。印度管理学院2006年的一份报告指出，在过去的五年里，班加罗尔软件园内几乎所有的本土企业或者跨国公司都与当地的研究机构存在

---

① 阿施施·瑞亨吉. 印度的软件产业现状与软件人力资源开发. 科技与经济（增刊），2002：21～24.

② G. Balatchandirane. IT Clusters in India. Institute of Developing Economies. Discussion Paper No. 85，January 2007，p.6.

③ 史蒂夫·哈姆著. 赵雪译. 印度虎：印度高科技企业Wipro如何重写国际竞争法则. 电子工业出版社，2007：60.

着不同程度的业务联系，大约 1/3 的企业认为它们从研究机构那里获得了能够提升现有技术和产品的新思想。为了提高员工的个人素质和专业能力，多达 68%的软件企业还设立专门奖学金，鼓励员工到高校和研究机构深造（参见图 12-2）。企业还帮助大学和工程学院设计课程体系和课程内容，使高校的软件工程教育更有针对性，大大提高了从业人员的专业素质。班加罗尔软件企业建立的产学研联系，有力地推动了区域内的知识扩散和传播。

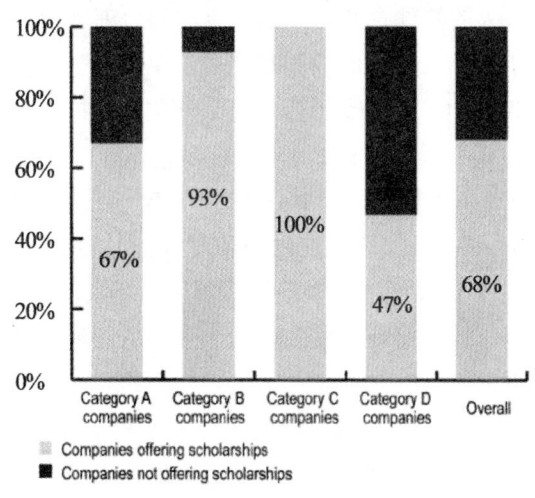

图 12-2　软件公司为员工提供奖学金的情况

资料来源：NASSCOM–Deloitte. The Indian IT/ITES Industry：Impacting Economy and Society 2007-2008.

五、科技人力资源的制约与班加罗尔软件产业集群面临的新挑战

班加罗尔的软件产业集群取得了很大成功。但近年来，随着经济环境的变化、竞争对手的增多等因素的影响，班加罗尔软件产业集群面临着新的挑战，人力资源的供求矛盾、人才结构不合理以及人力成本增加等问题日益突出，使人力资源成为软件产业升级的一个制约因素。

（一）软件产业的快速发展使得人力资源的供求矛盾更加突出

尽管软件产业是知识密集型产业，但从总体上看，以软件外包为主要模式的班加罗尔软件产业处于这个知识密集型产业的劳动密集型环节，软件产业持续增长的前提是合格人力资源的相应增长。中国国际金融有限公司在 2008 年的一份研究报告中，通过分析印度目前软件产业的人力需求，以及高等教育在校生人数后认为：印度软件产业要想在 2010 年实现收入 600 亿美元的目标，人才缺口将超过 70 万人。由于班加罗尔的软件出口和 IT 员工总量都占到了印度的 1/3，简单推算，班加罗尔的软件人才缺口约为 20 万人。人才缺口导致科班出生的毕业生供不应求。NASCOMM 的报告显示，只有 27%的 IT 企业员工是毕业于计算机科学或者电子工程专业的大学生或者研究生。[①] 为了应付人力资源短缺的挑战，班加罗尔很多企业正在加大对内部人员培训的支持力度，借此解决合格员工数量不足的问题。这些企业认为，如果具备了较强的培训能力，就能够扩大招聘范围，而不是仅仅局限于从工程技术院校招收员工。

（二）软件产业升级导致软件人力资源出现结构性短缺

在过去的 20 年里，以班加罗尔为重要基地的印度软件外包行业取得了很大发展。截至 2006 年，印度软件外包行业在全球离岸外包市场中的份额已经超过 30%。印度软件企业不仅经营规模有了极大的增加，业务领域也逐渐从软件产业链的低端环节向高端环节延伸。总部位于班加罗尔的 Wipro、Infosys、Tcs 三家软件巨头的年收入均超过 30 亿美元，员工规模超过 7 万人，已经开始和 IBM、EDS 和惠普等国际知名 IT 服务商直接竞争，能够承接从咨询、架构设计一直到编码、

---

① The Association for Computing Machinery. 2006. Globalization and Offshoring of Software：A Report of the ACM Job Migration Task Force.

测试、交付的全部业务。①但在软件产业升级的过程中,软件人员的结构性矛盾显得更加突出。印度全国软件与技术服务协会和德勤会计师事务所的联合调研表明,印度每年毕业的 40 万工程类大学毕业生中,只有 1/4 能够基本满足就业单位的要求。印度在计算机科学领域每年只产生 300 名硕士和 25 名博士,而美国则分别是 10000 名和 800 名。②至于软件产业升级所迫切需要的高级系统架构师、高级项目管理人员则更是供不应求。软件人才结构的不合理,已经成为制约产业升级的瓶颈。

(三)工资水平的快速上升开始削弱班加罗尔软件产业的成本优势

在班加罗尔软件产业发展初期,由于印度的软件人员编程能力强、英语水平高,而其工资水平比欧美发达国家低得多,从而具备了很强的成本优势。但近年来,随着印度经济的快速发展,印度的物价水平也在迅速上涨,不久前印度的 CPI 已经达到了 12.5%,高企的物价水平必然导致雇员工资的上涨。班加罗尔是印度人均收入最高的城市,2005 年人均收入为 49000 卢比(1160 美元)。作为印度经济最为发达的城市之一,班加罗尔的物价水平也在不断上涨,从而导致员工工资涨幅较大,软件企业员工平均成本逐步提升。由于班加罗尔已经成为发展中国家最大的软件研发中心,吸引了大量的跨国公司在此设立各种研发中心,也使得当地的软件人才竞争激烈。跨国公司的高待遇吸引了大批优秀软件人才,给当地的软件企业造成了很大压力,迫使它们也必须相应提高员工的工资待遇。在 90 年代后期,班加罗尔软件企业的平均工资水平就曾以年均 21%的速度大幅提升,③近年来

---

① 李源. 风云际会——优秀企业胜出晋级:中国软件外包行业持续快速发展. 中国国际金融有限公司研究报告,2008-2-4.

② The Association for Computing Machinery. 2006. Globalization and Offshoring of Software: A Report of the ACM Job Migration Task Force.

③ AnnaLee Saxenian. Bangalore: The Silicon Valley of Asia?

工资水平仍然以年均15%的速度递增。[①]2006年Wipro、Infosys等印度软件巨头的平均工资水平已经达到了年4.3万美元，较之于10年前大幅增加。虽然这个工资水平只有美国、日本等发达国家的一半左右，但与中国等后起的软件外包大国相比，其成本优势已经不太明显了。

（四）基础设施的制约可能会导致人才向其他地区外流

尽管当地政府在改善交通、通讯等基础设施方面进行了很大的投入，但班加罗尔的基础设施建设仍然远远不能适应软件产业的发展。随着产业集群规模的不断扩大，相对落后的基础设施已经开始制约软件产业的进一步发展。电力供应不足、交通拥挤、劳动力成本上升等问题经常困扰着软件企业。不仅如此，经济快速增长导致的地价飞涨也削弱了班加罗尔的竞争力。班加罗尔电子城的土地价格1982年为每英亩45000卢比，1990年上涨到30万卢比，目前则高达360万卢比。[②]Wipro、Infosys等印度软件巨头的高级管理人员多次扬言要迁出班加罗尔。2005年8月，在TI、Philips、HP、Motorola等18家著名跨国公司组织的班加罗尔IT论坛上，跨国公司也对班加罗尔的投资环境提出了批评。随着海德拉巴、马德拉斯、曼加洛尔等新的软件产业集群的兴起，一部分班加罗尔的软件企业已经开始在这些地区设立新的软件开发中心。如果这种趋势继续发展下去，肯定会对班加罗尔软件产业的发展和软件人员的集聚产生一些不利影响。

六、小结

班加罗尔软件产业集群的形成和发展，很大程度上得益于当地丰富的科技人力资源禀赋。作为世界上第二人口大国，印度具有丰富的人力资源。作为印度重要科研中心之一，班加罗尔更是拥有大量低成

[①] G. Balatchandirane. IT Clusters in India. Institute of Developing Economies. Discussion Paper No. 85，January 2007，p.16.

[②] 班加罗尔电子城网站。

本高素质的科技人力资源。雄厚的人力资源积累为班加罗尔软件产业的迅速崛起和国际竞争力的形成奠定了坚实的基础。班加罗尔软件产业集群的迅猛发展对科技人力资源产生了持续的、大量的需求，当地及周边地区相对发达的高等教育和职业培训为软件产业源源不断地输送着高素质的科技人力资源后备军。当地软件企业也建立了人力资源培训体系，通过技术学习和边干边学来积累研发技能，逐渐形成新的基于技术能力的比较优势。

尽管班加罗尔软件产业集群在商业上取得了很大的成功，但从整体上讲，当地软件企业主要从事的仍然是劳动密集型的离岸开发和业务流程外包，产业集群仍然处在软件产业价值链的低端环节，较之于国际领先标准，班加罗尔软件产业集群在综合能力、品牌建设、规模效应等方面仍然存在着一定的差距。尽管这种差距具体表现为企业技术能力的差距，但其实质是人力资源的差距。随着部分成功企业开始将业务领域向价值链的高端延伸，班加罗尔软件产业集群升级已经全面启动，从而拉动了对高素质科技人力资源新的、更大规模的需求。未来一段时间班加罗尔软件产业对科技人力资源的需求依然旺盛，科技人力资源供求的总量和结构性矛盾将日益凸现。班加罗尔软件产业集群能否继续保持国际竞争力，将主要取决于延揽印裔海外科技人才回归、通过不同层次的教育体系培养科技人才、加强企业内部培训、深化产学研合作等措施的有效性。

主要参考文献

1. AnnaLee Saxenian. Bangalore: The Silicon Valley of Asia?. Center for Research on Economic Development and Policy Reform of Stanford University，Working Paper No. 91，February 2001.

2. Asma Lateef. Linking up with the Global Economy: A Case Study of the Bangalore Software Industry. New Industrial Organization Programme，DP/96/1997，ISBN 92-9014-599-4，International Institution

For Labour Studies, International Labour Organization.

3. Bakesh Basant. Bangalore Cluster Evolution, Growth and Challenges. W.P.No.2006-05-02, Indian Institusion of Management.

4. Deepak K. Sareen. Innovation and IT in India: Bangalore Case Study. 2ND International Conference on the Process of Innovation and Learning in Dynamic City Regions, July 14, 2005.

5. Florian Arun Taeube. Proximities and Innovation: Evidence from the Indian IT Industry in Bangalore. Druid Working Paper Series No. 04-10, June 29, 2004.

6. G. Balatchandirane. IT Clusters in India. Institute of Developing Economies, Discussion Paper No. 85, January 2007. http://www.sed.manchester.ac.uk/idpm/research/is/isi/isiexpt.htm.

7. Institute for Development Policy and Management. School of Environment and Development. The University of Manchester, Indian Software Export Statistics.

8. Jairam Ramesh. IT in India: Big successes, large gaps to be filled. Online Edition of The Business Standard, dated 2007-09-30. Retrieved on 2007-10-04.

9. K. Ramachandran & Sougata Ray. Formation of Information Technology Clusters: How Late Movers Follow Models Different from Early Movers. paper presented at a NSF workshop in Bangalore in March 2003, Indian School of Business.

10. Kumar, N. Developing Countries in International Division of Labour in Software and Service Industry: Lessons from Indian Experience. Background Paper to the World Employment Report, 2001.

11. NASSCOM. The IT Industry in India : Strategic Review 2008. Executive Summary.

12. NASSCOM–Deloitte. The Indian IT/ITES Industry : Impacting Economy and Society 2007-2008.

13. Planning and Statistics Department of Government of Karnataka. Karnataka Human Development Report 2005.

14. The Association for Computing Machinery. Globalization and Offshoring of Software: A Report of the ACM Job Migration Task Force, 2006.

15. The Ministry of Communications and Information of Indian Government. Technology Information Technology: Annual Report 2007-2008.

16. 戴永红. 印度软件企业国际化研究. 四川大学博士学位论文, 2006.

17. 史蒂夫·哈姆著. 赵雪译. 印度虎：印度高科技企业 Wipro 如何重写国际竞争法则. 电子工业出版社, 2007.

18. 张敏秋. 印度塔塔集团：新兴市场中的成功典范. 清华大学出版社, 2008

19. 李源. 风云际会——优秀企业胜出晋级：中国软件外包行业持续快速发展. 中国国际金融有限公司研究报告, 2008-2-4.

20. 万军. 人力资源集聚与班加罗尔软件产业集群的发展. 载中国科协编. 中国科技人力资源发展研究报告 2010. 中国科学技术出版社, 2010.

主要参考网站

1. 印度全国软件与服务公司联合协会: http:// www.nasscom.org
2. 印度通信和信息技术部：http://www.mit.gov.in/
3. 卡拉塔克邦政府：http://www.karnataka.com/industry/software/
4. 卡拉塔克邦信息技术、生物技术和科学技术部：http://www.bangaloreitbt.in/
5. 班加罗尔软件产业园：http://www.blr.stpi.in
6. 班加罗尔电子城：http://www.keonics.com/infra_elecity1.htm

7. 班加罗尔国际技术园：http://www.intltechpark.com
8. 维普资讯相关网页

第十三章　国际产业转移与发展中国家的外资引进：中越两国的比较[①]

随着经济全球化的不断深入，国际分工体系和全球产业格局正在发生深刻变化。发达国家为了抢占全球经济的制高点，在强化高新技术产业竞争优势的同时，通过国际生产网络的扩张推动了全球产业结构的调整；发展中国家也利用这个难得的历史机遇承接国际产业转移，推动产业结构升级。作为东亚的近邻，中国和越南抓住了这一机遇，积极吸引外国直接投资，促进了本国的经济发展。

一、当前制造业领域国际产业转移的主要趋势

从20世纪末开始，经济全球化和新技术革命导致国际产业分工的格局出现了新的变化。制造业的国际生产网络快速扩张，国际产业转移由产业结构的梯度转移逐步演变为全球价值链增值环节的梯度转移。跨国公司基于其全球价值链，开始把不同的生产环节、分销网络、供应链管理以及研发、运营中心在全球范围内进行合理配置。全球价值链是指为实现商品或服务价值而连接生产、销售、回收处理等过程的全球性跨企业网络组织，涉及散布于全球、处于全球价值链上的企业从原料采集和运输、半成品和成品的生产和分销，直至最终消费和回收处理整个过程的各种增值活动。跨国公司正是利用各国在价值链各环节上要素禀赋的差异，通过价值链拆分，把各个环节配置到能够满

[①] 本章原载《战略决策研究》2011年第1期。

足其全球战略需要的最佳区位。这不仅在跨国公司内部完成了产业整合，还在全球范围内实现了产业的空间布局，从而大大提高了效率，使生产要素达到更高层次的合理配置。

以跨国公司为主导的国际分工进程的加快，促进了资本、技术、人员及管理技能等生产要素的跨国界流动，形成了制造业的全球价值链，进而推动了全球产业结构的调整。全球制造业领域的产业分工正在从传统的产业间分工，转向各个产业内部的分工，进而向以产品专业化为基础的更精细的专业化分工转变，出现同一产业内的不同部门（上中下游部门）、同一部门的产品甚至同一产品的不同生产零部件之间，根据比较利益和资源禀赋差异在全球范围内横向水平分工。跨国公司将产品的制造过程进行分解，并根据不同生产阶段对生产要素和技术的不同要求，以及不同地区成本、资源、物流和市场的差别，在全球范围内进行有效率的区位配置。跨国公司把非核心的生产活动分包给成本更低的发展中国家的企业去完成，实现产品型号的分工、产品零部件的分工和产品工艺流程的分工，使位于不同国家共同参与某项产品制造过程的企业形成一个国家分工的网络，每一个生产环节都成为全球生产体系的一部分。

国际产业转移有利于发展中国家学习工艺和产品创新技能，逐步升级制造能力，促进产业快速成长。面对无可抗拒的经济全球化发展趋势，发展中国家也积极参与到经济全球化带来的产业转移中。东亚和东南亚是发展中国家积极致力于产业结构调整的代表性区域。廉价的劳动力成本优势和优越的区位优势，使东亚和东南亚成为发达国家向外转移劳动密集型产业的重要区域，并已经成为制造业国际转移的最大承接地。伴随着产业内部产品差别化分工的出现，这一地区正在逐步形成垂直分工与水平分工并存的复杂产业体系。在区域经济一体化的带动下，这一地区将形成新的经济增长点，并带动区域内新型产业分工体系的形成与发展。但是必须指出，作为产业转移的承接者，其整体上的产品技术含量不高和技术创新能力不足，已成为这一区域许多国家产业进一步发展的主要制约性因素。

二、外国直接投资与中国的产业发展

改革开放以来中国的工业化战略充分利用了本国的比较优势。与其他发展中国家相比，当时的中国拥有相当丰富的自然资源禀赋和几乎是无限供给的廉价劳动力。这种资源禀赋决定了中国在劳动密集型产业具有低成本、低价格的竞争优势。从20世纪70年代末期开始，中国放弃了优先发展重工业的发展战略，转而发展那些国内要素丰富因而生产成本相对低廉的劳动密集型产业，并按照国家之间基于比较优势的专业分工开展国际贸易。中国经济的迅速发展和消费市场的巨大潜力吸引了越来越多的外国直接投资。外国直接投资弥补了国内资金不足，引入了先进的管理理念，培养了管理和技术人才，扩大了出口创汇。得益于外国直接投资，中国的工业部门已经成功地融入到国际分工体系中。

外国直接投资是促进中国工业发展和对外贸易规模扩张的重要力量。自20世纪70年代末期以来，中国吸引的外商直接投资一直稳步增长。目前，中国已连续十八年成为吸收国际直接投资最多的发展中国家。制造业是中国对外资开放较早、开放领域较宽的产业，是吸收外商直接投资最多的产业。中国吸引的外商直接投资中，有60%左右投向制造业。外商集中投资于制造业领域，使外商投资企业对工业增长的贡献相当突出。20世纪90年代以来，中国出口的大幅度增长，在很大程度上得益于外商投资企业出口的快速增长，外商投资企业的出口额从1991年的120亿美元上升到2009年的6722.3亿美元，占全国出口总额的比重从1991年的16.75%上升到2009年的55.94%（参见图13-1、图13-2）。

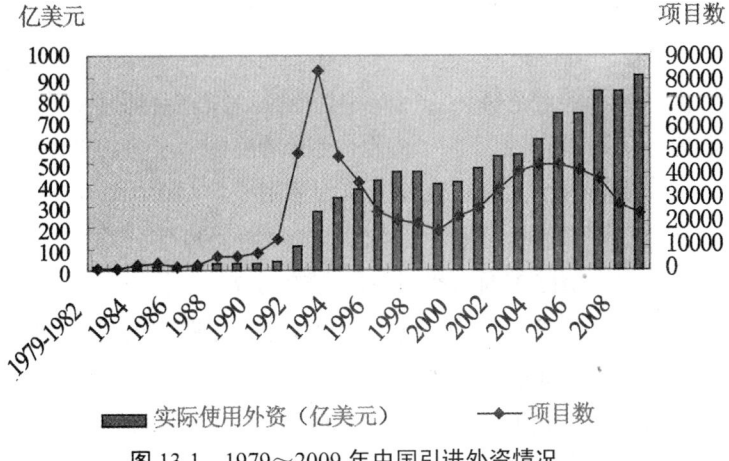

图 13-1　1979～2009 年中国引进外资情况

资料来源：中华人民共和国商务部外资司：《截至 2008 年外商直接投资情况》、《2009 年 1～12 月利用外资统计简表》。

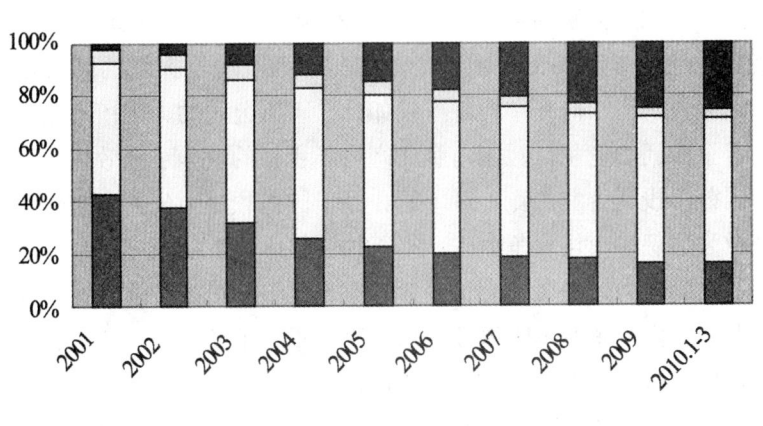

图 13-2　2001～2010 年不同所有制企业在中国外贸出口中所占比重

资料来源：中华人民共和国商务部综合司、国际贸易经济合作研究院：《中国对外贸易形势报告（2010 年春季）》。

中国吸收的外国直接投资最初来源于中国香港和中国台湾等地。从20世纪80年代开始，中国在深圳、珠海、汕头和厦门建立了四个发展出口加工的经济特区。当时中国香港、中国台湾传统的劳动密集型制成品出口扩张遇到了工资成本上升的障碍，于是将劳动密集型制造业大量地转移至大陆。但80年代外资企业对中国经济的影响并不大，在出口中占的比重不超过10%。20世纪90年代以来，中国政府出台了一系列解除外商直接投资限制的新政策，投资自由化与贸易自由化在中国得到进一步的放开，来自发达国家跨国公司的投资迅速增加，对中国的工业结构升级和生产效率提高产生了积极影响。

外商投资企业不仅扩大了中国的出口规模，还改善了中国的出口商品结构。来自发达国家的跨国公司大量投资于资本密集型和技术密集型产业，促进了中国的产业结构升级。在近年来发展十分迅速的通信设备、计算机及其他电子设备制造业、交通运输设备制造业、电气机械及器材制造业以及仪器仪表、文化办公用机械制造业中，2008年外资所占比重分别高达81.28%、44.81%、35.31%、57.28%。[1]外商投资企业使机电产品出口增长十分迅猛，而且包括大量的高新技术产品，提升了出口商品结构。不仅如此，跨国公司的大规模产业进入加剧了企业间的竞争，对国内企业产生了积极的竞争示范效应。当面临跨国公司投资企业的竞争时，原先处于国内领先地位甚至垄断地位的企业为了保持市场竞争力，不得不加快技术开发的速度。跨国公司竞争产生的压力，是中国通讯设备、汽车、工程机械、电站设备等许多行业中的内资企业不断提升技术水平的重要推动力。总体上看，外国直接投资有利于中国产业结构的优化，促进了中国出口结构向高技术产品出口结构的迁移，提高了中国工业制成品及高技术含量产品的出口竞争力。

---

[1] 根据《中国统计年鉴2009年》相关数据整理。

三、近年来越南吸收外国直接投资情况分析

自从 1986 年开始革新开放以来,越南在借鉴中国经济体制改革和对外开放经验的基础上,根据其国情实行了一系列政策措施,取得了明显成绩。经济连续多年快速增长,经济结构逐步改善,人均 GDP 稳步提高。越南积极改善国内基础设施,制定了一系列优惠的投资政策,努力营造良好的投资环境,积极吸收外国直接投资。

从近年的实际情况看,越南吸收的外国直接投资持续增加。1987 年越南正式颁布《国外投资法》,1988 年仅有 38 项外国直接投资项目,引进外资合同金额为 3.14 亿美元。从 90 年代中后期开始,越南的外国直接投资有了较快发展,1996 年一度达到高峰,当年合同引资额高达 101 亿美元。但亚洲金融危机的爆发重创了东南亚经济,也给越南的引进外资造成了很大冲击,直到十年之后越南的外国直接投资总额才恢复到 1996 年度的水平。进入新世纪之后,越南开放的步伐进一步加快,投资环境进一步改善,向外资开放了更多的投资领域,对外资的吸引力大大增加。从 2004 年开始,外资的流入明显加速,合同投资额迅速增加。特别是 2007 年越南加入世界贸易组织之后,外国直接投资又出现新一轮的高潮,几乎以逐年翻番的速度在增加,2006 年合同投资额为 120.04 亿美元,2007 年增加到 213.48 亿美元,2008 年更是剧增到 717.26 亿美元,创下越南对外开放以来的最高记录。然而,受席卷全球的金融风暴的影响,2009 年越南的外国直接投资出现了较大幅度的下降,投资项目数从上年的 1557 项减少到 839 项,合同投资额也下降到了 214.82 亿美元,同比下降了约 70%(参见图 13-3)。

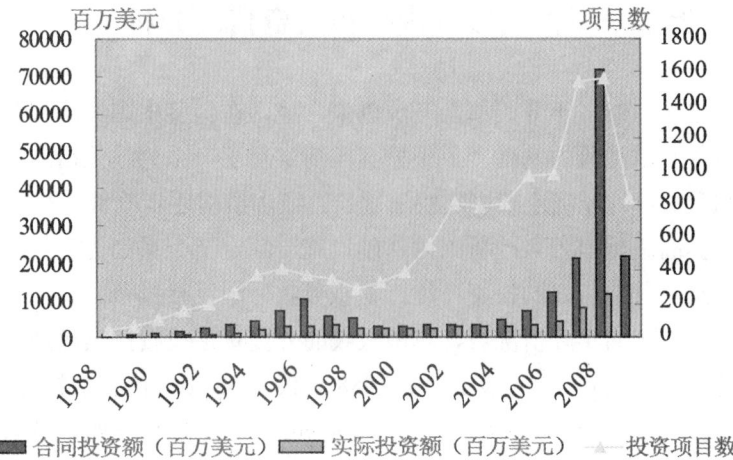

图 13-3 1988~2009 年越南吸收的外国直接投资情况

资料来源：1988~2008 年数据来源于越南统计局，2009 年数据来源于中川良一，《越南经济：投资最新情况》。

从投资的来源来看，越南引进的外国直接投资主要来自于周边的亚洲国家和地区（参见图 13-4）。最大的投资来源国是韩国，自 1988 年以来，韩国已经累计向越南投资了 2560 个项目，合同投资额高达 268.8 亿美元。名列第二的是中国台湾，20 年来累计投资项目为 2260 个，累计合同投资额为 226.19 亿美元。紧随其后的是马来西亚、日本和新加坡。自从 20 世纪 90 年代末美越关系恢复以来，美国对越南的投资增加很快，已累计向越南投资 154.0 亿美元，尽管它在越南的投资来源国排行榜上仅仅名列第六，但美国对越投资项目的单个项目平均投资额为 2615 万美元，远高于亚洲国家的单项平均投资额。近年来中国的对外直接投资开始起步，截至 2009 年，中国在越南的投资项目共 810 项，合同投资总额为 29.3 亿元，总体规模还不算太大，在越南的投资来源国中也只排名第十六位，但随着中国企业走出去步伐的加快，越南作为中国的近邻，也将会成为中国企业海外投资的重要投资国。

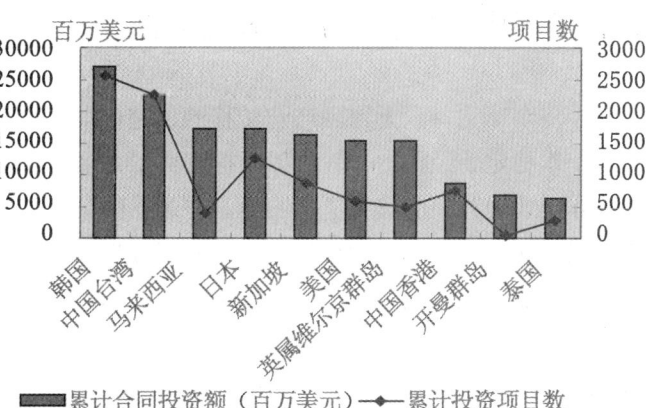

图 13-4　越南的前十大外国直接投资来源国

资料来源：越南统计局。

从投资领域来看，同中国一样，外资在越南最主要的投资领域也是制造业。从 1988 年到 2009 年，越南制造业引进的外资项目总计 7415 项，占越南同期引进外资项目总数的 59%，这一比例与中国基本持平。制造业领域的外资合同投资总额为 885.79 亿美元，占同期越南全部外资合同投资总额的 46%。值得注意的是，房地产领域是外商在越南投资相对集中的另一个领域，这一领域的引资项目数量和投资总额仅次于制造业，累计合同投资总额高达 455 亿美元，远远高于其他领域。房地产领域吸收外资，固然能够缓解越南国内房地产开发资金不足的压力，在一定程度上也能够拉动相关产业领域的发展和就业的增加，但这种资金也很容易成为投机工具，一旦监管不力，任由其自由流动，导致资产价格大起大落不无可能，严重时甚至会危及经济体系的稳定。在 2008 年越南一度出现的宏观经济波动中，房地产投机难辞其咎。

四、越南会对中国的招商引资形成挑战吗?

随着经济全球化背景下国际产业转移的加速,东亚和东南亚地区由于政局基本稳定、经济增长较快以及拥有数量众多的劳动力资源,在承接国际产业转移中的优势更加凸显。在这一区域内部,外国直接投资的格局也在发生一些新的变化。尽管中国依然是对外资最有吸引力的国家,但随着沿海地区的产业升级和产业转移,不少劳动密集型领域的外资并没有投资于等待承接产业转移的中国中西部地区,而是转向一些新兴市场经济国家。越南是近年来引进外资成绩最为骄人的国家,在外国直接投资的推动下,越南的劳动密集型产业有了较快发展,在纺织服装等行业已经能够在国际市场上与中国企业一争高下,不仅如此,随着浦项制铁、英特尔等跨国公司的大额投资,越南的重工业和高科技产业也开始起步。不少人认为,越南已经成为中国在招商引资方面不可小视的一个竞争者。

经过二十多年的革新发展,越南奠定了良好的经济基础,在招商引资方面已经形成并强化了自己的优势。同中国一样,越南劳动力资源非常丰富,全国人口 8621 万人,居民教育程度较高,男性识字率为 95.%,女性为 91%。近年来的经济持续增长使越南的人均 GDP 也增长很快,2009 年已达 1035 美元,但与区域内发展较早的其他新兴市场经济国家相比,越南的劳动力工资仍相对较低。目前越南外资企业员工的平均工资约合 56 美元,内资企业仅为约 40 美元。[①]数量众多、素质较高而价格低廉的劳动力,正是越南在吸引外国直接投资方面最大的优势。日本国际协力银行于每年进行的"日本制造企业海外商业行为调查"结果显示,在日本制造企业的理想海外直接投资对象国中,越南排名的名次不断前移,2000 年仅排第八,2006 年就排到了第三。尽管越南遭遇了 2008 年经济过热和 2009 年国际金融危机的冲击,但 2009 年的该项调查表明,越南在日本制造企业心目中,依然是仅次于中国和印度的第三大理想投资国(参见图 13-5)。这项调

---

① 中川良一,《越南经济:投资最新情况》。

查的结果显示，日本制造企业青睐越南的一个重要原因，就在于它的廉价而优质的劳动力资源。但这项调查也表明，落后的基础设施和鲜见合格的企业管理人才以及法律体系的不透明和不健全，是越南进一步引进外资的制约因素。

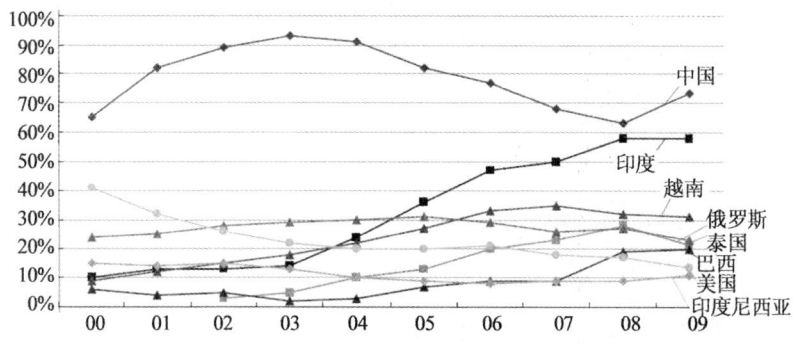

图 13-5　2000～2009 年日本制造业理想的中期海外直接投资对象国

资料来源：日本国际协力银行，《日本制造企业海外商业行为调查 2009》。

尽管中国在吸收外国直接投资领域受到了包括越南在内的其他新兴市场经济国家的挑战，但中国在招商引资方面的优势并没有消失，原有的优势在变化，新的优势在形成。随着经济的迅速发展，中国的资源禀赋和经济结构也在发生着一些变化。中央政府正在致力于建立合理的收入分配关系，增加劳动者的收入水平，使更多的人能够分享经济增长的成果。尽管这样会提高劳动者的工资水平，但也会激励劳动者为获得更高的收入而进行更多的人力资源投资，从而使中国能够提供大量的高素质劳动力，形成新的人力资源优势。而劳动者收入的持续增加将使得中国的市场容量不断扩大，从而为企业提供越来越多的商机。日本国际协力银行于 2009 年进行的"日本制造企业海外商业行为调查"结果显示，日本制造企业之所以将中国视为最理想的中期海外直接投资对象国，其中最重要的原因是，未来中国将会拥有巨大的市场潜力。可以预见，与廉价劳动力和政策优惠相比，持续扩张的市场容量和不断完善的产业体系将是未来中国吸引外国直接投资的新源泉。

　　三十多年的高速增长使中国的产业体系更加完善，产业配套能力进一步增强，因此，现阶段中国更关注的问题是提高产业竞争力而不仅仅是扩大产业规模，是争取成为制造业强国而不仅仅是制造业大国。与此相适应，中国的引进外资政策也正在发生积极的变化，更加致力于通过多种方式把更高技术水平、更大增值含量的加工制造环节和研发机构转移到中国，引导加工贸易转型升级；结合国内产业结构调整，积极引进国外先进技术、现代化管理经验和专门人才，提高利用外资的质量；鼓励跨国公司在中国设立管理运营中心、物流采购中心、研发中心和地区总部；进一步加强产业配套能力建设，不断提高自主创新能力，从代加工向代设计乃至自创品牌发展，逐步成为全球先进制造基地。20 世纪 90 年代中期以来，跨国公司在华建立的研发机构不断增加。目前，跨国公司在华设立的地区总部、研发中心等功能性机构超过 1400 家，比"十五"末期增长近 1 倍。中国在全球分工体系中的重要性正在得到提高。

　　从过去 30 多年的发展经验来看，中国经济持续的强劲增长以及产业成长和产业结构升级的原因和路径，与世界银行所总结的"东亚模式"是基本吻合的（世界银行，1995），越南近年来的经济发展也体现出了类似的特点。以贸易导向的增长为特征的"东亚模式"包含了一个后进国家的产业与贸易结构如何在开放的条件下，随着经济增长不断演进，最终达到同发达国家经济发展水平相一致的结构的整个过程。在市场化导向的经济改革与对外开放的推动下，中国的产业结构与贸易结构均朝着同本国资源禀赋及比较优势相一致的方向演进。正是在通过遵循基于资源禀赋的比较优势开展对外贸易的过程中，中国的产业部门通过引进外资、吸收技术、边干边学及其生产率提高，实现产业间相对技术效率的改变，通过积累研发资本和技能，最终使相关产业和企业形成新的比较优势。出口导向型的发展战略曾经引导了中国的资源向最有效率的部门流动，从而推动中国具有比较优势的产业部门扩张，而这些产业部门的产业关联效应和技术溢出效应又带动整个产业结构的升级。依出口结构的变动，这一过程可划分为三个阶段：第一，初级产品出口阶段；第二，劳动密集型制成品出口阶段；第三，资本密集型、技术密集型制成品出口阶段（赖平耀，2005）。在不同阶段，产业的比较优势沿着资源密集型—劳动密集型—资本和技术密集型产业的方向演进。以此为基准来判断，越南目前还处在第二阶段，而中国目前正处在由第二阶段向第三阶段过渡的时期。由于中国和越南在部分劳动密集型产业领域存在着发展阶段的重叠，在现实中就表现为相关领域的招商引资和出口市场的竞争，但由于中国经济的整体发展水平和发展阶段要领先于越南，因此，现阶段越南还难以在整体上对中国的引进外资和产品出口构成强有力的挑战。

主要参考文献

1. 中华人民共和国商务部综合司，国际贸易经济合作研究院. 中国对外贸易形势报告（2010年春季）.
2. 中华人民共和国商务部外资司. 截至2008年外商直接投资情况. 2009年1~12月利用外资统计简表.
3. 国家统计局. 中国统计年鉴2009年.
4. 世界银行. 东亚奇迹——经济增长与公共政策. 中国财政经济出版社，1995.
5. 赖平耀. 中国的对外贸易：绩效、决定因素及未来的发展路径. 国际经济评论，2005（5），（6）.
6. 万军. 中国的工业发展：政策与绩效. 中国社会科学院世界经济与政治研究所研究报告，2005.
7. 万军，刘秀莲. 世界产业结构调整变化的新特征与新趋势. 2009~2010年世界经济年鉴. 中国社会科学出版社，2010.
8. 刘劲聪. 日本企业加速对越南投资及越、中、泰投资环境的比较. 东南亚研究，2008（4）.
9. 日本国际协力银行. 日本制造企业海外商业行为调查2009.
10. 日本国际协力银行. 越南的投资环境，2008-4.

11. 中川良一. 越南经济·投資最新事情. 日本国际协力银行网站. http://www.jbic.go.jp/ja/about/topics/2009/0302-01/.

12. 越南统计局，越南计划投资部网站的相关统计数据。